当代语言学理论丛书
Contemporary Linguistic Theory Series
主编 Chief Editors
黄正德（哈佛大学）
James Huang (Harvard University)
许德宝（澳门大学）
De Bao Xu (University of Macau)

语言获得理论研究

Studies of Language Acquisition

靳洪刚　著

中国社会科学出版社

图书在版编目(CIP)数据

语言获得理论研究 / 靳洪刚著. —北京：中国社会科学出版社，1997. 2 (2015. 5 重印)

(当代语言学理论丛书 / 主编　黄正德　许德宝)

ISBN 978 - 7 - 5004 - 2064 - 4

Ⅰ. ①语…　Ⅱ. ①靳…　Ⅲ. ①语言能力 - 理论 - 研究
Ⅳ. H0

中国版本图书馆 CIP 数据核字(1997)第 04065 号

出 版 人	赵剑英
责任编辑	任　明
责任校对	郭　娟
责任印制	何　艳

出　　版	中国社会科学出版社
社　　址	北京鼓楼西大街甲 158 号
邮　　编	100720
网　　址	http：//www. csspw. cn
发 行 部	010 - 84083685
门 市 部	010 - 84029450
经　　销	新华书店及其他书店

印刷装订	北京市兴怀印刷厂
版　　次	1997 年 2 月第 1 版
印　　次	2015 年 5 月第 3 次印刷

开　　本	710×1000　1/16
印　　张	13. 25
插　　页	2
字　　数	210 千字
定　　价	45. 00 元

凡购买中国社会科学出版社图书，如有质量问题请与本社联系调换
电话：010 - 84083683

2015 年改版说明

　　《当代语言学理论丛书》（下称《丛书》）2015 年再次改版的原因大概有四个：一是内容的更新。自 2004 年《丛书》再版以来又是十年过去了，语言学理论又发生了变化，有些新的东西需要补写进去。另外，有些作者、编委的工作和联系方式也有了变动，这次改版时都进行了更新。二是市场的需要。《丛书》自 1997 年初版和 2004 年再版以来，一直受到读者的欢迎，有的也一直被作为语言学课程的教材，比如《简明语言学史》、《当代社会语言学》、《生成音系学——理论及其应用》、《语言获得理论研究》等。这次改版就是为了满足市场需要，继续为语言学课程提供不同的用书。三是补遗勘误。比如《简明语言学史》的《前言》在初版和再版时都不慎丢失，致使读者对翻译的背景、版权、缘起、作者和朗曼出版公司的大力支持等都不慎了解，这次改版，就把丢失十几年的《前言》"还原"进去，为读者提供了这方面的信息。再有错印、漏印之处这次也都加以改正，比如《生成音系学——理论及其应用》一书的勘误就有 16 处之多。四是调整版本尺寸。这次改版的版本从原来的大 32 开改成了小 16 开，读者会发现小 16 开本比大 32 开本容易读得多。

　　最后，希望这次改版能继续为国内外语言学理论的研究、教学、介绍和交流起到积极的作用。

《当代语言学理论丛书》主编

黄正德　叶德宝

《当代语言学理论丛书》再版前言

中国社会科学出版社根据读者的要求，决定再版《丛书》。再版首先是包括增加《丛书》的书目，从第一版的八种增加到现在的十二种；其次是修订增补第一版各书的内容，根据不同学科的进展，增加新的章节；最后是借再版的机会改正第一版中的印刷错误。

《丛书》再版，首先得感谢读者，没有读者的热情支持和鼓励，再版《丛书》是不可能的。其次是感谢编委，也就是《丛书》的作者们。没有《丛书》作者们的辛勤劳动和丰硕的研究成果赢得读者的欢迎，再版《丛书》更是不可能的。另外，特邀编委的热情支持和帮助、责任编辑以及社科出版社的鼎力相助也是《丛书》得以成功的原因之一。在此一并致以衷心的谢意。

较之第一版，再版增加了《关联：交际与认知》、《音系与句法的交叉研究》、《音段音系学》和《历史语言学：方音比较与层次》四种书。如在第一版前言中所指出，《丛书》前八种书主要覆盖美国语言学系研究生（博士、硕士）的八门必修课。再版时增加的四种书属于选修课或专题研究的范围。编委的工作单位有的有了变化，再版时作了相应的改变。特邀编委有的已经退休，再版时还按以前的工作单位列出。

《丛书》再版，错误、疏漏仍在所难免，敬请专家学者批评指正。

最后，希望《丛书》的再版能在国内外语言学理论的研究、教学，以及介绍和交流等方面再次起到积极的作用。

《当代语言学理论丛书》主编

黄正德　许德宝

序　言

语言学自乔姆斯基以来，对认知科学、心理学、医学、电子计算机以及人工智能等学科都产生了巨大的影响，成为人文科学的带头学科。只要在国外走一走，就会发现几乎所有的大学都设有语言学系或语言学专业。语言学理论不但对语言学系的学生至关重要，而且也是心理系、教育系、社会学系、认知学理论乃至计算机系的学生必修的基础理论课。乔姆斯基的语言学理论为什么对人文科学和社会科学的影响如此之大？他的什么变革使本来默默无闻的语言学（理论）一跃而成为认知科学、心理学、电子计算机以及人工智能等学科的奠基理论？这不是一句话能说清楚的。要回答这个问题，得从现代语言学的立足点说起，系统介绍现代语言学的基本理论和研究方法、研究对象、研究范围以及研究结果等。不说清楚这些问题，现代语言学在人文科学中的带头作用和对社会科学的巨大影响也就无法说清楚。有系统有深度地介绍现代语言学理论，这就是我们这套丛书的编写目的。

要系统介绍现代语言学，各种理论的来龙去脉都得交待清楚，某种理论的发生、发展、不同阶段以及各个流派之间的关系都要说清楚。不能只把一种理论搬来，不管它的过去和与其他理论的联系，那样会让人不知所云。在系统介绍的同时，也要把各种理论的最新研究成果写进去，并评价其优劣不同以及对现代语言学研究的贡献等，做到有深度。有系统、有深度，这是我们介绍的第一个原则。介绍的起点一般是以乔姆斯基与哈利的《英语语音系统》（1968）为始，介绍的终点就是今天，介绍时以八九十年代发展起来的语言学理论为主，所以这套书叫作《当代语言学理论丛书》。

要介绍现代语言学并不容易。台湾、新加坡、香港等地的学者有很好的经验。他们介绍的特点就是把现代语言学理论与汉语的研究结合起来。这样理解起来方便得多，效果也就比较好。单纯介绍，不谈在汉语中的应用，结果理论还是死的东西。我们这套丛书也本着这一点，在选材和编写上都强调在汉语中的应用，尽量用汉语说明。汉语与某种理论不相关的时候，才用其他语言中的例子。这是我们介绍的第二个原则。

我们的第三个原则是以介绍美国语言学理论为主。美国是现代语言学研究的中心，也是生成语言学的发源地。要介绍现代语言学就离不开这个发源地。所以从选材上来讲，我们以美国语言学系研究生（博士和硕士）的必修课为标准，包括语言学史、句法学、音系学、语义学、心理语言学、社会语言学、历史语言学、语言获得理论、计算机语言学与人工智能等。有些新兴学科和边缘学科就放在主要学科中介绍。比如神经语言学归入了心理语言学，音系与句法的交叉研究归入了音系学，语义和句法的交叉研究归入了语义学等。

应该指出，有些学者一直在致力于现代语言学的介绍工作，比如黑龙江大学、上海复旦大学、天津师范大学的学者等。我们希望这套丛书能与他们的研究结合起来，起到使国内外语言学研究接轨的作用。

《当代语言学理论丛书》的编写开始于 1993 年，由著名句法学家黄正德教授全面负责，许德宝协助作主编工作。编委大都是在美国读的语言学博士而且有教授语言学经验的学者，一般是在讲义的基础上增删整理成书。但即使是如此，也都得付出很多的劳动。我们也请了在美国教授多年的语言学家、汉学家和有在国内外介绍现代语言学经验的学者作为顾问，憨助我们把这一套丛书出好。在此向他们谨致谢意。我们还得感谢中国社会科学出版社对这套丛书的大力支持，特别是责任编辑及其他有关同志的辛苦工作，不然这套丛书也不能和读者见面，在此也一并致以谢意。

《当代语言学理论丛书》编委会
1996 年 7 月于纽约

《当代语言学理论丛书》
Contemporary Linguistic Theory Series

主　编
Chief Editors

黄正德（哈佛大学）

James Huang（Harvard University）

许德宝（澳门大学）

De Bao Xu（University of Macau）

编辑委员会
Editorial Board

Yan Jiang (Ph. D. in Linguistics, University of London; Polytechnic of Hong Kong)

靳洪刚（美国伊利诺大学教育心理学博士、澳门大学人文艺术学院院长）

Hong Gang Jin (Ph. D. in Educational Psychology, University of Illinois at Champaign Urbana; University of Macau, Dean of FAH)

李亚飞（美国麻省理工学院语言学博士、威斯康辛大学语言学系教授）

Yafei Li (Ph. D. in Linguistics, MIT; University of Wisconsin, Madison)

林燕慧（美国德克萨斯大学语言学博士、州立密西根大学中文及语言学系教授）

Yen -hwei Lin (Ph. D. in Linguistics, University of Texas at Austin; Michigan State University)

陆丙甫（美国南加州大学东亚语言博士、南昌大学中文系教授）

Bingfu Lu (Ph. D. in East Asian Languages, University of Southern California; Nanchang University)

潘海华（美国德克萨斯大学语言学博士、香港城市大学中文、翻译及语言学系教授）

Haihua Pan (Ph. D. in Linguistics, University of Texas at Austin; City University of Hong Kong)

石定栩（美国南加州大学语言学博士、香港理工大学教授）

Dingxu Shi (Ph. D. in Linguistics, University of Southern California; Polytechnic of Hong Kong)

侍建国（美国俄亥俄州立大学中国语言学博士、澳门大学中文系教授）

Jianguo Shi (Ph. D. in Chinese Linguistics, Ohio State University; University of Macau)

宋国明（美国洛杉矶加州大学罗曼语言学博士、威斯康辛劳伦斯大学东亚系教授）

Kuo -ming Sung (Ph. D. in Romance Linguistics, University of California at Los Angeles, Lawrence University, Wisconsin)

陶红印（美国圣巴巴拉加州大学语言学博士、美国洛杉矶加州大学东亚系教授）

Hongyin Tao (Ph. D. in Linguistics, University of California at Santa Barbara; University of California at Los Angeles)

王野翊（美国卡内基-梅隆大学计算科学院计算语言学博士、华盛顿州微软研究院研究员）

Ye-Yi Wang (Ph. D. , in Computer Science, Carnegie Mellon University; Microsoft Research

Institute，Washington）

翁富良（美国卡内基-梅隆大学计算科学院计算语言学硕士、加州罗伯特技
术研究中心研究员）

Fuliang Weng（M. A.，in Computer Science，Carnegie Mellon University；Robert Bosch Corpo-
ration，California）

吴建慧（美国伊利诺大学语言学博士、台湾暨南大学英文系教授）

Mary Wu（Ph. D. in Linguistics, University of Illinois at Champaign-Urbana；Taiwan National
Chi Nan University）

谢天蔚（美国匹茨堡大学外语教育学博士、长堤加州州立大学东亚系退休
教授）

Tianwei Xie（Ph. D. in Foreign Language Education, University of Pittsburgh；California State
University，Long Beach）

徐大明（加拿大渥太华大学语言学博士、澳门大学中文系教授）

Daming Xu（Ph. D. in Linguistics, University of Ottawa；University of Macau）

许德宝（美国伊利诺大学语言学博士、澳门大学中文系讲座教授）

De Bao Xu（Ph. D. in Linguistics, University of Illinois at Champaign-Urbana；University of
Macau）

张　乔（英国爱丁堡大学语言学博士、新西兰奥克兰大学东亚系教授）

Qiao Zhang（Ph. D. in Linguistics, University of Edinburgh；University of Auckland，New
Zealand）

特邀编辑委员会
Guest Editorial Board

作者简介

靳洪刚 1977 年考入山西大学英语系，1989 年获美国伊利诺大学（Urbana – Champaign）教育心理学及第二语言习得博士学位。当年受聘为美国汉密尔顿大学东亚语言文学系，历任助教授、副教授、正教授、William R. Kenan 讲座教授（1989—2014），自 1996 年起担任美国各大学联合汉语中心总部主任。2014 年 12 月受聘为澳门大学人文艺术学院院长。

研究领域包括第二语言习得、语言认知、学习转换、输入分析、互动分析、课程设计、师资培训等。在汉密尔顿大学 25 年任教期间，出版语言习得专著《语言发展心理学》、《语言获得理论研究》以及汉语作为第二语言多媒体教科书多种，在重要学术期刊发表论文 22 篇，同时多次在美国及世界各地受邀做汉语习得、对外汉语、课程设计及师资培训的讲座及工作坊等。

曾任全美中文教师学会（CLTA – Chinese Language Teachers Association，2002 – 2006）会长、理事，全美关键语种学会（National Council of Less Commonly Taught Languages，2006 – 2012）会长、副会长，美国大学理事会（College Board）AP 中文测试发展委员会主任（2008—2014）。

自 2007 年始，曾多次获得美国联邦政府及私人基金会重要基金进行中文项目开发及研究，包括一次美国露斯基金会（Henry Luce Foundation）基金，两次美国教育部四年一度的福布莱特（Fulbright）基金、五次每年一度的美国国务院星谈（StarTalk）项目基金。

1998 年获得卡内基（Carnegie）国家优秀教授奖（1998 Professor of the Year of U. S. A.）、1996 年获得汉密尔顿大学最佳教授奖、2013 年获得全美关键语种学会沃顿（Walton）终身贡献奖、2015 年获得全美中文教师学会沃顿（Walton）终身成就奖等。

前　　言

本书以西方语言获得理论为基础，着重用中英文语言实例及语言发展实验去描述并解释人类语言发展的两个历程：一是儿童语言发展；二是第二语言发展。这两个过程都从不同的角度一方面反映了人类发展的必然规律，另一方面反映了心理科学及语言科学发展的复杂性和研究的必要性。

围绕语言发展这个中心题目，本书共分七章。第一章重点介绍语言发展与心理语言学、心理学以及神经语言学研究的关系。第二、三章讨论正常儿童语言获得的过程，这里包括早期基本语言能力的发展及后期语言意识及交际能力的发展。第四章集中从残疾或弱智儿童的语言发展讨论儿童语言紊乱研究。第五、六章集中讨论第二语言发展的研究方向及结果。最后，第七章介绍语言发展研究的方法论、实验手段及各种影响实验结果的因素。

从全书的内容不难看出作者的目的有三个：一是为了向广大读者介绍语言发展心理学这一学科及其理论；二是为了比较中英文语言发展方面的研究及理论；三是为了向读者展示中文语言发展研究仍属处女地，有待后人继续开垦。

总之，作者希望通过此书的出版能引起更多读者的兴趣，并有志投身于这一学科的研究中去。

本书初稿在打印工作上，承蒙李云飞、吴岳翰、傅其佳、刘敏、傅一雄等同学的大力鼎助，在绘图工作上，承蒙我校职员 Chris Engrosl 女士的大力协助，在此致谢。

靳洪刚

于美纽约州克灵顿小镇

目　　录

第一章　心理语言学与语言获得研究的关系

第一节　心理语言学研究的范畴

　　语言在人们的生活中起着极其重要的作用。语言无所不达。我们能用它讨价还价，应付日常生活，也用它交换思想，表达感情，劝导别人。语言无所不在。它出现在菜市场、工作单位、情场及运动场等。语言无所不用。上至老态龙钟的老人，下至初到世界的婴儿，都用语言这个工具传达信息。说话及听别人说话可以说是世界上最容易做的两件事。但是这种快速冲口而出的语言包含了高度复杂的语言信息处理过程。这种过程由三个主要部分组成：第一是语言理解（language comprehension）。要想交流思想，首先要有能力听懂别人说的话。第二是语言表达（language production）。也就是说明自己的想法的能力。第三是语言会话（conversation）。人们要想互相了解，就必须用会话的形式，通过说话人及听话人的语言表达及语言理解进行交流。

　　但是，到目前为止，我们对这一语言过程的了解还十分有限，这种有限性在于我们只知道如何使用语言，而不知道使用语言牵涉到哪些过程及机制；人们如何使用语言机制，并发展这些机制。心理语言学的目的就是研究及认识这些语言机制的功能、作用以及发展。研究语言的获得（language acquisition）就是语言发展心理学，它是心理语言学研究的一个分支。

　　心理语言学家致力于研究人们的大脑如何运用语言及获得语言。因而"心理语言学"这一名称完全反映了这一科学是一个交叉性学科。心理语言学所感兴趣的问题包括：1. 人类在其儿童时期如何获得语言，为什么获得第二外语如此困难；2. 人们如何理解歧义句；3. 人们所说的"口误"（也就是语言错误）背后存在哪些语言规则；4. 双语获得者的两种语言系统是独立的还是联系的，等等。心理语言学家的任务就是用实验的方法描绘人的语言机制，并力图解释人们如何运用语言知识去交际，而本书旨在让读者了解心理语言学以及语言获得研究的基本理论。在这一章中，我们先重点介绍心理语言学研究的主题以及与心理语言学相关的三大学科，然后介绍心理语言学的历史背景及语言发展心理学的主题。

一　语言获得是心理语言学研究的主题之一

心理语言学研究的主题包括以下三个方面：

1. 语言处理（language processing）过程的研究：即研究日常的语言运作过程要经过大脑的哪些部位。

2. 人类大脑中潜在的语言知识（linguistic knowledge）的研究：即研究如何描述母语使用者的语言机制。

3. 语言发展及获得（language development and acquisition）过程的研究：即研究儿童语言及成人第二语言发展过程中经历哪些阶段，并发展哪些语言机制。

人类的语言行为是一种大脑过程。这种过程千差万变，即使在语言理解受到障碍时都不十分明显，例如，比较下列三个句子：

（1）受穷受苦是一家。

（2）受穷受苦的是一家。

（3）受穷受苦的人是一家。

（1）、（2）、（3）三句基本类似，但（3）句中的意思较前者更清楚些，（2）句又较（1）句清楚些。原因是"的"字及中心词"人"的出现，使听者排除歧义，得出正确的理解。虽然很少有人会有意识地说出这些句子的细微差别，但现代心理学实验结果证明这些句子之间有其内在的差别。这也说明语言的大脑过程是超出人们通常运用及理解语言的意识范围的。这种下意识的语言心理过程也就是心理语言学的兴趣所在。

语言的大脑过程又离不开人们大脑中潜在的语言知识或语言机制（language knowledge）。这一知识大致可分为语义知识、语法知识及语音知识。语义知识指词与句子的意义，语法知识指词与句子的结构安排，语音知识指语音中的声音系统。通常很少有人能明了地说出他所拥有的这些语言知识，而心理语言学家也只能从观察语言行为中推断出这些潜在的知识来。例如，如果你听到下面的例句："Li Ming kan kan ergui."你自然会用你现有的语言知识去分析句子。"kankan"是一种表示动作方式的词，这种词可以重复，用来作动词使用。这里有趣的是为什么读者不认为这种句子是口误，而认为是一种有意义的句子呢？如果例句改为："Li Ming kian kian ergui."听者不必费力猜想，会立刻下结论说这肯定是一个错句，因为中文中不允许出现"kiankian"。

为什么呢？语言学家的解释是：在这两个例句中前者是语音规则允许的错误，而后者是中文语音规则所不允许的。而多数的讲中文的人不能解释其原因，但却知道哪个字为"假字"，哪个字为"非字"。这种语言知识是如何发展而来的？这个问题牵涉到儿童语言发展及获得过程。从哑哑学语开始，小孩子就须知道一些语言的基本规律以便正确使用。即使在单字使用阶段，每个单字都不是孤立地重复或模仿。比如说"拿"是要求母亲为他或她拿什么东西，"妈妈"也许是一个评论句，或者一种要求。心理语言学家如何决定儿童的单字语言具有意义呢？此类研究的最主要方式是跟踪观察，对于说单字的儿童，观察他们的语言极为困难。一种方法是让母亲听到单字话语后不做任何反应而观察孩子的反应。如果所说的单字是孩子的一种要求，孩子的反应就具有持续性，或者重复单字，或者用手指所要的东西。如果所说的单字只是孩子对某一事物的评论，母亲一做反应，孩子的语言行为就会终止。另外据研究所示，等儿童到了双字时期，所用字的成分大都是实词，如"妈妈"、"奶奶"、"给妹妹"等，而虚词在这一时期几乎没有。这种现象也说明儿童对这两种词有一种生来就具有的分类意识。

从语言获得角度来讲，心理语言学家的主要任务就是分辨语言发展的不同阶段，以及在各个阶段儿童语言的不同变化。当然，儿童语言能力的发展与社会环境是不可分割的，但更重要的是找出儿童语言的生理、社会及心理基础在语言发展中具体的确切的地位。

上面我们概括叙述了心理语言学所研究的主题，并举例说明每个主题的一些具体内容。由于篇章关系，这里仅大致介绍心理语言学的具体分类，然后详细讨论语言获得的过程。下面我们先谈谈与心理语言学相关的其他学科。

二　与心理语言学相关的三大学科

心理语言学是现代科学发展的产物，是一种交叉学科。要想了解心理语言学，没有其他相关学科的知识是无法做到的。尽管心理语言学有其独特的研究目标及方法论，要想了解人的语言机制，语言应用及语言发展，我们得时时跨越学科界限借助于其他学科的研究成果。这些学科包括语言学（linguistics）、社会学（sociology）、神经学（neurology）、教育学（education）、心理学（psychology）等。但与心理语言学联系最紧密、相互借鉴最多的是以下三大学科：1. 语言学（linguistics）；2. 神经语言学（neurolinguistics）；3. 社会语言学（sociolinguistics）。下面我们分别讨论这三大学科。

语言学

在以上提到的三大学科中，心理语言学与语言学的关系最密切相关，并曾有一度不可分割。语言学用科学假设来试图说明人类语言的结构。有些语言学研究的语言结构模式变成了心理语言学的实验模式。一个讲母语者可以分辨"假字"与"非字"，小孩子可以说出"goed"及"comed"，都说明了语言内在的规则性。而语言学家所得出语言规则理论是对人类语言行为较接近的描述。这种理论研究既奠定了心理语言学的理论基础，也指出了心理语言学的基本方向。语言学的理论研究成果在心理语言学的形成过程中起了极其重要的历史作用。

神经语言学

神经语言学研究也对语言理论及语言使用做了极其重大的贡献。尽管我们对大脑结构与语言的关系至今仍然不甚了解，但现代神经语言学理论已使我们对语言在大脑中的作用有了一定的理解。比方说，一个人左脑受到损伤，根据受损程度、受损部位及其他因素，神经语言学能把语言受损结果大致归为几类：一种结果是大脑损伤后仍然可以基本流利地表达思想，但丧失了理解语言的能力；另一种结果是病人的基本句子结构没有问题，但无法从大脑提取所要表达的词汇。还有一种结果是病人的语言理解及表达都毫无问题，但是无能力重复刚听到或理解过的话语。以上研究表明，大脑受损的病症告诉我们大脑损伤只能影响语言某一方面，而不是全部。大脑的运作是在不同部位进行的，因此，神经语言学，尤其是大脑损伤的研究可以使我们对语言能力的研究进步到大脑的不同部位，以及如何将不同部位的语言信息综合为有机的一体。

社会语言学

社会语言学注重研究语言的社会性，研究社会群体与语言变迁，以及语言如何影响社会交际。这些问题都是心理语言学所不涉及的问题。但是心理语言学的研究又在于人的行为。要想研究人就离不开他所存在的社会，所以语言的社会性也不可忽视。如果有人对你说："你能不能把门开开。"你很自然会认为这种话是一种祈求，而不是对你有否能力开门的疑问。你对以上句子的理解是由于这种句式是在一定社会环境中的常规或套语。第二种理解是不为多数人接受的。因此，人们对语言的理解是建立在一定的社会常规基础上的。

综上所述，心理语言学的研究包括三个主题。一是人类的语言行为表面上异常简单，不费吹灰之力，实际上包含了复杂的大脑运作过程。二是人类大脑中的语言知识并不直接明了，必须通过观察语言行为方能得知。三是儿童语言与成人语言有着质的区别。心理语言既有其生理特性又离不开其文化源流，因此对语言的综合研究是多重学科的研究，需要考虑影响语言机制及发展的各种因素。

第二节　心理语言学的历史背景

心理语言学作为一门独立学科历史较短，大约可从 20 世纪 50 年代算起。但心理学家早在 18 世纪末就开始对语言作实验性的研究。以下几节追溯自 18 世纪末以来心理学与语言学研究的发展变化。从这些发展变化中，读者将认识到心理学家与语言研究的发展变化反映了整个心理学科的发展变化。

一　早期心理语言学

从 1879 年在德国莱比锡大学建立第一所心理学实验室到 19 世纪初，心理学就已定义为"研究大脑的科学"。学科建立初期，冯特（Wundt）可以算得上是心理语言学创始人之一。他本人是心理学科班出身，深信大脑活动可分为知觉、感觉及意向等几个部分，而且大脑活动可采用自然科学的方法论进行研究。冯特在世期间，研究严谨多产，经他手写的著作有五万余页，专刊十余本。冯特是早期心理学的重要奠基人。

　　冯特认为心理学家应该研究人类经验的不同组成部分。正如物理学家可以把不同的物质分为不同的分子、原子、质子，心理学家也可以把人的知觉与感觉进一步细分：如人类经验的"分子"等。这一时期的心理分析方法基本是"反思式"的：即一种由受试者系统描述所经之事的实验过程。在实验中，受试者或者看一些组合排列不同的颜色，或者听一组音乐曲调，然后受试者向实验者报告他们的大脑感受。这种实验程序控制严密，规则繁杂，经过多次同量观察方得出结论。这一研究被认为是现今认知心理学——即研究大脑思维、记忆、问题处理的科学——的先驱。

　　冯特对心理学的贡献

　　冯特除了在心理学上的重大贡献外，也是心理语言学的奠基人。他一生都受经验主义的传统思想所影响。到了晚期，冯特对语言极为感兴趣。尽管他对语言的论著远远赶不上他的其他心理学论著，但是他对语言的独到见地具有深远的历史意义。冯特认为句子，而不是词，是语言的核心。语言的表达是把大脑思维转换为按顺序排列组合的语言成分，而语言理解过程则恰恰是与语言表达相反的过程。

　　冯特的语言理论是反经验主义的，他对句子的解释与理解是非感知性的，是与经验不相关的。尽管，他主张用"反思"的方式研究人的大脑活动，冯特对语句的认识说明句子不是单纯地把事物与概念联系起来的结构，而是一个有机整体。他写到：

　　　　当我说出一个句子时，进入我的意识系统并使我发声说话的并不是一些孤立的概念。……句子并不是出现在意识中的与前后词音毫无联系、精确无误的单个词与音。恰恰相反，句子在被人说出时是一个认识层次的整体。如果此推断不为事实，我们对整个语言的研究也将失去其主干。（冯特，1912，引自 Blumenthal，1970，p. 21）

　　冯特为什么只在其心理语言学的研究上强调大脑意识的结构，而没有将此道贯穿在他的心理学研究上，至今仍然还是个谜。但无论如何，冯特有限的经验主义理论接触到了一些心理语言学的基本问题：如果一个句子由不同的词汇组成，但又可视为一个有机的整体，人们是如何获得这种非感知的知识的。按照经验主义的解释，反复的经验使词与词之间获得联系，因而人们也就获得了这种知识。但仔细推敲，此种解释不无问题。对某些词来说，词之间有自然的联系，一个词可以导致对另一个词的联想。但经验主义的理论很难解释我们生活中最常见的现象，即我们每时每刻听到不同的句式，这些句式的大多数都是以前未曾听过的新句式。进一步说，如果句子是由词连接而成，什么规则可以限定并说明这些有意义的句子，并能分辨有意义的句子及杂乱凑成的句子？从其本质来看，这些规则是不可能用经验主义的联想所建立。即使这些规则可以通过经验建立，最初人们又是怎么获得的？

　　冯特对上述这些问题极少深究。一方面是因为他对语言发展没有兴趣，另一方面是由于他的语言研究只在他心理学生涯的末期。但是他对语言结构在人脑中的理解向经验主义提出了质疑。这些质疑促使后世学者在语言结构上有了革新的见地与解释。

早期心理语言学的实验方法及成果

　　最早关于语言的心理实验都是建立在经验主义及联想主义基础上的。瓦特（Watt，1905）主持了最早的语言实验。这种实验现称为"语言联想测验"。实验者给受试人一个字，然后让受试者说出该字的从属词、并列词等。例如，受试者看到的词是"狗"，实验要求他说出该词的从属、并列词，如"动物"（狗从属于动物），"猫"（猫与狗并列），"哈巴狗"（哈巴狗又从属于"狗"的范畴）。实验对每个联想词的反应时间都做记录。尽管瓦特利用了较客观的方法做实验，但是实验结论并没基于反应时间，而是基于受试者的主观经验：据受试者报告说，在实验过程中他们并没想到"从属"或"并列"这些概念，只是随口说出该词罢了。此外，布勒（Buhler，1907）做了另一实验。他采用反思方法研究人的联想。在实验中，布勒给受试者一系列问题，如："毕达哥拉斯（古希腊哲学家）的定理在中世纪闻名吗？""女人的脚越小，而买鞋的费用越高吗？"然后将受试者对问题的反应及反思时间记录下来。

尽管实验注重反思时间，但是这种复杂的思维过程当然很难让受试者说清楚他们的大脑是如何体验的。这也说明了"反思"的实验方法的弱点，即不易用客观的尺度来衡量。

在这一阶段也出现了在心理语言学史上具有重大意义的实验方法。这些方法为测量人类行为提供了工具。一种方法是由休（Huey，1908）发明的眼睛——声音的测量法。在研究人类感知能力与阅读的关系中，休采用了眼睛——声音间隔测量法测量大声阅读时眼睛与声音之间的时间差。实验结论证明这种时间差为6到7个字。在他的另一实验中，休采用了T—辨认测试法以测量受试者对所看到的字的反应时间。这两种实验方法至今在心理语言学界仍然是语言实验的重要方法及依据。

总之，早期的心理语言研究是通过观察人的反思过程看大脑的结构与运作。这种研究主题与后期的认知心理学有一定的相似性，并取得了一定的成果。在之后的几十年中出现了一个恰恰与早期反思方法论相反的心理学流派，即行为主义心理学派。

二 行为主义对心理学的影响

从1920年到1950年，认知心理的研究几乎从心理学研究中消失，主要有如下几个原因：首先，苏联巴甫洛夫及美国桑代克对动物条件反射的科学技术此时大有提高，并且开始应用到人类行为学研究上。到1920年，研究动物条件反射的科技首先应用到人身上，而且早期的研究成功进一步肯定了一个信念，即：大凡人类行为都是由人类的外在环境及事物所控制的，而不是由人的内在因素，如大脑所控制的。第二，对于早期"反思"式方法论的批判促使研究者们寻求更加客观的研究行为学的方法。第三，最强有力的"反思卫士"冯特在这时已去世。因此，认知科学也就在行为主义心理学的强烈攻击下销声匿迹。

当行为主义思潮成为实验心理学的主流时，心理学领域中的方法论及研究也有了根本性的改变。这种方法论强调外在的、为人所能观察到的行为。研究中心也由从前的大脑内部结构转向人的外部行为，尤其是一些后天获得的行为。如果研究内容不符合上述类型，比如思维，其命运不是遭到摈弃就是被重新定义。这就是当时行为主义心理学流行一时的历史背景。

行为主义心理学对语言行为的研究

早期行为主义心理学家对于语言的理解当然脱离不了行为主义的色彩，即：语言行为如同其他形式的行为，可以理解为是人对外界环境一系列刺激的反应。如坎特（Kantor，1928）拒不接受语言是思维的反应等过分具有认知意义的看法。他认为，语言行为就是人对语言发声器官做出反应调整的结果。举一个简单的例子说明认知学及行为学对语言行为的解释。如果一个人吃早饭时坐在桌子旁边说"油条"，认知主义者认为，"油条"二字是大脑内部的一个复杂过程，首先人要有交际的想法，然后将其想法调整适应当时的情景，然后再将酝酿好的想法说出来。而对行为主义者来说，"油条"二字是说话者对油条这一刺激物的反应。这一系列的语言反应是后天通过学习及练习而获得的。行为主义者还强调人的语言反应是由外界环境所控制、所联系的，也就是由外界环境刺激而来。对于复杂句子的反应，行为主义的理解也大同小异，即：对一句话做出的反应，比如"嗯"、"是吗"，或一个句子等，是下一句话反应的刺激。换一句话说，句子好像是联结刺激反应的链条，把字与字通过一些规则联系在一起。

尽管心理语言学研究罩上了行为主义的理论色彩，对于语言的心理研究仍然继续，而且成果不小。这些成果大都表现在语言发展及语言研究上。不像早期冯特的结构主义与经验主义相接合的心理研究，行为主义心理语言学是地道的经验主义倡导者。行为主义理论认为心理语言学是独立的学科，对语言的心理研究无须借助语言学、哲学、修辞学及其他学科的研究成果。这种观点盛行了三十年，无人质疑，一直到20世纪50年代，才有人对此提出挑战。

受这种学科影响深重，最具代表性的人物是斯肯那（B. F. Skinner）及其论著"语言行为"（1957）。斯肯那从动物的条件反射理论出发，研究了其他学科对语言行为学研究的贡献，明确提出心理语言学是一门独立的学科。他写道：

　　语言研究的最终责任落在行为主义学家的肩上，尤其是行为心理学家。当一个人说话或者对语言做出反应时，这是一个人类行为的问题，因而须由科学的实验心理学概念及方法去解答。（斯肯那，

1957，第45页）

斯肯那认为人的行为是由前因及后果所左右的：人的行为是对外界环境刺激的反应。肯定的反应可以让这种反应持续不断，否定的反应则可以让该反应中断。从这一理论基础出发，斯肯那导出了一系列语言行为的分类。这些类别用来突出对语言的反应比语言形式更为重要。比如：斯肯那的语言行为中的重要一类是"要求"（mand），"要求"可以是使人去做某事的任何语言刺激。"要求"极其重要，且有多种语法表现形式。比如，疑问式（你有空吗?），陈述式（我好像没带钱），祈使式（把饭给我）。"要求"的获得及保持是通过对说话者不断鼓励而得来的。

第二种语言行为叫"联系"（bact），是与外界联系的缩写。一个婴孩最初在某个正确的场合叫他的母亲"妈妈"，之后经过多次鼓励而学会"妈妈"的意思就是一个"联系"的过程。最初对母亲的视觉印象为语言反应提供场景，即语言刺激，如果对这一外界刺激的反应是正确的，肯定的鼓励接踵而来。因此，外界刺激可以控制人的语言行为。人类语言获得过程就是学会区别肯定与否定鼓励的反应。

斯肯那对人类语言行为复杂形式的分析具有一定的历史意义。他认为儿童在一定的语言场景中学习应用各种不同的语言形式是一个选择不同反应的过程。

儿童很少在一开始说话就毫无错误。因而父母须帮助他们的孩子从一种原始的错误形式过渡到成人的正确形式。语言纠正在斯肯那的理论中占有重要的一席之地。这种理论使得斯肯那既能照顾到语言获得的复杂性，又不偏离语言来自外界刺激的基本理论。

行为主义心理学对语言研究的成果

这一时期的实验研究均在于竭力为条件反射理论提供实证。维普兰克（Verplanck，1955）发现善发表意见的大学生，如果在自由会话中听到听话人多次用"嗯"、"对"等鼓励，该生的会话频率会大有提高。维普兰克的另一实验也证明，一种词的使用，如复名词，可以刺激提高整个词类的使用频率。细微的面部表情或者点头也可以影响会话中的词类选择。

另一种实验成果是语言研究。当时有不少的行为主义心理学家力图解释词义的获得过程，他们的解释多数强调词义的相关性。诺伯和麦尼利（Noble and McNeely，1957）测量了人在规定时间内对某个字与其他字的联系反应，并得出了字义指数。字义指数高的字（如房子）较字义指数低的字（如唯心）容易学会。在此同时，奥斯古德（Osgood）及他的同僚们发明采用了一种测量字义的方法，叫字义分辨法。这种测量法是让人们在一定的标准中（如好/较好/次）对字义做出评论（Osgood，Suci，and Tannenbaum，1958）。

对于行为主义的实验心理学家，词义被看作是一种刺激反应，因而可以用条件反射程序加以调整。斯特兹和斯特兹（Staats and Staats，1957）的实验力图证明这一点。他们认为非字符如果与有意义的字符配对使用，非字符可因此获得意义。该实验证实受试者经过数次使用，可把与褒义词"美"同用的非字符评定为同一级有意义的词汇，而把贬义词如"贼"同用的非字符为不同意义的词。因此推出部分内在的字义可以通过外在的联系而转移到非字符上。该实验从一个角度证明字义可以通过条件反射过程而获得。由此可见，行为主义者只强调了事物的联系性而忽略了事物内在的结构。这种偏激导致了它自己的消亡。

对行为主义理论的批判

对行为主义理论最有力的批判来自 1959 年语言学家乔姆斯基（Chomsky）对斯肯那文章的评论。在 50 年代，乔本人还是一个研究所的学生，所学的理论大都是行为主义框架下的语言学理论。这种理论只强调语言的分类学。到了 50 年代中期，乔开始怀疑这种传统理论的实际价值，并开始寻找其他的语言理论，最终形成了一个新的语言学学科，这一学科使得心理学与语言学互相包容，合二为一。

乔氏对行为主义理论的批判主要集中在一点上，即这种学说从根本上无法解释语言的一些重要特性，例如：

（4）那边又打起仗来了。

（5）那边又打起来仗了。

用我们的语感可以得知例（4）、（5）含有同样的意义。"打"跟"起来"有着特别的语法关系，尽管"起"与"来"是可以分开的，如例（4），语感告诉我们，这两个字属于一个语言单位。这种行式上分离，但实质上联系的短语在语言学上称为"分离式短语单位"。这种形式的存在就说明句子除了表层形式上的联系外，还有深层结构的联系，因而句子并不是简单的字串的结合。这种语言内部的联系用行为主义的方法论是解释不了的。

乔氏用来批评行为主义的另一名句是：

（6）Colorless green ideas sleep furiously.（无色的绿思想愤怒地睡着觉。）

尽管例（6）听起来奇怪，但该句完全符合语法。这种语句如同多种其他语句一样，大约以前从未听到过，但是听话者仍能用其语感得出语句的有限意义来。如果把例（6）倒过来念，该语句就不成语句了。从这一例句中乔得出两个结合：一是合乎语法而没有语义的句式是可能存在的，二是人们对语法的理解并不在于以前是否听过该句。过去的经验在句子理解中并不很重要。这两点与行为主义方法论有着根本的冲突。

总之，乔氏的语言理论对认知心理学的复活起了极其重要的作用。与此同时，其他一些历史因素也起了一定的作用，如电脑的发明，信息理论的诞生，以及心理学家开始对记忆及问题解决能力的研究都对认知科学的重新建立起了重要的作用。

三　认知科学的发展

乔姆斯基（Chomsky）的影响

到了20世纪60年代，心理学的语言研究已完全脱离了行为主义的理论框架，而转向语言学，特别是乔氏的转换生成语法理论。这种转变有几个原因。其中之一是乔氏对语言的描述法使心理学家进一步看到语言与心理的直接关系，因而引起了许多心理学家研究语言的兴趣。

乔氏认为既然人有能力表达或者理解前所未听过的新句式，这就说明行为主义的经验论解释是毫无意义的。相反，应该更注重人脑中的语言知识的描述。按照乔氏的理论，间接地通过人的理解或表达而得出的语言知识才是语言学家或心理学家研究的兴趣所在。语言知识或语感可由一系列语言规则来表现。语言学家应重点研究语言规则的本质，而心理学家则重点研究语言对行为的影响。

乔氏的语言学理论可归纳为两方面：一是他对语言规则即语言知识的描述；二是他对语言获得的解释。乔认为语言是有高度规则的。如人脑中的对于句子的知识可表现为：

（7）句子＝名词短语＋动词短语

以上规则又可在不同的层次进一步分析。如：动词短语＝动词＋名词短语

动词短语又由非有不可的和可有可无的成分（括号中的成分）组成。如：

（8）动词短语＝动词＋（副词）＋（数量词）＋（形容词）＋名词。

最后，人们还可以用灵活的语序来表达不同的强调及话题。如：

（9）昨天看见老李的人是小张。

如果句子的中心是"老李"，句子可为：

（10）昨天看见小张的人是老李。

如果将句子变为：

（11）看见昨天的人小张是老李。

该句就成为不合语法句，而不为人们所接受。因为句子是有规则的，其语序是灵活的，而这种灵活性是在规则管辖下的灵活。

以上例句仍停留在表层结构，尚未涉及到人类语言知识的深层结构，在以后的几章内，读者会遇到细节的讨论。在此想说明的问题仅在于乔氏理论对语言应用及获得的解释。这一解释在西方心理学界引起了极大的争议。

乔氏认为语言获得并不能用儿童平常的语言练习所解释，因为儿童最终获得的语言要比所教给他们的语言要细微、具体得多。让我们先看以下两个例句：

（12）老李答应小张赶快回家。

（13）老李要求小张赶快回家。

我们的语言知识或语感告诉我们第一句中"回家"的动作发出人是"老李"，而第二句中的动作发出人则是"小张"。这种知识几乎不可能是哪位的父母系统教给他的。事实上，尽管多数的人根本不知道应该如何解释这种区别，但是都能说出第一个句子与第二个句子的区别，而且

能区别比这更复杂的句式。乔氏依此得出结论：儿童获得的语言是复杂微妙的。父母可以在某种程度上协助儿童语言发展，但是并不能左右和决定儿童语言发展的模式。这就是乔氏的"语言刺激贫乏"理论，它强调外界对儿童语言的影响与儿童本身语言发展之间的不平衡性。

长期以来，人们就知道，多种不同文化下的早期儿童语言发展有其惊人的类似处。这种类似性可由两种理论来解释，而且两者必居其一。一是儿童成长过程的共同性，二是人脑中语言知识的共同性。乔氏认为是后者。儿童生来具有一定的语言能力，因而获得过程大大简化。他坚持用生物学家的观点来看待人体的发展，即为什么人长两只胳膊而不是翅膀并不是由外界决定的，尽管外界条件可以加速或减慢这种发展。同样，人类具有的语言能力也可看作是与生俱来、生物特有的机制。对于人的语言到底从哪儿来的这个问题，冯特从未提过，斯肯那从不必解释，而乔氏的回答是："人类天生具有。"

这种理性主义的理论当然不是为所有心理语言学家所接受。但是这种理论使得心理学迅速与行为主义理论分手，集中精力在认知行为上。更重要的是，乔氏理论使得心理学走向一个新的长期被忽略的科学领域，即：语言的生理基础及语言的心理性。

语言理解研究的成果

乔氏的两部重要著作"句法结构"、"句法理论"，在20世纪60年代及70年代具有深远意义的影响。在当时的心理语言学界，大多数的研究兴趣都集中在句子理解上，尤其是在语言学规则的心理现实性（psychological reality）上。在这一阶段，心理学家们引进一些研究器械来揭示语言理解所涉及的大脑结构。例如，这一时期运用反应时间差研究大脑理解过程又得到恢复。最早的这类实验应属麦克曼（McMahon，1963），他给受试者一些图画及句子（如汽车碰了卡车），这些句子与图画有的相呼应，有的不相呼应。其目的是看受试者对与图画相符或不符的反应时间。实验结果表明否定句较肯定句的反应时间长。主动语态较被动语态容易理解。

心理语言界的另一研究主题是人脑记忆系统中的语句排列结构。约翰森（Johnson，1965）给受试者一系列句子记忆，用以检查错误的分布。他发现错误的分布呈现规律性：错误往往出现在语言单位之间而不是语言单位中间。例如：

（14）那个高个子男孩救了那位濒临死亡的妇女的命。

受试者往往忘记"男孩"之后的成分，而很少忘记"高个子"之后的成分。这是因为"男孩"是名词短语的中心词。约翰森把这种方法称为 TEP（过渡性错误概率：Transitional Error Probability）。他认为字的记忆概率与语言单位及单位界限有关。

类似上述实验在语音方面也有所发展。由于新型高度复杂机械设备的发展应用，心理语言学家们发现语言中的每一个独立的音并不是像珠子穿在一根绳子上一样可以自由拆开，而是具有其独特的结构。哈根实验室的研究者们发现独立的音不可像拼读文字那样随意拆成独立的字母，相反，每一个音都分散在整个音节上。由于这一特性，人类方能有效传达信息。利伯曼（Liberman）指出这种语音的空间性要求大脑具有特别的机制（大多数在人脑左半球），这种机制专门处理语言材料。

语言获得研究的成果

这一阶段，语言获得的研究也日益增多。最早的是 20 世纪 60 年代的儿童语言发展的长期观察实验。这种实验对儿童的语言在几年之内进行定期收集。代表实验为布瑞恩（Braine，1963）、米勒和欧文（Miller and Ervin，1964）的儿童语言观察。之后布鲁姆（Bloom，1970）、（Brown，1973）等又推出儿童语言的"语言"，其模式大致与当时语言学规则雷同，略有不一之处，当时的研究中心主要集中在：儿童语言发展被哪些语言规律性所控制？儿童什么时候发展出成人语言能力？

语言发展的理论分析并力图得到理性的解释是当时语言发展研究的一个趋势。当时几乎与乔氏齐名的列宁伯格（Lenneberg）便是代表者之一。1967 年，列宁伯格出版了巨著《语言的生理基础》。该书收集了大量失语症、语言障碍的患者的语料，以及其他神经生理学材料。在此基础上，列宁伯格建立了一套关于语言发展的先验性理论。另一个为人所知的理性主义语言学家是麦克尼尔（McNeill，1966），他发展了一套基于人类共同语法的儿童语法理论（具体讨论请看第三章与第四章）。

总之，60 年代的心理语言学的特点是理性主义的，强调结构的认知科学，是在批判行为主义的理论基础上建立的。行为主义注重外界，而认知心理语言学注重内在过程。行为主义强调对儿童语言不断鼓励的作用，认知心理语言学家强调语言发展是人类遗传基因的结果，行为主义只停留在词的研究上，而心理语言学更注重句子。

四   现代心理语言学的新发展

从 20 世纪 70 年代到 80 年代，心理语言学发展出众多流派，与其他学科交叉融会。学术思想也日趋兼收并蓄。尽管认知观念仍为现代心理语言学的主流，60 年代发展出的一些心理语言学理论已被认为有其局限性，这方面的发展仍有待于发展为全面的理论。但对于语言知识的重新解释与探讨均已在多方面出现。

语言与认知

语言与认知的关系本不是一个新课题，早在冯特时期就已提出。近几十年来所强调的语言与认知的关系则是突出"语言"在认知系统中的特殊地位。这种理论认为语言使用过程与其他非语言的认知过程属于两种完全不同的过程。语言系统似乎运用与其他认知过程完全不同的大脑部位处理信息。60 年代曾大力强调语言系统的特殊性，到近几年来，这种理论又重新兴起。这一兴起与语言认知、理解及记忆的研究成果是分不开的。但是，持与此相反的观点也大有人在。他们认为语言处理过程必须应用一些基本的认知能力，如辨认模式、记忆、感知、信息处理等。因而语言与认知系统是分不开的。

对句子以上的话语研究

句子突出表现了语言的结构特性，它虽使行为主义者头疼，但受到现代心理语言学的偏爱。而语言的其他结构及层次则很少被人触及。近几年来涌现出了一个新的研究领域，它注重研究人们如何理解、记忆及表达"话语"。话语是句子以上的语言层次，如段落及整个篇章。另一个新出现的领域为"大脑字库"。该研究在近几十年来显得日益重要。这两个领域在理论上及应用上有极重要的意义。话语研究，尤其是自然话语，使得语言与语境有了有机的联系。大脑字库的研究也对阅读过程的了解提供了有力的依据。

社会环境及语用学的研究

语言具有两重性，一是生理性，二是社会性。大部分的语言理论往往强调一个方面而忽略另一方面。最近几年来，一种新的综合性研究领域开始出现。这种研究重点分析儿童的父母与儿童的语言交流所产生的作用。研究表明儿童在语言的早期发展阶段就接触到丰富的语料。儿童与父母语言的交流及所受的影响因情景及背景而异。至今人们仍不清楚这种父母所提供的语料是否对儿童的语法、语音及语义发展有影响，但是对儿童的语用能力则明显影响很大。儿童的语用能力指包含在语言中的社会规则。人们的语用知识告诉人们什么场合下说什么话。儿童似乎在较早就具有这一能力，如果这种能力不是来自父母，也是来自儿童的兄弟姐妹。对于语用研究的兴趣反映了心理学家对语言看法的微妙变化：语用的社会环境不仅是研究儿童语法、语音、语义的渠道，而且也是语言本身研究的重要一面。由此可见，心理语言学家须将语言的社会性及生理性结合起来进行研究。

第三节　语言获得研究的主题

我们知道，语言发展的研究是心理语言学的一个重要分支。这一学科的最终目的是通过人类获得语言的过程去进一步解释与理解人类语言的内在因素以及儿童的智力发展。因此，这一学科的主题也反映了与人类特性相关的四个重要问题：1. 语言使用及发展是否可以说明人与动物的区别与联系；2. 语言到底是先天的还是后天的；3. 语言获得是一种积极的还是消极的心理过程；4. 语言获得中的正常与异常发展与人类智力发展的关系。下面我们分别讨论这些主题。

一　语言发展的研究对人类自身理解的贡献

有史以来，人们力图搞清人类本身的行为特点以及他们与周围其他动物的差别。语言是最常用来进行此项研究的对象。许多研究者都指出人类语言在与外界交际及应用时起了极其重要的作用。人类可以通过口语或书面语将他们对外界的知识及其自身文化准确无误地传给他们的子孙后代，以免他们的后代重蹈从前的错误或误入歧途。语言符号也为人类提供了极为有力而又灵活的思维工具。因此，研究人类的语言发展过程可以为我们提供最有效的证据以便窥视人类是如何在大脑中进行思维及推理的。

　　然而，人类语言到底与动物的交际系统有多大的质的区别？这一问题至今仍是研究者们的一个争论焦点。例如，蜜蜂可以用一种相当复杂的舞蹈图案通知其他蜜蜂采蜜的方向及地点。这种特殊的交际方式是不是与人类语言一样具有同样的功能及特性？

二　语言发展的先天性与后天因素

　　语言获得研究的另一个主题是关于人类的哪些知识与生俱来，哪些则属于后天获得。心理学家们常常将这一问题视为不可分割的同一问题的两个侧面，因为先天（生理机制）及后天（各种外在经验）在获得知识及语言过程中都十分重要。但是，困难的是这两个因素相互作用、相互包容以致很难将它们截然分开，因此，这一问题也成为心理学家、语言发展研究者们常常争论不休的问题。

　　在研究这一问题中，学者们最关注的问题之一是：儿童在获得语言时，对句子的结构是否有一种普遍意义的概念，还是生来就有一种具体的语法系统。此外，研究者们对语言的先天与后天特性的讨论也集中表现在人类生理发育的成熟对语言获得过程的影响。从神经语言学的讨论看，有些外在条件必须得到满足人类的大脑才得以发展。这些条件包括最低限度的营养供给及各种不同的感官刺激。此外，在正常的外界条件下，人类的生理发育很少受到经验的影响。因此，人类大脑的发育在很多方面决定了人类语言发展的各个不同阶段，诸如哑哑学语阶段、单词及复杂句子阶段的语言发展。

　　围绕语言的生理特性，研究者们提出了语言发展的关键期理论。这一理论提出人类母语的获得均在人的前十几年。这一期间是大脑发育的阶段，语言的发展在大脑未发育之前不可能发生，而在发育成熟之后则异常困难。关于这一问题，我们将在第二、三章中进行详细讨论。

三　语言发展的心理过程

　　在学习第一语言或第二语言的过程中，人类是积极地还是消极地参与这一过程？这一问题是语言发展研究的另一主题。在讨论这一问题时常常引起研究者们的两派争议。一派强调在发展语法或语音规则系统时，儿童积极主动地参与了这一过程，这些均可在儿童语言发展中所采用的策略、所形成的语言规则假设以及寻找肯定与否定假设的过程中略见一斑。这一流派认为儿童并不是在"学习"语言，而是在"创造"语言。另一流派则指出儿童语言环境具有一定的规律性，这些外界的规律影响儿童语言的发展。例如，儿童的父母一般均采用一种简化语言与儿童进行交流，结构大多是主动句，语序以主谓宾为主，其他语序为辅。因此，这一流派强调儿童语言发展中的外界语境的作用，以及儿童"学习"语言的特点。语境以及语言机制对人类语言获得的影响将是我们后几章讨论的另一主题。

　　从语言发展研究的初期阶段开始就一直存在着两种相对的理论。行为主义心理学家认为刺激反应理论可以应用在人类认知能力及语言能力上，并大力强调外界条件及语言环境对人类语言发展的主导作用。而部分认知心理学家及语言学家则认为语言是独立于认知系统之外的人类独特能力，并强调儿童语言的创造性与语言获得的先天性。很明显，这两种极端理论的折中处理似乎是研究语言获得的最佳方法。它不但可以为我们提供语言获得研究的各种见解，而且可以兼收两种理论的精华，摈弃各自的糟粕。

四　正常的与非正常的语言发展过程

　　心理学家长期以来对语言的非正常发展非常有兴趣，并力图用其研究结果去解释正常的人类语言的发展，进而为异常语言发展提供治疗及改进途径。语言障碍及迟缓发展随许多儿童疾病及紊乱而来，诸如视听困难，精神分裂，以及大脑发育迟缓或异常。在很多情况下，语言障碍较其他病状更能突出反映儿童或成人的基本病因或病源。因此，用正常的语言发展与非正常的语言发展进行比较，可以为我们提供很多人类语言能力及语言障碍的重要信息，并为治疗语言问题提供各种理论及实践依据。在本书第四章中，我们将重点讨论四种导致儿童语言紊乱的病症及现象，即：1. 弱智儿童；2. 聋哑儿童；3. 我向型儿童；4. 语困症儿童的语言发展。

　　总而言之，语言获得研究是一个令人神往的研究领域。这里我们所提到的四个主题反映了这一领域对人类自身理解的科学潜力及理论价值。但这一学科毕竟只是一个只有二三十年历史的年轻学科，它的发展仍有待于进一步自身深化及其他学科及科学技术的发展。

第二章　儿童的早期语言发展

第一节　概述

儿童语言使得很多做父母的人感到吃惊，感到欣慰。仅在一年当中，一个小孩就可以经历几个阶段：从咿呀学语到称呼爸爸妈妈，到说出周围事物的名称，再到说出个把简单句来，这种以惊人的速度进行的儿童语言发展使小孩能够积极地加入家庭中的日常生活。虽然语法细节要到5—10岁之间才能完善，但是，事实上3—5岁的小孩已基本完成了语言发展过程，这个时候，儿童已有能力将语言细分到语音及语义的最小单位，而且知道字的语音规则、词义及词所能组成的句子。总之，儿童到了5岁，他们的基本语言系统就已完善，可以在社会环境中进行基本的语言交际。在过去的30年中，儿童语言发展研究受到了许多心理学家及语言学家的重视。成果相当突出。这方面的研究大致可以分为两种。第一种叫长期观察法（longitudinal studies），研究者对一个或一组儿童进行数年的跟踪观察，并将儿童的语言用最精确的方法记录下来。第二种叫跨年龄组比较法（crosssectional studies）。实验人员把不同年龄的儿童分成不同的几组来比较儿童语言能力在不同年龄的差别。这些研究成果在很大程度上回答了一个问题，即儿童是如何获得语言的。但仍不能回答其他一些重要问题，诸如，为什么儿童仅在人生的最初阶段获得语言？为什么儿童在认知发展还没有成熟的情况下以惊人的速度获得语言？儿童的外界条件对其语言发展有没有影响？世界上所有的儿童语言获得历程是一样的吗？

这一章重点讨论儿童语言获得的早期阶段（1—3岁）。后期阶段（4—10岁）的讨论放在下一章。早期阶段主要看儿童的语音、语义及语法的发展，并讨论认知系统及外界环境对儿童语言的影响。我们所讨论的儿童语言发展阶段均限制在正常儿童上，在以后的章节中再讨论非正常儿童的语言获得。

第二节　影响语言发展的不同因素

　　要想了解语言是如何获得的，首先得回答如下几个问题：什么因素使得儿童语言不断成熟发展？为什么儿童要经历一个阶段才获得语言？对于这些基本问题，学者们众说纷纭，意见不一。有人强调儿童语言发展是人的生理现象，与生俱来。另一些人则说儿童的外界环境决定了儿童的语言发展。还有一些人认为儿童的语言发展是认知发展的一部分，两者是分不开的。更有一些人说，儿童语言发展无共同性可循，完全是个别现象。因此，语言发展须将人与人之间的区别因素考虑进去。事实上，这些因素似乎在儿童语言发展中均起一定的作用。下面我们分别进行讨论。

一　生理因素的作用

　　如前所述，儿童语言获得受到诸多因素影响。其特点是，一是儿童可以在短期内发展出语言能力，一旦儿童开始说话，发展速度就快得惊人。二是儿童都有说错之处，但这些错误既有其内在的规律性，又与成人语言有着质的差别。三是世界儿童的语言发展似乎都经历同样的过程，尽管所学的语言不一样。以上种种现象使乔姆斯基及其他（McNeill，1970；Lenneberg，1967）提出语言发展是一种人类生理现象，这种观点被称为"语言先验派"（language nativism）。乔氏认为儿童语言的获得更多的是一种创造的过程，而不是学的过程。先验派认为儿童生来就具备语言机制（Language Acquisition Device），这一语言机制遵循所有语言的共同规则（Universal Grammar）。而共同规则又以参数（parameter）形式出现。例如，语言可分为主语可省略语言/主语不可省略语言（subjectdropping/non-subject-dropping languag-es），修饰语在前/修饰语在后语言。汉语中的主语常常可以不出现，而英语语言中的主语一般不可以省略。因此，这两种语言的参数即为：中文：（＋主语省略），（－修饰语在后），英文：（－主语省略），（＋修饰语在后）。因此，儿童只需听一定的外界语言材料，就可将该类语言的参数判断出来，从而将自己限定在一类语言中进行获得。儿童"创造"出的语法与成人类似但不尽相同。这种语言创造能力被认为与人的左脑的语言机制有关。这一机制开始发育成熟之际，也就是儿童语言出现之时。

这种语言先天理论在心理语言学界占统治地位二十多年。最近，这一学派又从天生的聋哑儿童语言发展上找到一些证据，力图证明语言的先天性。代表研究者有费尔德曼（Feldman）、歌德温·密德（Goldin-Meadow）及歌来曼（Gleitman，1978）。此类研究发现由于一些聋哑儿童的父母认为他们的孩子不应该用手语，因而这些儿童生下来的头几年没有接触过手语。尽管如此，这些没有手语熏陶的儿童居然自己发明了一套与正常儿童在很多方面均类似的手势语。这些儿童的语言获得顺序以及年龄界限也与正常儿童有惊人的相似之处。因此证明，即使外界语言输入甚少，儿童照样可以有发明创造语言的能力。

从某种程度上讲，语言的先天理论对语言发展研究起了一定的副作用。乔氏强调外界环境、认知能力以及个人因素，尽管非常重要，都不足以用来解释儿童的语言发展。他认为即使把所有这些因素都考虑进去，对说明儿童语言发展过程还是不够的。因此，这一不足之处只能拿专门控制语言的生理机制以及获得过程中的语言结构假设来解释。乔氏的这种理论未免过分强调儿童对语言的推理能力，而忽略了发展过程中的其他因素，如外界语言环境、认知能力及其他因素的作用。尽管，语言先验论是当时的主导理论，它并没有对整个理论起压抑作用。相反，乔氏的理论事实上在促进语言发展研究方面起了肯定、积极的作用，促使学者们用不同的方式证明其他因素对语言发展的影响及作用。近几年，这方面的研究成果已经不断涌现出来。

二　语言环境的作用

语言环境对语言发展的影响早在公元前 5 世纪前就被人研究过。古希腊历史学家海罗多特斯曾记载古埃及王撒美提修斯（前 664—前 610）曾试图找出什么是最原始的语言。他把两个婴孩隔离到山上的茅屋，并警告侍者不准与婴儿说话。据说，两个婴儿说出的第一句话是"be-kos"，即 phrygian（古希腊时期的一个部落）语"面包"的意思。因此，当时的人们认为人类最初语言是 phrygian 语。到了 15 世纪，苏格兰国王詹姆四世也做了同样的试验，并声称苏格兰小孩最初说出的话是希伯来文。到了 20 世纪，人们对语言环境的研究更进了一步，并开始对由动物养育的儿童进行研究。最著名的案例是对"野孩维克多"的研究。迄今为止，心理语言学家仍然对语境十分有兴趣，尤其是它对语言的促进、刺激以及影响的作用。尽管新的数据、材料不断出现，但是问题始终如一，即语言是与社会相互作用中获得的，还是人类大脑里固有的？这一问题在近几年来又一次重新展开讨论，并涌现出一些较有说服力的研究结果。这些结果表明儿童的父母在儿童交谈时要进行诸多语言调整。他们语言的特点往往是较平常语言简短，发声缓慢而且清晰，声调有意夸张（如问句尾的升调）。说话中心往往是关于此地与现在的事，并且多数用昵称代替具体名词。从语用角度看，大多数的父母与儿童对语是用指令、要求等来教导孩子的行为。这种指示性用语在成人之间是很少听到的。

在此值得提醒的是语言调整并不一定对语言发展有决定性意义的影响。这种父母的指令性语言也不一定促进某一方面的语言发展而使另一方面缓慢。此外，跨语言以及跨文化的儿童语言环境还有待于进一步的调查。总之，父母与儿童语言的相互作用对儿童语言发展的研究具有重要意义。

三　认知发展的作用

儿童快到 1 岁时就可用手进行交际。他们或是用手指所要的东西，或是给大人看他们的新玩具，然后期待大人的反应。如果大人没有反应或反应不对，孩子的手势会不停地重复或进一步调整。虽然这时儿童语言尚未出现，但孩子们似乎已经拥有进行交际的直觉。9 个月的孩子与 1 岁的孩子在很多方面几乎是一样的。但 1 岁的孩子可以说几个字，而 9 个月的孩子仍然咿呀学语。儿童说话之前到底需要什么先决条件？

从认知理论观点出发，著名的认知心理学家皮亚杰（piaget）认为，儿童语言的发展源于儿童智力的发展。婴儿之所以用手势交际是因为他们的智力发展到能用符号思维的阶段。"符号能力"就是婴孩认识到手势或词表示事物或结果的能力。这一能力大约在人出生的两年之内发展出来。最初儿童理解符号的能力是在游戏中萌生，之后又用在手势交际上，最后到语言交际。总之，认知心理学家强调语言与思维在儿童发展过程中相互作用，不可分割。语言最能反映并影响人生不同阶段的思维能力。

前面我们曾提到在信息处理中成人理解及表达语言具有一定的局限性。最近几年，认知心理学家开始把信息处理理论应用到儿童语言研究上，并对信息处理局限性对儿童语言的影响与作用做了深入研究。结果表明这种局限性最易在句子层次上起作用，因为这一层次的处理过程涉及许多儿童尚未掌握的语法结构。研究结果还表明儿童似乎能发展出一套操作规程，专门用来减少语法的复杂性，以便在能力允许的范围内进行处理（Slobin，1970）。

把语言发展与认知因素，如智力发展阶段及处理信息能力等联系起来，是认知学派的理论。这种观点是不为乔姆斯基为代表的语言先验论所接受的。乔氏强调语言是一种具有独特发展规律的认知次系统，而且认知与语言这两个系统在某种程度上是互不干涉的。这两个学派的争议导出了一系列对儿童语言紊乱的研究。认知学者关注的是儿童如何从语言前的手势交际过渡到早期语言，而先验学者则力图寻找非语言期与语言期的交接点。认知学者认为语言发展缓慢是由于认知系统的紊乱，而先验论学者则指出，语言紊乱时，其他智力功能仍然可以正常，因而语言是一个独立的认知系统。

四　个人差异的作用

在过去的几十年当中，语言先天存在的观念起主导作用，因而儿童之间的个人差异对语言发展的影响很少被人探讨。儿童语言的获得过程大都被认为是雷同的。但后来，很多研究转向个人差异因素，并证明儿童获得语言的方法不尽相同，因人而异（Nelson，1973；Bloom，1973）。尼尔森（Nelson，1973）研究了儿童用何种方式学习语言。她发现儿童们采用两种不同的方式获得语言：一种叫参考法，一种叫表达法。采用参考法的儿童较多，在他们学习名词时，有时也有动词或形容词。往往借助于他们所知道的外界事物。相反，采用表达法的儿童词汇种类较多，包括社交套语，例如，"stop it"（停住），"I want it"（我要）。这些套语似乎是作为一个完整的、未经分析的单位学会的。表达式儿童较参考式儿童能将整句说出。虽然整句中有些部分残缺，但整句语调完好，仍能表达所要表达的意思。此外，表达式儿童在早期语言中常用"假字"，即在句子中没有意义，但起一定的语法功能作用。从这一点看，表达式儿童的早期语言获得落在句子层次上，而不是单字上，而参考式儿童则相反。另外，儿童学习语言的方式可以多样各异。从字到句子，即把新字组合成句子，只是其中之一，而不是唯一的方法。也可以从句子到具体字，这种方法强调整句表达，从囫囵吞枣到学会具体分析每个字。卡罗尔（Carroll，1986）还进一步指出其实大多数的儿童是两种获得方法都采用一些。因而参考法与表达法仅仅是一个连续统一体的两个极端。对于这两种极端我们还知道得太少。

虽然研究所得出的个人差异给我们提出了更多的尚不能解答的问题，这并不是说获得方法有好坏之分，或代表语言程度的高低，到现在为止，我们尚不知道这些方法上的个人差异是否对语言发展有长期的影响，这些差异到底在语言发展中停留多久？什么可以导致这些个人差异？

总而言之，语言的发展是多方面的因素组成的。个人因素是其中之一。它告诉我们儿童语言的发展并不像人们所描绘的那样层次分明，如语法、语音、语义、语用。相反，儿童必须借助多方面的知识学习语言。此外，个人差异的研究还告诉我们语言获得的方式不只局限在一种上，而是多种交叉使用的。

第三节　儿童早期的语言发展

儿童的语言获得并不是孤立于语言交际之外的过程。相反，儿童的语言发展是在非语言的交际中逐渐形成的。婴儿在不会说话以前就知道如何用手势表达要求。一旦语言系统被儿童掌握，他们能很快利用语言去实现其交际目的。儿童最初发出的音大都是练习各种音调，尚不能交际，但最终儿童将非语言的交际与语言交际结合为一体而发展出理解与表达语言的能力。

要想测试儿童的语言知识并非易事，这是因为儿童的语言知识往往只能用间接的方法测出。首先，儿童的语言发展夹杂许多错误，而且这些错误多是有规律的、系统的错误。第二，儿童往往能在模仿矫正时正确发出某个音，但在自然交际场合依然照旧。第三，当儿童可以听出某个音的正确与否或区别时，他不一定能正确发出这些音。例如，"nao nao"（三声）（姥姥）是儿童自己发出的音，如果大人模仿儿童说"nao nao"，小孩会说：不对，不对，是"nao nao"。

　　传统的观念认为语言发展是从说出第一个字开始，也就是从 1 岁以后开始。其实，从广义上来看，语言发展从儿童出生的那一刻就开始了。从新生儿呱呱坠地开始到满一个月，发声过程就开始出现。婴儿在出生几个星期后就对人类声音异常敏感。若要止住婴儿的啼哭，人的声音要比非人声有效得多。最近的研究还证明，甚至初生的婴儿对语言都有惊人的感知及获得能力。这些能力与发声及识别人声并存，最终在一年内发展为语言。总之，人生第一年是语言发展研究、语言获得研究中最薄弱的环节，这方面的主要理论及研究方法仍处在发展阶段。

一　婴儿语言发展的最初阶段

　　据卡普兰及卡普兰（Kaplan and Kaplan，1971）的实验调查，早期的发声发展大致经历四个阶段。从一阶段到另一阶段的转换也许突如其来，也许缓慢渐进，年龄界限也因人而异。

　　第一阶段：啼哭阶段（crying）。这一阶段从初生的啼哭开始算起，主要标准是啼哭或类似发声。哭声往往有升频或降频，是呼吸发声循环的一部分。通常每秒重复一次。多数婴孩都有几种哭法，由此大人可知其哭声的意义。例如，饥饿、疼痛、无聊等。姆勒等（Muller，etal.，1974）还发现让父母听没有上下文情况的哭声录音带可以判断婴儿哭声的意思。

　　第二阶段：咕咕之声（cooing）。婴儿满一个月后，除了啼哭以外，其他发声开始出现。这些发声方式远比啼哭种类繁多，而且是运用发声器官发出的，如唇、舌、口等。到了满两个月，婴儿开始发出一系列咕咕的声音。这些声音大都与后元音或圆唇音类似，很多音与［a］、［o］、［u］很接近。啼哭与喟喟之声之间的关系至今尚不清楚。从发声角度看，两者极不相同，但有些学者观察到婴儿经历一个由真哭到假哭的过渡阶段。假哭出现在两个月之后，但又出现在喟喟之声之前。

　　第三阶段：咿呀学语（babling）。婴儿长到三至四个月就可以发出咿咿呀呀的声音。这些声音较接近人类语言，而且能辨出元音或辅音，类似成人的声调系统也开始出现。在这一阶段，前元音（如：/i/）较后元音（如：/a/）多，但后辅音（如：/k/）又比前辅音（如：/m/）多得多。奥勒及爱勒斯（Oller and Eilers，1982）指出儿童获得不同的语言具有极其类似的发声规律。这种类似性可以从如下研究结果看出（表2－1），说印度文、日文、英文、阿拉伯文、玛雅文及珞文的儿童经历了类似的咿呀学语过程。

表2－1　　　　　　　　　咿呀学语阶段发音相似性一览表

各语言共有的语音	各语言均无的语音
p	c
b	j
m	f
	v

　　研究结果所找出的相似性似乎说明咿呀学语阶段是在儿童所获得语言之外的独立系统。事实上，连聋哑儿童也经历这一阶段，尽管他们的发声与正常儿童不一样。此外，研究证实由于医疗缘故而未经历咿呀学语阶段的儿童可以在以后正常发展语言系统。所有这一切都说明这一阶段始于语言获得过程之初，但并不一定是语言获得过程的一部分。

　　第四阶段：系统语言发展。最后一阶段通常在1岁左右开始。这一阶段可以认为是真正的语言发展的最初阶段。从上一阶段到这一阶段的转折可能很突然，也可能很缓慢，甚至会经历一个沉默阶段（某些儿童会经历这一阶段）。这一阶段最突出的特征是儿童所发出的音不再繁杂多样，而只限于几种。比起咿呀学语阶段，儿童说出的第一个字所牵涉的语音成分要多得多。

　　为多数人接受的一种理论认为在咿呀学语阶段，婴儿可以发出的语音范围极其广泛，有的音来自婴儿所听到的语言，有的只在别的语言出现。有的甚至在语言中不存在。因此，婴儿要想获得一组正确的语音，似乎很简单，只须缩小或排除某些语音即可。其实不然，以英文为例，不是所有的英文中的语音都在咿呀学语阶段出现，而一些非英语的语音则在这一阶段出现。因此，英语语音的发展要求逐渐增加一些音，并同时排除一些音。对儿童的观察研究揭示出语音发展的一个普遍规律，即元音首先出现（v），然后是辅音＋元音的结合（cv），之后又是元音＋辅音＋元音（vcv）或元音＋辅音（vc），最后是前几种的重复（cvcv）。

这一语言阶段的特点还有语调、重音、音量的变化发展。从第二阶段起，婴儿的语音就具有一定的语调规律。到了第三阶段初期，这些语调就与成人的语调很类似。在英文语言中，陈述句的降调及疑问句的升调在这三阶段均可以观察到。婴儿到了第四阶段常常模仿成人的语调。但是婴儿如何区别语音及超语音，如语调、重音等的发展仍然不很清楚。恩格（Engel，1973）指出超语音的特性（语调、节奏、重音）首先是用来表达意思的。一些儿童语言观察表明，儿童表达的头几个字是由它们的重音规则，而不是语音规则所决定的。例如，一个儿童用"妈妈"（重音在第一个音节上）叫他的母亲，"妈妈"（重音在第二个音节上）叫他的父亲。之后才由"b"代替"m"，叫出"爸爸"。

虽然重音及语调被儿童用来代表具体词的意义，但是布罗姆（Bloom，1973）指出这些语调在单字时期并未用来表达句子的意义。也就是说，单字阶段的语调与通常的陈述、疑问或祈使的语调并不一致，但到了双字阶段两者就基本上一致了。

儿童从咿呀学语到真正语言的过渡是一种有规律的，有先后顺序的过程。有些音较其他音先出现，而有些则到很晚才出现。最早出现的音不外乎/ma/、/pa/、/da/、/ta/。语音出现的先后顺序更多地与发音难度有关，而不是与词义有关。

婴儿早期的语言似乎遵循"最大限度区分规律"（principle of maximum contrast）。这一理论认为最易获得的音多数是区别最大的音，如完全合口的/p/跟完全开口的元音/a/出现最早。在这一理论的基础上，雅可布逊（Jakobson，1962）提出儿童获得语音是以其语言中的对比音为基础一对一地获得的。这种对比音获得的顺序是语言获得的一种普遍规律。这一理论的基本观点为许多实验研究所证明，但同时也发现该理论并不是绝对的，也有许多例外。

二 语音发展中后期中的语音错误

到了儿童语言发展的中后期，不可避免地要出现一系列有规律的语音错误，这些语音错误揭示了语言的发展途径及趋向。布罗姆及拉海（Bloom and Lahey, 1978）将儿童的语音错误归为四类（见表 2 - 2）：

表 2 - 2 　　　　　　　　　　　儿童常见语音错误

错误种类	举例（英文）	（中文）
1 省略错误	urh ——→hurt	xi ——→西红柿
2 合并错误	paf ——→pacifier	jishui ——→橘子水
3 替换错误	gik ——→kiss	naonao ——→laolao（姥姥）
4 重复错误	titty ——→kitty	jiji ——→自己

省略错误是指词中的某个或几个音被删去或漏掉，如："xi"（指西红柿），合并错误是指几个由不同音节而来的语音组成一个音节，如："jishui"。替换错误是指一个音位代替另一个音位，如："laolao"被"naonao"代替。重复错误则是多音节词中的一个音节被重复。如："自己"是"jiji"。

这些错误的出现是当儿童试图发出超过他们发展阶段的语音时所犯的。例如，儿童在早期发多音节词时有困难，于是就将多音节词改为单音："柿"。还有，儿童也常将单音节词重复说出：拿——拿拿。

下面我们要讨论的是如何解释儿童所犯的语音错误，也就是说为什么儿童的错误只限定在有限的几类上。有三种解释。第一种解释认为儿童之所以有语音错误是因为他们分辨不出这些音之间的区别来。如："naonao（姥姥）——laolao"。但很多平常的观察又证实，虽然儿童自己发不出某个音，但却能听得出区别。例如，有个孩子发"姥姥"为"naonao"，但如果大人说"naonao"，他会说："不对，不对，是'naonao'，不是'naonao'。"这种事实又说明在听力上儿童仍有一定的区别能力。但是为什么区别能力只是在听觉一方面，而不在表达上？这个问题人们尚不能回答。另外如果儿童区分不清两个音，按道理说他们应该将两个音互相替代，如/n/代/l/，或/l/代/n/。但观察研究证明这种现象很少发生，更多的是一个方向的替代。

第二种解释认为儿童所省略的音都是不能发出的音。尽管这种理论似乎有道理，但并不能解释模仿实验中出现的一些情况：很多语音错误在自然会话中出现，但在模仿实验中仍然正确（Eilers and Oller，1975）。这种理论也不能解释史密斯（Smith，1973）的研究结果：一个小孩子把"puddle"说为"puggle"，而该说"puzzle"时，他却说"puddle"。这种现象说明这一儿童能够正确发出/d/的音，但却用在错误的语用上下文中。由此可见，还有一些发音以外的因素影响儿童的语音系统的发展。

第三种解释是由德尔（Dale，1976）提出；省略错误均属于更高层次的语言发展过程。儿童在获得语音系统的过程中，必须同时也获得语法、语义及语用特性。复杂的语音现象可能会使儿童在处理信息过程中力不从心，负担过重。因此，这一理论预测儿童的语音发展一定与成人的系统不符，尤其是在自然会话中。但是当儿童模仿发声时，他们可以正确发出，这是因为他们对其他层次的注意相对要少得多。在这方面，维曼（Vihman，1981）的研究成果很值得注意。他发现儿童有时把一些本来知道的物质名称故意说错。维曼认为这是儿童采用的一种语言获得策略，即利用同音词，也就是把类似语音的事物用同一个名字来称呼，这样可以减少儿童所需发不同音的数量。维曼还指出儿童可以运用语调及手势，这些能力均能在上下文中弥补运用同音词的不足之处。

三　儿童的听音与发音

尽管研究儿童发音的主要的目的是为了了解他们在运用过程中对语音规则系统的掌握，但许多研究事实均已证明儿童的发音所能提供的证据十分有限。我们前面的讨论也曾提到儿童有时能够在听音时区分两个音的不同之处，但不能在发音时区分它们。这种现象说明了什么？为什么听音能力在发音之前出现？下面我们从两个角度详细分析一下这两者的关系。

婴儿的语音辨别能力研究

儿童的听音及发音区别的研究被很多学者报告过。有的研究认为婴儿在一个月时就对音之间的音质差别有反应。而发这些音则要到几个月或几年之后方能实现。依玛斯等（Eimas, et al.，1971）在他们的实验中还证实婴儿的喂吸频率的高低反映了他们对不同的音素具有一定的敏感性。实验时，实验人员不断重复地给婴儿听一个/p/之类的音，直到婴儿对音失去了兴趣，此时婴儿的嗽吸律也会由高减低。随之又让婴儿分别听另外两个声音，一个音与所听过的音属同一音素类，例如/p'/；一个则属不同类，/b/。结果发现，婴儿听到/b/时的嗽吸率要比听到/p/时高得多，进而说明婴儿有区分清音与浊音的能力。这类研究的成果尽管异常惊人，但之后也有人对此结果提出挑战，指出婴儿区别语音的能力不一定能证明这一区别是婴儿运用其语音规则的结果。1975年，库尔及米勒（Kuhl and Miller）用灰鼠做了类似的实验，发现幼鼠对/d/与/t/的反应与人类婴儿很类似。很明显，幼鼠对两个不同音的反应绝不是在语音基础上的反应。这一结果向我们提示婴儿对不同音的反应很可能是由于发声之间的差异，而不是运用语音规则所致。有些对应的音较其他容易听出区别，而有些则不易区分，这是由人类的听觉系统所决定的。这一结果也被特瑞赫伯等（Trehub，et al.，1981）的实验研究证实。

　　总之，从以上研究我们至少可以得出一个结论：儿童听音的发展一般要早于发音。下面我们可以从对稍大一些的儿童的研究看儿童音位辨别能力的发展。

　　儿童音位辨别能力的研究

　　儿童运用音位区别辨别语义的研究被许多学者研究过，这里我们只举加尼卡（Garnica，1973）的实验结果。她在实验中用毫无意义的名称教儿童称呼不同的实物。这些无意义的名称仅在词头音上不同（如"Bok"和"Pok"）实验者让儿童根据他的指令做动作，如，把 Pok 拿到床上，让 Bok 坐车等。如果儿童能够持续不断地找出正确的实物，其结果也就说明儿童有区别音位的能力，因而能听出"P"与"b"的区别。实验发现儿童在1岁5个月到1岁10个月显现出一些系统性的音位发展：这一阶段的儿童区别鼻音和滑音的能力大大超过区分清辅音与浊辅音的能力。埃德伍德（Edwards，1974）观察研究了1岁8个月到3岁11个月的儿童对摩擦音及滑音的听音及发音发展。其听音的实验方法大致与加尼卡的一样，而听音方法则采用让儿童直接说出实验的名称，结果表明尽管听音一般来说先于发音，但有时这一先后顺序也取决于具体的音。例如，在听音中滑音/l/及/r/先于/w/与/j/，但在发音中这两组滑音的顺序则相反。因此，音位发展并不是绝对的听音先于发音，对某些音则是发音先于听音。

四　儿童的语调及声调获得

在第一语言获得研究中有大量的对语调发展的研究，但很少人涉及儿童对声调的获得研究。一方面是因为大多数的语言不借助声调区分语义，因而声调的意义在语言中显得次要；另一方面是因为多数的第一语言研究中集中在西方语言上，如罗马、日耳曼、斯拉夫语族上。这类语言的语调变化不在单词上而在句子层次上。这一方面的研究一直集中在语调、重音、音长及音高上。例如，很多研究都证实婴儿早期的发声行为就已具备了成人的语调模式。卡普兰（Kaplan，1970）指出英文的升降调在婴儿8个月时就已存在。列宁伯格（Lenneberg，1967）在引证别的学者研究成果时也曾指出婴儿8个月时就有固定的语调规则。7个月到10个月的婴儿也具有一些"原始词汇"，这些词汇大多是通过语调来表达的。卡普兰及卡普兰（Kaplan and Kaplan，1971）指出婴儿从5个月到6个月就开始运用语调的不同方面进行交际。总之，基于西方语言的语调研究证明儿童的语调获得早在词汇之前就已完成了。

但是在词汇及语义层次的声调获得研究却寥寥无几，尤其是儿童早期的声调获得。最早的声调获得研究当属赵元任（zhao，1951）先生。他观察了他的孙女获得中文声调的过程。赵先生指出他的孙女两岁时，已完全掌握了中文的四个声调，尤其是发单词的音与调与成人毫无二致。但是在她1岁4个月时，她却把第二声与第三声混为一个声调，即都是第二声。另外，赵先生还指出中文中的连读变调在他所观察的孙女两岁时刚刚开始。这一研究的不足之处是研究并没指出四声多早即可获得，另外变调获得也没提及在两岁后的过程。这一问题后由吴天敏、许政援等（1979）做了进一步研究。他们发现声调在婴儿9个月时即可观察到。除了阴平外，其他三声即已出现。

阿普伦提（Apronti，1969）的研究证实登格米（Dangme）儿童（其母语也为声调语言）在两岁时不但毫无任何声调错误，而且可以正确运用变调规则。李和汤姆森（Li and Thompson，1977）在台湾对17个中文儿童进行了7个月的观察。这17个儿童的年龄分布是1岁半至3岁。语料是每隔三个星期收集一次。实验结果表明，单词阶段初期，阴平及去声就出现了。到了单字阶段中后期，阴平及上声也都出现了，但其中替换错误较多：不是用阳平代替上声，就是相反的替换。到了双字及多字阶段上声连读变调开始出现。而且一旦长句出现时，阳平与上声的替换错误也就不再出现了。除了获得顺序以外，李和汤姆森还发现中国儿童对四声的掌握远早于中文语音的掌握，而且上声变调随介词短语出现而出现，错误异常少。李及其同事认为中国儿童之所以很早就能掌握四声是由于学会控制声门声调要比控制发声容易。Tse（1978）观察研究了他 8 个月大的儿子。他用了三种方法测试。一种是声调，语音都正确的词；一种是声调正确，语音不对的词；一种是声调不对，语音正确。结果发现只要声调正确，即使语音不正确，婴儿也可能得出正确的反应。Tse 的解释是声调在语言获得初期较语音在感知上更为重要。

总之，从上述研究我们可以看出声调与语调均在获得的初期阶段出现，有的先于语言，有的与语音同时出现。这种获得过程是遵循一定的规律的。

第四节　语言发展的初期阶段

我们从众多研究结果中得知，世界上所有的孩子似乎在获得语言时都经历了类似的几个阶段。尽管儿童到达某一语言发展阶段时的年龄不尽相同，但其顺序大致是一样的，所需时间也大致相同。因此，语言发展心理专家们把语言的发展分为几个步骤。表 2 - 3 是一个概括性的儿童语言发展历程，其阶段之间相互重合，年龄界限也有很大出入，所以该表只能算是一个笼统的儿童语言发展一览表，供读者参考。

表 2 - 3　　　　　　　　　　儿童语言发展一览表

语言阶段	儿童年龄
啼哭	出生之际
咕咕之声	6 个星期
咿呀学语	6 个月
语调规则	8 个月
单字期	1 岁
双字期	1 岁半

续表

语言阶段	儿童年龄
词缀变化	2 岁
疑问句/否定句	2 两岁 4 个月
复杂或不常用结构	5 岁
成人语言	10 岁

前面我们已讨论了儿童语音的发展，下面我们重点讨论儿童的语法及语义发展。要想将这两者截然分开是不可能的。但为了讨论的方便起见，我们先将语法语义合在单词、双词阶段讨论，然后再分别讨论具体的语法语义发展过程。

一　单词阶段：语义的发展

儿童到 1 岁时，真正的语言表达就开始出现了。我们很难断定儿童在哪一刻达到了这一阶段，而且也很难肯定单字的真正语言价值。有很多学者为儿童的单词制定了衡量标准，例如，儿童能够理解词义，该词的表达上下文适度，始终如一。此外，单字须来自成人语言等。取决于以上不同的标准，所确定的年龄也不尽相同，但无论标准如何，单词阶段均在 10 个月到 13 个月之间。

儿童的单词阶段包括三个方面的发展。其一是单词的语音，其二是单词的意义，其三是单词的应用。单词阶段的语音通常很有规律。一般含有一到两个音节，每个音节大都是由辅音＋元音组成，双元音字或辅音连缀很少出现，辅音大都具有靠口腔前部的特点，如"p"、"b"、"d"、"t"、"m"及"n"。元音大都是前元音，如"a"、"e"。这一阶段的另一特点是音节重复，如"拿拿"，而且语音数量极其有限，与咿呀学语阶段形成了鲜明的对比。下面我们具体讨论单字阶段词义及应用所涉及的三个问题。第一是单词的形成及其意义，第二是这些字到底是词还是句子，第三是儿童在单词阶段的个人差异。

单词的形成及其意义

尼尔森（Nelson，1973）研究了 18 个儿童的语言初期的头 50 个字。她发现，大多数小孩至少要学会 15 个字以上然后才能将两个字合用表达意义。早期的字汇中充满了规律性。在单词阶段占比例最大的一类是普通名词（占51%），如"球"、"狗"、"猫"、"灯"等。第二类是专用名词，如"妈妈"，某人的名字等（占14%），第三类是动词比例与上一类接近，例如"给"、"拿"、"要"等。第四类为修饰词如"红"、"脏"、"我的"等（约占9%），第五类为社交词汇，如"好"、"不"、"请"等（约占8%），第六类功能词仅占4%。以上数字只是说明每一类词的百分比，但并不能说明每一类词的使用频率。无论如何，我们可看得出这些字汇具有一定的实用性，它们要么是儿童生活中的重要人物，要么是生活的必需品或玩具。总之，儿童开始掌握语言中的部分词汇。这些词汇既现实，又接近儿童，还可在生活中捕捉，因而不难解释它们成为儿童的最早词汇。

　　除了单词的形式外，朱曼殊（1991）还指出，单词话语有以下三个特点：一是和动作紧密结合。儿童在表达时常有动作配合。如说"抱抱"时，往往双手伸出，做出要人抱的样子。二是意义不明确，语音不清晰。成人必须根据说话的上下文猜测。三是词性不准确。如"不要"可以指不要那个东西，也可以指不愿意做某事。此外，值得注意的另一个问题是儿童为什么有选择地获得某些词，而有选择地忽略另一些词。对于这一问题的解释可以归纳为两种理论。一种是感知理论，一种是功能理论的解释。下面我们分别讨论这两个理论。

感知理论

　　克拉克（Clark，1973）提出儿童的早期词汇的获得是基于物质的感知特点，如颜色、形状、大小、声音、味觉及材料。根据这一理论推断，儿童通过具体名词的感知特点去学习新的或与之类似的词汇。例如，"球"的最初意义可指蓝的、橡胶的、圆的、大小与乒乓差不多的东西。儿童还常常在给新词分类时分错。最常见的一种错误叫"范畴扩大错误"。例如，小孩有时把长四条腿的动物都称为"狗"，把所有的圆形东西都称为月亮。通常儿童把事物一方面的特性作为名称运用在另一事物上。例如，"水"跟"玻璃"都被有的小孩称为"水"。克拉克指出，儿童最终要学会如何将物质的基本感知特性与其他物质的概念区分开来，正确地把这些词分门别类出来。

功能理论

　　相反，尼尔森（1974，1978）提出儿童的早期词汇是基于事物的功能意义。例如，小孩知道"球"的意思，是因为他知道用球来做什么：扔球，拍球，拿球等。小孩把词中具有球的功能的东西都称为球。尼尔森的实验证据是来自她对 1 岁至 1 岁 3 个月儿童的实验所得。她选了 10 个物件，有的与球在外型上类似，但功能上不同（如地球仪），有的是功能上类似，但外形不一样（如汽缸）。结果是儿童运用外形与功能两方面去辨认新的物质，但是，一旦儿童有机会玩弄这些东西，功能特性起了更大的作用。因而，尼尔森声称儿童最初形成的单字概念是基于功能，然后才包括其他物质的特性。

事实上，很可能儿童的单字是建立在两种特性基础上的，而且也许仍有其他特性起作用。罗斯克拉（Rescorla，1980）发现儿童初期所犯的"范畴扩大错误"包括形状上、功能上、特性上、上下文环境上的类似性。因此，感知及功能理论虽然都很重要，但任何一种都不能概括所有儿童单词获得的特点。

单词阶段的词到底是词还是句子

儿童用不同的方式使用他们最初获得的词汇。他们很少运用单词简单地命名事物，虽然这种可能性也存在。更多的情况是儿童运用单词评论周围事物，或联系其他事物。例如，小孩看到妈妈的鞋会说"妈妈"。在此，孩子是对鞋做出评论：鞋是妈妈的。另外，孩子看到食物的反应是"烫"。据研究者们报告，儿童的单词往往出现在儿童活动的转折点上。例如，当孩子注意到他周围环境中的新情况时，就会用单词做出反应。戴尔（Dale，1976）指出一个小孩看到飞机出现时，指着飞机说："飞机。"然后看着飞机远去了之后说："再见。"这种语言行为证明事物变化在儿童单词应用阶段的重要性。

从以上实例看，单词似乎具有多层意思，儿童用它们来表达复杂的思想。这些思想均被成人用句子来表达。因此，有的学者认为单词实际上是一种"以词代句语言"（holophrastic speech），儿童在单词阶段所表示的词汇事实上是句子。这一理论的最极端提法当属麦克尼尔（McNeill，1970）。他认为儿童脑子中已形成了完整的句子，但由于记忆及注意力十分有限而不能完全表达出来。证据之一是儿童在单词阶段具有理解简单句的能力。另一个具有代表性的理论来自巴里斯（Parisi，1973）及英格里姆（Ingram，1971）。他们认为儿童大脑中有完整的思想要求用完整的句子来表达，但儿童却没有相应的语言能力将这些思想变为句子。例如，小孩懂得"给"这一字的意义包括三方面的因素：给的人，接受的人，以及给的东西。但是，在表达时，小孩却只用其中之一，在不同的场合选择不同的因素表达他的思想。因此，从这一理论出发，单词可能表达的是句子。与以上两种理论相反的是布鲁姆（Bloom，1973）的理论。她认为儿童在单词阶段根本不具备语法概念，至少是没有可靠的证据可以证明这一点。她指出尽管儿童知道一些字的意思，但这只停留在词汇的语义上，并不能证明儿童已知道字与字之间的语法关系。继布鲁姆之后，格林费尔德（Greenfield）及史密斯（Smith，1976）提出儿童可以像成人运用句子那样运用单词表达思想。但是他们并没有掌握句子中的语法关系。如果一个人仔细分析一下儿童单词语言所借助的上下文，就会发现儿童能够在单词语言中分辨不同的语义关系，这些单字的不同的语义关系可以用表 2 - 4 表示。如果小孩看到爸爸回来了，说"爸爸"，则是施事关系，若指着爸爸的帽子说："爸爸。"该字则为拥有关系。这种理论强调单词的意义在于语义而不在语法，是借用外界环境来表达单字以外的意思（表 2 -4）。

对于儿童的单词阶段，除了语法（如 McNeill 等），语义（Bloom，Green field and Smith）解释以外，还有一种用功能解释的理论。具有代表性的是多尔（Dore，1975）及巴利特（Barrett，1982）。他们认为单词儿童能够用语调及手势弥补单字的不足之处。理由是在语言功能上的获得发展要比语法结构发展更具有持续性。儿童应用单词是语言功能的要求，是想传达思想的要求所促成。尽管儿童只有少得可怜的一些语法知识，他们却能够利用不同的语境来表达他们的复杂思想。

表 2 - 4　　　　　　　　　　　　**单词语言中的语义关系**

语义关系	举　例
称呼	"爸爸"，看着爸爸时
表示意志	"妈"，看看母亲，看看奶瓶
施事	"爸爸"，听到爸爸回来了
受事	"娃娃"，一边把娃娃扔到地上
行动	"拿拿"
状况	"掉"，指着扔掉的东西
所有	"妈妈"，指着妈妈的鞋
地点	"床床"，被大人放在床上

二　双词阶段：语法的发展

双词阶段大约在儿童 1 岁半时开始。这一阶段儿童将两个字或词组合在一起形成不同的语义语法关系。例如：拥有—被拥有关系（妈妈袜子），施事—行为（猫觉觉），行为—受事（打狗）等。在这一阶段，很难肯定儿童的双词语言具备主、谓、宾之类的语法概念。这是因为儿童语法知识的发展过程与语用基础上的语言功能交结在一起，语言的形式与内容互相作用，共同发展。儿童新的语言形式的出现是迫于交际功能的要求，比如儿童掌握了问句就可以用此获得想得到的玩具或东西。相反，新学会的语言形式又可以帮助儿童实现某种交际功能，而不必再用手势，或受到时空的限制。总之，儿童语法发展的每一阶段都表明语言获得是一种以新代旧，不断更新现有语言技能的过程。这一阶段的儿童语言尽管异常简单，但是尤为重要，因为它反映了儿童最初认识组织语言的策略方法。

我们知道，儿童的年龄并不是语言发展阶段的最好划分标准，因为相同年龄的儿童之间差异很大。那么如何用一个统一的单位去衡量儿童的语言发展呢？现在为大多数儿童语言专家所接受的办法是计算儿童语言的平均句长（Mean Length of Utterances），英文简称 MLU。这种计算法最早由布朗（Brown，1973）推广运用。他的方法是将儿童自然说出的每句话按词素（MLU）进行统计。布朗指出 MLU 可以是一个词如"dog"，也可以是比词小的单位，如"dogs"是两个 MLU，因为复数"s"也算是一个词素。由于中文词语没有形态变化，因而平均句长通常由两种方法进行测量。一种是以字为单位，一种是以词为单位，吴天敏等（1979）以字为单位分析了 1 岁半到 3 岁儿童的句子的含字量。彭祖智等（1984）也以字为单位记录了 3 岁半到 6 岁儿童的句子含字量（见表 2 - 5）。

这种统计方法的好处是统计简单方便，但不足之处是叠音字也被计算为两个单位，因而影响到统计实际句长的准确性。为弥补这一不足，朱曼殊等采用以词为单位统计了 2 至 6 岁儿童的平均句长，结果见表 2 - 6。

表 2-5　　　　　　1 岁半到 6 岁儿童含字量比例（句数和%）

（选自朱曼殊等，1991）

年龄＼字数	5 字以下	6—10 字	11—15 字	16—20 字	20 字以上	总　计
1 岁半—2 岁	290（84）	48（14）	4（1.2）			342（100）
2 岁—2 岁半	78（37.2）	112（58.3）	16（7.6）	4（1.9）		210（100）
2 岁半—3 岁	27（1.9）	59（48）	29（23.6）	8（6.5）		123（100）
3 岁—3 岁半	248（24）	670（55）	205（16.8）	30（2.4）	17（1.4）	1220（100）
3 岁半—4 岁	256（15.4）	973（58）	344（20.7）	57（3.4）	33（1.9）	1663（100）
4 岁—4 岁半	444（20）	1154（54.7）	420（20）	65（3.1）	26（1.2）	2109（100）
4 岁半—5 岁	365（18.7）	1117（57.3）	382（19.6）	63（3.2）	22（1.1）	1949（100）
5 岁—5 岁半	273（13.8）	1110（56）	440（22）	93（5.2）	64（3.2）	1980（100）
5 岁半—6 岁	265（11.4）	1117（50.7）	665（28）	158（6.8）	66（3.8）	2321（100）

表 2-6　　　　2 到 6 岁儿童的平均句长（朱曼殊等，1991）

年龄	2 岁	2 岁半	3 岁	3 岁半	4 岁	5 岁	6 岁
平均句长	2.91	3.76	4.61	5.22	5.77	7.87	8.39

在研究英语儿童语言发展时，布朗还根据 MLU 将儿童语言发展分为五个阶段。第一阶段是单词与双词阶段，MLU 为 1.75。第二阶段到第五阶段的 MLU 分别为 2.25、2.75、3.5 及 4.0。据多种实验证实，这种有意义的词素单位统计（MLU）较其他方法更能准确地反映儿童在不同阶段的语言能力差别。

大多数的儿童语法发展研究均集中在这五个阶段的前两个阶段。这是因为双词阶段的儿童语言既非简单地模仿成人也非杂乱的词汇组合。这一阶段是儿童运用规则表达当时他们所要表达的意义的过程。下面我们用两个事实来说明这一点，一是儿童在双词期的电报式语言，二是儿童在双词期的词序。

就儿童的电报式语言而言，儿童一进入双词期，无论中国孩子，还是外国孩子，他们的语言往往呈电报式语言，即句子只有实词没有虚词。例如"妈妈袜袜"等。这与成人打电报时为节约费用所表达的语言很类似，如"母病，速归"。这一语言特点表明儿童有区分实虚词的能力，并且本能地知道实词较虚词更能传达信息。就儿童的词序来看，双词期的词序具有一定的规律性。布里恩（Braine，1976）指出，儿童在说"袜子不见了"时，往往用"all gone sock"，而不说"sock all gone"。

由此可见，儿童并没有随意将词组合在一起，而是在遵循一定的规则。

第五节　语法系统的发展

语法范畴的出现

从以上讨论得知，儿童早期的语言已蕴含了许多语言结构在内。但是儿童能将词有规律地排列在一起，这一事实能否证明儿童已具备了类似成人的语法系统？对此问题儿童语言获得研究者们有三种不同的看法。

第一种看法认为儿童在语言发展初期就已具有一定的语法系统，诸如主语、宾语、名词、动词等语法概念。这种观点是乔姆斯基转换语法影响的结果，倡导者有布鲁姆（1970）；布朗（1973）；卡兹登（Cazden）及布鲁基（Bellugi，1969）。他们认为尽管儿童早期语言只能表达两个字或词，但只要仔细检查一下双词的上下文就可知道双词句具有较语言形式更复杂的意义。这种运用情景及其他非语言形式解释儿童双词句的方法被布鲁姆（1970）称为是对儿童语言的"丰富解释"（rich interpretation）。常被人用来证实这一观点的例子是"妈妈袜子"。这一句子可以解释为"袜子是妈妈的"，或"妈妈给我袜子"，或其他意思。布鲁姆声称当采用"丰富解释法"去分析儿童话语时，可以从中得出儿童早期语言就已具备成人的语法概念的结论。

第二种看法恰与以上相反。倡导者布朗（Brown，1973）及包尔曼（Bowerman，1973）。他们认为儿童的早期语言并不具备语法概念，而只表达一定的语法关系。例如，当孩子说"龙龙看看"，该句并不代表儿童脑子里具备了主语—谓语的概念，但很可能是一种语义概念：施事—动作。布朗将英语儿童的双词句归为 11 种语法关系（表 2 - 7）。经过统计，他声称85%的儿童双词句都含有以下 11 种语义关系。有些双词期语法关系与前面提到的单词句语法关系相同。不同之处仅在于单词儿童运用单词表达："施事"、"动作"及"地点"，而大一点儿的儿童则可以将这些成分结合在一个句子中。

表 2－7　　　　　　**布朗（1973）双字期儿童语言的语义关系**

语法关系	例　句
称呼	是妈妈
要求添加	还要狗狗
不复存在	没有猫猫
施事＋行为	妈妈看
行为＋受事	看灯灯
施事＋受事	妈妈鞋鞋（妈妈拿鞋鞋）
行为＋地点	不坐椅
拥有者＋拥有物	奶奶袜袜
物质特性	大猫猫
指示词＋施事	那个妹妹

坚持语义论解释的学者们认为语义关系没有语法关系那么抽象，因此较易为儿童掌握（Bowerman，1973）。尽管诸如"主语"、"谓语"之类的语法关系与"施事"、"行为"等语义概念相互重合，但并不可互相替代。"主语"这一概念不但包括"施事"（李玲打了王明），"受事"（王明被李玲打了），也包括"工具"（石头砸了他的脚一下），"地点"（湖边有两只鸟）等。如果儿童确有"主语"之类的概念，他们首先得从以上那些不同的语义关系中把"主语"这个概念抽象出来。包尔曼认为儿童在初期语言阶段的语法概念与成人的概念不尽相同，只有到语言发展后期儿童才能抽象出与成人相同的语法意义。此外，儿童的早期语法规则也不尽相同。例如，在研究俄国儿童语言时，研究人员指出受试儿童的直接宾语并不属于一个统一的范畴。直接宾语最先出现在动态动词后如"给"、"拿"、"扔"等，之后才出现在静态动词后，如"读"、"画"、"做"等。由此可见，儿童并没有把所有的直接宾语不加区分地归为一类，而是分为几个附类：动作直接作用其上的动态动词及静态动词。按照包尔曼的理论，这种区别是语义而不是语法的区别。

无论语法还是语义解释均基于前面提到的"丰富解释"理论：即儿童的语言知识远超过他们在语言初期所能表达的言语。但是也有第三种看法，认为儿童早期的语言知识十分有限（Braine，1976）。这种观点较前两种更为保守。持这种观点的学者认为早期的儿童语言尽管有的与语义关系相符，诸如"施事—行为"、"拥有者—拥有物"等大致与 Fillmore 的格语法相符的语义关系，但是儿童的大多数的名词仅能表达成人语义内容的一部分，而不是全部。儿童语言的属格关系也残缺不全，这一点已被其他研究证实（Bowerman，1976；Dale，1976；Schlesinger，1974）。

布里恩（Braine，1976）还指出儿童语言初期所用的一些语言规则更具有局限性。这一点可以从他们喜欢将一些词放在句子中特定的位置上看出。例如，讲英文的孩子的"more + 可继续出现的物质"（more car，more hot），"want + 所想要的东西"（want car，want truck）等，在中文中类似的现象是："这 + 存在的事物"，如："这妈妈"，"这灯灯"；"还要 + 继续出现的物质"，如："还要猫猫"，"还要灯灯"，"还要鞋鞋"；"正在消失的物质 + 没"，如："没"，"糖糖没"等。

如果我们把布朗及布里恩的儿童早期语言理论比较一下会发现，布朗认为"要车车"反映了儿童语言中的"行动—受事"关系，而布里恩则强调这一句式只反映了儿童知道"要"可以与任何想要的东西结合成句。换句话说，布里恩认为儿童在这一时期并没有掌握"行为"、"施事"这些语义概念，因而语法概念就更不可能了。照布里恩的说法，这一时期的儿童语言特性仅仅可概括为儿童只能分辨一些在句子中特殊位置上的个别词。这些词并不代表语义或语法关系，仅仅是句子中的位置罢了。这一观点所强调的是运用语法以及语义关系，去解释儿童的双词或多重词语言，未免过高估计了儿童在这一阶段的能力。

值得提醒的是，无论儿童以什么为起点，最终的语言发展将达到成人式的完善的语法体系。到底儿童是如何完成这一过程的？包尔曼指出儿童的语法体系最初只是简单的词汇排列组合，儿童对词与词之间的关系也只是一些不太抽象的语义关系，如施事、行为、受事等。随后由于儿童不断地运用语言，逐渐认识到语义与语法概念的相似之处，并且开始将他们的语言知识上升到进一步抽象的层次重新组合。这种从语义概念到语法概念的过渡是如何完成的，至今学者们仍不清楚。马拉祖（Maratsos，1982）在他的研究中证实，儿童语法获得在学前期（4—6岁时）仍在进行。儿童获得的方式是从语法形式中抽象出语法功能来。

例如，尽管英文中的"like"与"fond"都有同样的意思，即"喜欢"，但是"like"可以在词尾带时态后缀表示过去时，如"liked"，而"fond"的过去时态则要通过改变系动词"be"来完成："was fond"。这两个词的现在时态也有同样区分。"like"的单数第三人称是"likes"，而"fond"的人称关系则表现在系动词上"is fond"。马拉祖认为，儿童经历一个分析与再分类的过程，将一些语义类似，但语法功能不尽相同的词再进一步根据它们的语法特点抽象出来。从以上实证可知，这种"再分析"过程并不是简单的规则添加过程。如果按照布里恩的早期语言有限论，那么中期或后期的儿童语言在向成人语言过渡时必须经历一个从简单的位置词到复杂的语法关系的过程。这一过程是如何实现的？有哪些特点？这些结构"再分析"问题将在下一章进行讨论。

第三章　儿童的后期语言发展

第一节　概述

儿童 4 岁到 6 岁以及学前的语言获得被称为儿童后期语言获得。这一阶段的语言发展极其重要，但系统的研究却十分缺乏。这方面的缺点主要是由于儿童语言获得研究者对儿童语言研究的问题侧重所致。在过去的几十年中，语言研究的中心论题一直是"儿童如何理解及表达口头语言?"这一研究中心强调儿童语言获得的语音、语义及语法发展。这一过程在 4 岁左右就基本完成了。但是如果把儿童如何应用语法结构作为标准，语言的发展要到儿童入学前后方能完成。

最近几十年来，出现了一种新的研究方向，强调儿童后期语言的发展是对早期语言结构的充实扩大的过程。前面已讨论过，儿童的早期语言，如单词句，仅仅是成人语言的一种不完整形式，但是后期语言发展也并不是简单地在儿童语言中填补空白的过程。恰恰相反，当儿童开始掌握一些较复杂的语言结构时，这些结构使得他们反过头来"重新分析"，而且"重新组织"（reorganize）他们已有的语法知识。每一个新的语言结构都会起波纹般的连锁作用，使儿童对早期的语言形式进行再认识。这种"再分析"过程将在下面几节重点讨论。在这一章中，我们首先讨论儿童后期语言的语法及语义发展，然后讨论儿童后期的语义语法再认识过程，最后讨论儿童"语言意识"的出现，以及儿童交际能力的出现。

第二节　儿童后期语法结构的发展

一　从单词向整句的过渡

儿童在单词、双词及多重词期的语言表现形式大同小异，尽管他们的母语千差万别。如前所述，这一阶段以实词为主，虚词均被省略。而到了整句阶段，儿童的语言获得过程也因其母语的语言特征而各不相同。例如，有形态变化的与无形态变化的语言获得就有很大的差别。下面我们分别以英语和中文为例讨论这一过程。

英语儿童的过渡

英语儿童要想表达完整句，一个很重要的先决条件是学会使用语法词素以及其变化规则。这些语法词素虽然没有独立的、决定性的意义，但它们可以使句子的意义在时空上、顺序上以及体态上更为清楚。布朗（Brown，1973）指出，语法词素的规则变化是英语儿童从单词句、双词句到完整句过渡的一个关键。不能掌握这些规则，就不能理解和表达符合成人语法的句子。Brown 还发现英语儿童在这一过渡阶段在语法上有两种变化，一是句子的长度和结构的完整性与复杂性增加，开始按照一些基本的语义关系将词组成句子。另一方面在单句中出现了一些词形变化。

观察英语儿童语法词素发展的研究从 20 世纪 50 年代就开始了，一直到 90 年代仍然有人在这方面进行研究。其中一个主要原因是因为英文中词素变化复杂，很多呈不规则性变化，而且在使用上也有微妙之处。因此，英语儿童需要经历一个较长时间的获得过程。这方面具有代表性的研究是布朗（1973）对十四种英语语法词素的获得研究。这些词素在成人语言中使用频率较高，而且它们所出现的语境都有一定的限定性。布朗的研究采用长期跟踪法，语料多数来自哈佛三儿童。他研究的十四个词素是：介词，如 "in"，"on"；冠词，如 "a"，"the"；名词所有格，如 "s"；名词复数，如 "s"；动词时态，这里包括规则的变化，如 "eat-eating"，以及不规则的变化，如 "go-went"；第三人称现在时单数的变化，如规则动词后加 "s"，不规则动词有形态变化，如 "have-has"；"to be" 作为助词的缩写形式及不缩写形式，如 "I'm-I am"。研究发现，当平均句长达到 2.25—4.0 时，各种词素也依一定顺序在此阶段出现。此后，德维理及德维理（de Villiers and de·Villiers，1978）对21 个儿童的十四个词素的发展做了验证性研究，结果和布朗发现的顺序完全一致。该顺序为（表 3 - 1）：

表 3 - 1	儿童获得 14 种语法词素的顺序表
1. 现在进行时	9. 规则的过去时
2./3. 介词（in/on）	10. 第三人称现在时，规则的
4. 复数	11. 第三人称现在时，不规则的
5. 不规则的过去时	12. 助动词，非缩写的
6. 所有格	13. 系词，缩写的
7. 系词，非缩写的	14. 助动词，缩写的
8. 冠词	

中文儿童的过渡

中文是一种无形态变化的语言。在中文儿童从单词句、双词句到完整句的过渡中，无需获得词素的形态变化。这种情况会不会促使中文儿童的获得过程较英文的快些，或容易些？朱曼殊（1991）指出，中文儿童也同样需要经历几个不同的阶段。她将这一过渡分为：1. 简单单句阶段；2. 复杂单句阶段；3. 复合句阶段。每个阶段都有其明显的标志。

中国儿童在简单句阶段的特点是儿童的单句从无修饰语句到各种修饰语句的出现。儿童在两岁时也基本上可以说出完整的无修饰语句，如"妈妈抱抱"、"妹妹吃糖糖"。这一时期的儿童极少使用修饰语，有时即使在形式上似有修饰语，如"老伯伯"，"小白兔"，实际上是把整个词组看作是一个整体单位。这一点可以从儿童常犯的错误中得到证实，如"＊灰小白兔"，"＊大小白兔"等名词短语中的"灰"是用来修饰"小白兔"这一整个成分的。从两岁到两岁半，儿童语言中出现了一定数量的简单修饰语，如"两个娃娃玩积木"，"XX 穿好看衣服"等。此时的修饰成分也逐渐与被修饰成分在概念上分开了，但标志修饰语的"的"仍然被省略，因而出现了"妈妈袜子没有了"、"萌萌橙子在上面"等无"的"短语。到了 3 岁左右，儿童就可以使用较复杂的名词性结构的"的"字句及把字句。如"这是我玩的玩具"，"我把积木放在盒子里"。与此同时，还出现了较复杂的时间及地点状语，如"我有的时候到奶奶家去"，"我在长风公园和爸爸划船的"。各种语气词也开始出现，如"你坐到沙发上去吧"，"这有什么了不起啊"。其他研究还发现中国儿童 3 岁半时在单句中使用复杂修饰语的句数和修饰词的种类增长速度最快，约为 3 岁时的两倍，以后直到 6 岁逐年有增长，但增长速度不及 3 岁半时明显。3 岁半时可能是简单单句发展的关键期（朱曼殊等，1991）。

复杂单句阶段的特点是句子中出现了复杂的谓语句。根据朱曼殊的定义，这类句子是指由几个结构相互串联或相互包含所组成的具有一个以上谓语的单句。朱曼殊等发现在 2 岁到 6 岁的幼儿语言中出现了三类复杂单句：一是由几个动词结构连用的连动句，如"小朋友看见了就去告诉老师"；二是由一个动宾结构和主谓结构套在一起的兼语句，如"老师教我们做游戏"；三是句子中的主语或宾语中又包含主谓结构，如"两个小朋友在一起玩就好了"。

综合各类研究，朱曼殊等还得出儿童各种单句发展的顺序：1. 不完整句；2. 具有主—谓、谓—宾、主—谓—宾、主—谓—补等结构的无修饰语单句；3. 简单修饰语单句，主—谓—双宾语句，简单连动句；4. 复杂修饰语句，复杂连动句，兼语句；5. 主语或宾语含有主—谓结构的句子。

复合句阶段在两岁半就已少量出现，到了 5 岁就已发展得较为完善了。复合句阶段的结构特点是儿童可以将两个单句根据它们的逻辑关系排列成句，但是结构松散，缺少连词（朱曼殊等，1991）。儿童的复合句主要可以分两大类，即联合复句与主从复句。据武进之等的调查，儿童语言中联合复句约占全部复句的 70% 以上，主从复句只占 15%。在联合复句中出现最多的是并列复句，即把两件事并列起来进行描述，如："爸爸写字，妈妈看书。"其次是连贯句，即按事物发生的先后顺序进行描述，如："爸爸带西西去动物园，看了大象和老虎。"此外还有补充复句，即对前面的话题加以补充说明，如："奶奶给我一本小书，是讲孙悟空的。"在主从复句中出现较多的是因果复句，如："西西不去外头，因为黑。"其次是转折和条件复句，如："孙悟空人是好的，就是样子太难看了。""妈妈去，我就去。"

朱曼殊指出儿童在 3 岁前一直处于结构松散，无连词的复合句中。3 岁以后儿童开始使用连词，但数量极少，以后逐年增加，但一直到 6 岁，使用连词的句子仍然不到复句总数的三分之一。

最初的连词多是"也"、"又"等，以后出现"后来"、"那么"等。到五六岁，连词的数量迅速增加，出现了"因为"、"为了"、"结果"、

"要不然"、"如果"、"可是"等说明因果、假设、转折、条件关系的连词，也出现了前后呼应的成对连词，如"一边……一边……"，"没有……只有……"，"要不……就"等。

二　问句的发展

早在儿童语言初期，陈述句、疑问句〔包括简单疑问句（是/否）与复杂疑问句〕、否定句均已出现，但是儿童在这一阶段的句子结构与成人的很不一样。当 MLU 增加到 2.5 时，初具成人模式的语法结构开始出现，较为成熟的疑问句与否定句也相继出现。下面我们分别讨论两种语言的疑问句获得。一种是英文，一种是中文。

英语儿童疑问句的获得

英语语言如同其他语言一样，具有两种疑问句，一种是回答是与否的简单疑问句，一种是询问某一具体事实的特殊疑问句。布鲁基（Bellugi，1965）最早研究了三个哈佛子弟的疑问句获得过程。在 MLU（平均句长）发展到不同的程度，疑问句的发展也有所不同。如表 3－2。

在第一阶段，疑问句与陈述句的唯一区别是疑问句句尾有升调，而陈述句为降调。而特殊疑问句则毫无内部结构变化，儿童只是将特殊疑问词放在任何名词前来问问题。这一期间，儿童也用一些简单否定疑问词加疑问句语调而形成否定疑问句。如"no want soup"（不要汤吗）？这一阶段儿童不但不会正确发出特殊疑问词的音来，而且也不懂这些词的意义。例如：

母亲问：What did you hit（你打了什么？）孩子回答：hit（打）

What did you do?（你做了什么？）孩子回答：head（头）

What are you writing?（你在写什么？）孩子回答：arm（胳膊）

到了第二阶段，儿童的语法得到进一步发展。冠词、形容词以及词缀开始出现，偶尔也会有介词出现。但助动词如"do"或"can"等尚没有出现，因而主语与助动词倒置的结构也还没有出现，疑问句仍然用升调表示。

另外类似"can't"、"don't"等否定词呈现同样情形。在最初阶段，儿童从未单独使用过"can"或"do"，都是与否定式"t"同时出现，而且只局限于一个位置上，即动词之前。似乎这时的助动词否定式

"can′t"或"don′t"被当成一个不可分割的整体。

表 3 – 2　　　　　　　疑问句发展的三个阶段（Bellugi，1965）

MLU	例　子	结　构
1.8—2.0	a. No ear?	句子 + 疑问语调
	See hole?	
	b. What′s that?	What + 名词
	Where Daddy going?	Where + 名词
2.3—2.9	a. You can′t fix it?	句子 + 疑问语调
	See my doggie?	
	b. Who is it?	Wh + 句子
	What book name?	
	Why not he eat?	
	Why you smiling?	
	Why not cracker?	
3.4—3.6	a. Do I look like a little baby?	助词 + 否定词 + 名词 + 动词
	Can′t you get it?	
	Am I silly?	
	Does turtles crawl?	
	b. Why you caught it?	Wh + 名词 + 动词
	What we saw?	
	What did you doed?	
	c. Who took this off?	Wh + VP（疑问词为主语）
	What lives in that house?	

　　这一阶段，特殊疑问词总是被置于句首位置。有的疑问句表示句子的主语，有的表示宾语或其他，如"Who are you?"（你是谁?），"What you doing, Mommy?"（妈妈，你做什么?），这里疑问词"who"是句子的主语，"What"是句子的宾语。但有些词则很难分辨，如"What getting?""Why need him more?""Where put him on a chair?"在这些疑问句中，特殊疑问句似乎主要用作一个问题引导词，而不是真正的替代句子某一成分的疑问词。另外从儿童这一阶段所用的"Why not……"结构也可证明疑问词是问题引导词这一分析。例如："Why not cracker can′

t talk。"尽管句子结构中已含有否定式，但"Why not"作为一个整体仍然被置于句首。此外，这一阶段助动词与主语倒置尚未出现，如"What you see a seal"。

到了第三阶段，儿童的疑问句有了重大的发展，特别是助动词系统的发展。在陈述句、疑问句及否定句中均有出现。这一阶段，儿童均能在一般疑问句中把助动词放在主语之前，而且他们的助动词与主要动词都有数与时态的相应变化。如："Did you broke that part?"（是你把它打破的吗?）"Does the kitty stands up?"（小猫站起来了吗?）在一般否定疑问句中，否定词也被正确地置于助词之前。

特殊疑问句的发展情况比较特殊。每当有助动词出现在句子中，这一阶段的儿童并不把它们置于主语之前。在多数情况下，助动词并不在特殊疑问句中出现。如在"What you have in your mouth?"一句中，助动词"do"以及与主语倒置均没有出现。否定疑问句呈现出同样的情况。例如，在一般否定疑问句中，助动词主语倒置已出现，如"Can't it be a bigger truck?"而在特殊疑问句则无此种现象，如"Why the kitty can't stand up?"贝鲁奇（Bellugi，1967）、布鲁姆（Bloom，1970）均指出儿童的认识能力在这一阶段十分有限，也很易超负荷。因此，语法结构的使用只能限于儿童当时的能力范围。在实际数据中，他们还发现一种发展趋势，即儿童的含有否定词的句子结构通常比没有否定词的一般陈述句结构相对简单一些。克莱莫（Klima）及贝鲁奇（1966）总结特殊疑问句获得时又进一步指出：特殊疑问句，要经历三个阶段。第一阶段在儿童差不多3岁半时出现，这时的疑问词被置于首位，但没有倒装。第二阶段在儿童差不多3岁半到4岁出现，此时疑问词前置，助动词与主语倒置均在陈述句中出现，但倒装在否定疑问句中仍是空白。第三阶段大约在4岁到4岁半出现，这时的陈述、否定疑问句均符合成人语法规律。

中文儿童疑问句的发展

对于中文儿童疑问句的发展研究，也可分为两种，一种是一般疑问句获得，一种是特殊疑问句获得。朱曼殊等（1991）指出中文儿童使用的一般疑问句基本上可以分为三种。第一种是利用句尾升调构成疑问句，即将句尾的词用升调并稍拉长声音而不外加疑问句。如"南南鞋鞋?"这种形式据说在双词期就已较多出现,以后随着疑问词的掌握而逐步减少。第二种为词尾加疑问语气词,即在句尾加上疑问助词"呢"、"吗"、"吧"、"呐"等。例如,"妈妈呢?""凳凳呢?"疑问助词获得的顺序分别是"呢"、"吗"、"啊"先出现,"吧"、"呐"后出现。第三种是否疑问句,即在句尾加上"好吗"、"是吗"等,要求听话者作出肯定的或否定的回答。

对中文儿童特殊疑问句的调查大都仅限于对疑问词的理解及疑问词本身难度的相对比较,而没有放在句法的上下文中进一步进行分析。这里我们只讨论一下缪小春(1986)的研究结果。该实验分别观察了五个年龄组(3岁、4岁、5岁、6岁和7岁)对中文特殊疑问词的理解。重点测试儿童对疑问词"什么"、"谁"、"什么地方"、"什么时候"、"怎样"、"为什么"的理解。实验结果表明,中文儿童在3岁时对"什么"、"谁"、"什么地方"等疑问词的理解达70%到80%以上,而对"什么时候、怎样、为什么"的理解则到4岁或4岁半方能有40%到60%的正确率。其中"为什么"最难。该实验给我们提出了一个很重要的研究课题,即为什么有些疑问词的理解易于另一些疑问词?除了从认知能力的角度去解释以外,有没有可能跟这些疑问词本身的结构复杂性有关?例如"怎么"与"为什么"不像"什么"、"谁"在陈述句中有具体的对应成分。如"我去了饭馆",可以对该句的主语提问:"谁去了饭馆",同样情况也可解释"什么"为句子宾语,而"怎么"、"为什么"则没有,而是插入句子中的新信息。这一方面的研究有待于进一步的实验数据所证实。此外,这一实验仅仅调查了中文儿童对特殊疑问词的理解,并没有涉及儿童运用及发展特殊疑问词的过程及规律。这一方面的工作亟待完成。

三　否定句的发展

20世纪60年代克莱莫及贝鲁奇利用哈佛三个儿童研究英文儿童语言获得的另一重大贡献是对否定句发展的研究。他们发现英文儿童否定句的发展如同其他语法系统的发展一样是依据一定顺序的,也是有规律的(如表3-3)。

表 3 - 3	英文儿童获得否定句的三个阶段
第一阶段	No a bay bed
	No fall
	Wear mitten no
第二阶段	I cant't catch you
	I don't want it
	Toutch the snow no
	That no fish
第三阶段	I don't want cover on it
	I didn't did it
	I am not a doctor

　　尽管儿童对否定句的理解开始得很早，但是掌握该句式的结构则要到后期（Bloom，1970）。这是因为英文否定句的结构较为复杂。例如，"I don't want to do it"（我不要做）。这一结构要求插入助动词"do"，以及否定词"not"，同时还可以将两个词缩为"don't"。因此，儿童要经历几个不同的阶段，最后方能正确表达不同形式的否定句。在最初阶段，如表 5 - 3 所示，儿童运用一种最简化的否定式，即将否定词"no"加在任何需要否定的名词之前。到了第二阶段否定词由句首开始转移到句中。但是此时，儿童大都不用非缩写形式的否定词如"do not"。如前所述，这里的"don't"，或"can't"被儿童认为是属于一个整体。到了第三个阶段，类似成人否定句的形式开始出现。但马斯克维兹（Moskowitz，1973）指出，这一阶段，儿童仍有将助动词"is"丢掉的现象：如"This no good"（不好）。另外，儿童对"do"的实际功能并不完全清楚。因此，常有句子丢掉"do"的现象，如"I not hurt him"（我不伤害他）。尽管否定助动词的运用是正确的，但从以上现象可知，"do"在句子中属于未经分析仅靠记忆的惯用成分。

　　多数英文儿童的否定句获得过程与哈佛儿童的实验结果相符。但也有其他调查实验表明获得语言的方法不局限在一种方法上。加州大学洛杉矶分校的洛德（Lord）在个例研究中发现受试儿童杰尼（2 岁），运用完全不同的习得方法获得否定句。从 2 岁到 2 岁 4 个月期间，杰尼就用"no"作为单字句使用。但在表达否定句时，她则利用陈述句再提高声调来表达。例如，"I want put it on."（我要放上去）加上高声调就表示"I don't want to put it on."（我不要放上去）。洛德还发现很多成人对孩子说的否定句都带有较陈述句高的声调。儿童往往对句子的开始与结尾比较注意，而否定词则通常在句中，因而不容易注意到。由此，杰尼推出她对否定句的假设：构成否定句的方法是提高声调。其他实验调查也发现有类似的现象。由此可见，儿童在获得语法过程中常常有不同的语法结构假设。

中文否定句的特点与英文不尽相同。首先，中文主要的否定词有四个："不"，"别"，"没"和"没有"，每一种都与句式或动词有关。第二，否定词的位置通常在主语之后动词或动词短语之前。但是当句中含有其他副词成分时，否定词的位置则取决于否定范畴：如果副词属于否定范畴，否定词则在副词之前，否则在之后。第三，最常用的两种否定词"不"与"没"在不同的上下文中具有不同的功能（具体分析请参考 Li and Thompson，1981）。既然中文否定句具有与英文不同的复杂程度，儿童获得该结构是否有所不同？这一问题可从否定句的句法结构及功能来讨论。在结构方面，朱曼殊（1991）指出，中文儿童的否定词有三种位置。一是否定词位于句首，构成否定词＋句子。例如，"不要灯灯"。二是否定词在句尾，构成句子＋否定词。例如，"小小鞋没"。三是否定词在句中。例如，"小宇没有狗狗"。朱曼殊的调查还证实，儿童的否定句发展顺序为第一，第二种在双词阶段出现，而第三种则在多重词阶段出现。由此可见，中文儿童的否定句获得顺序与克莱莫及贝鲁奇发现的英文儿童否定句获得的顺序基本一致，即否定词经历了由句外移向句中的过程。除此以外，该研究还发现儿童有时用一种复指形式表示否定。例如，当成人抱着孩子从外面往家走时，孩子说"不去外外"，意思是不回家要去外面玩。朱曼殊指出这种复指式出现较其他两种否定式迟些。

在功能方面，朱曼殊根据其追踪实验数据将中文儿童的否定句的功能归纳为四个。第一是否定物存在，如"糖糖没有"。"没有球球了"。第二是拒绝，如"XX 不要打针"。第三是否认，如"不是 XX 撕的，是人家撕的"。第四是反对，如"爷爷写字头太低，不是这样子的"。

四　虚词的发展

对于虚词获得的研究，不同的语言，由于其语言的特点不同，其虚词获得的重点也有所不同。例如，中文的虚词通常是通过词素表现的，例如，"在……上"，"在……是"，"的、地、得"等，而英文的虚词则通过词缀变化或词素实现。某些虚词功能在一种语言出现，而在另一种语言中则不存在。例如，第三人称单数"s"在英文中出现，而在中文中则无须用虚词来表达，因而儿童获得虚词的过程在不同的语言中一定呈现不同。下面我们分别讨论英文儿童与中文儿童对部分虚词获得的过程。

马斯克维兹（1981）指出尽管英文语法关系有很强烈的依赖语序倾向，英文中有限的虚词种类及功能也可以用来揭示虚词获得的规律。从表达时态的词缀来看，"ing"（现在进行时）最先获得，如"He going"，该结构的出现远早于第三人称单数如"he goes"，而这一结构又远早于过去式，如"he goed"。从这里可以得知，儿童好像都是敏感的语言学家，他们知道哪一类词缀规则变化最少就先学哪一类。"ing"无论粘着在什么词后都只有一种读法，而"s"或"ed"则不然，取决于词的结尾词，"s"或"ed"都有相应的变化。例如，"s"在"cuts"中读/ts/，在"cuddles"读/z/，在"crushes"读/z/。此外，现在进行时"ing"在自然语言中较其他时态的使用频率高得多。最后，任何一个动词的"ing"形式都呈规则形式，而其他时态则常有一些不规则变化，如，"go"的过去式是"went"，过去分词则是"gone"。

英文过去时的获得通常是在现在进行时及一般现在时之后才出现。这是由于过去时表示时间的相对性，概念上较前两者更为复杂。同样，将来时也有类似的特性。尽管英文的将来时在词缀上很有规则，但是在概念上较现在时及过去时都复杂得多，所以儿童获得也较晚。

另外，英文中有三个词缀，在不同的上下文中都具有同样的发音。这三个词缀是复数词缀"s"，所有格"s"，以及第三人称单数"s"，这三个不同功能的词缀的习得先后顺序也是：1. 复数；2. 所有格；3. 第三人称单数。罗曼·雅可布逊（Roman Jakobson）曾指出这种语言获得现象只能用词缀关系的复杂性来解释：即单/复数之分是在词类层次，所有格将两个名词结合在一起则在短语层次，而第三人称单数是时态的表达，因此是在句子层次的。

英文中的动词"to be"及其变体"is"、"are"及其他是虚词中最晚获得的成分，尤其是"to be"的现在时变体，过去时及将来时的"to be"均表现时态意义，而现在时则毫无意义。因此，不难理解为什么英文儿童常常省略该词以便最大限度地减少处理语言结构给大脑造成的负荷。

至于中文儿童对虚词获得的研究，目前还不够系统，调查面也十分有限。这里只报告对方位词、时间词及时间副词获得的调查。对于中文中的方位词的获得研究，词类不同，方法也不同。张人俊和中国语言发展协作组对中国6个地区的2至6岁的儿童"上"、"下"、"里"、"外"、"前"、"后"的理解和表达进行了调查。研究方法是用动作把听到的话表达出来，然后再将动作用语言表达出来。结果发现儿童的年龄不同，表达及理解方位词的准确度亦不同，其获得顺序为，儿童在3岁半即可掌握"里"；4岁时有"上"、"下"；到了5岁，可用"后"、"前"、"外"、"中"。对于"左"和"右"，6岁的儿童仍然掌握不好。

至于这些方位词的理解及表达关系，研究发现理解先于表达。2岁组和3岁组儿童在理解和表达之间差异较明显，而4岁组与6岁组则无显著差异。朱曼殊等（1991）指出中国儿童对"里"、"外"的获得要经过三个阶段。第一个阶段，2岁时，"里"、"外"的概念混为一体。因此，儿童的反应是只要看到一个物体是一个具有容器状的物体，就倾向于把物质放在里面，而不顾指令的内容。因此，"里"与"外"的反应是相同的。与此同时，"里"与"外"的表达尚未出现。第二阶段是3岁到4岁。儿童已逐渐领会到"里"、"外"是表示不同方位，并能正确表达"里"，但"外"仍然差些。第三阶段是在4岁以后。儿童已能较完全地掌握这两个方位词。"前"、"后"、"左"、"右"也经历了类似的几个阶段。

除以上方位词外，李向农等（1992）对1到5岁儿童的方位介词进行了调查。其中包括7个介词："从，往，到，朝，对，向，沿。"这些介词均用于动词之前，以及地点词之前。研究方法主要采用让儿童自由交谈，并用观察法和现场录音记录语言材料。结果发现，1岁到1岁半的孩子没有用到一个带有方位介词的方位句。而在 2 岁到 5 岁的儿童中获得 376 个方位句。出现的顺序为"到"（63%），"从"（20%），"往"（11%），其后才是"对"、"朝"、"向"。

中文时间词的获得，大致可分两种。一种是观察儿童的时间名词获得，一种是儿童时间副词的获得。总的来说，儿童语言中时间词汇的使用比空间词汇少而且获得得晚。朱曼殊等（1991）在调查中发现在 2 岁到 6 岁的儿童语料中，使用时间词的句子大大少于带有空间词的句子，而所使用的时间词多数是表达事物顺序的时间副词"先"、"然后"等，以及描述事物发生次序的不确定时间，如"有一天"、"那天"、"老早"等。有时虽用一些确定的时间词，但概念上常混淆。朱曼殊举例说，一个小孩曾说："西游记明天已经播放过了。"这里"明天"是指"昨天"。或者把"昨天"泛指过去，而"明天"泛指未来。如一个 4 岁的儿童说："我明天要上小学了。"一个半年前去过南京的儿童说："昨天我爸爸带去看南京长江大桥。"

朱曼殊等在以上基础上提出了 3 岁到 8 岁的儿童理解三类时间词的发展顺序。中文儿童最先学会的时间词是表示动作顺序的词。例如，3 到 4 岁的儿童可以理解"先"、"后"、"同时"。其后学会的是表示时间阶段及其顺序的词。4 到 5 岁的儿童能够理解"昨天"、"今天"、"明天"及其先后顺序，而对于一天之内的时段，如"早上"、"中午"、"下午"等词及其顺序则要推迟一年。而"今年"、"明年"等时段较长的词则要到 6 岁到 6 岁半才能理解。最后学会的是表示动作时态的词。儿童 3 到 4 岁就可以理解"正在"，到了 5 岁就可以理解"已经"，"就要"要到 6 岁才可以理解。这说明儿童的时态发展是从现在为起点向过去和未来伸延。过去时态之所以比将来容易些是因为过去是经历过的事情，仍保留在记忆中，而将来则毫无体验，因而捉摸不定（朱曼殊，1991）。时间词中表示动作的延续如"三天"、"三个月"的获得研究仍然是个空白，这一部分是时间词获得研究不可缺少的一部分。

此外，中国幼儿口头言语研究协作组对儿童虚词获得也进行了综合调查。从该实验报告来看，2 岁儿童的虚词占总词汇量的 22.5%，其中语气词占总量的 12.75%。这时的儿童所使用的虚词，一半左右是语气词。此外该实验对含有"都"、"先……然后"、"要是……就"、"用"、

"从"等介词的理解进行了调查。结果表明"都"最早为儿童所理解：3岁已有65%的人能理解，而"先……然后"、"要……就"等则到3岁半也只有75%能理解。至于"用"及"从"介词，调查表明"用"的理解较"从"早。2岁半儿童有75%能理解，而"从"则要到4岁或5岁才能基本理解。以上实验虽对虚词的理解做了调查，但是并没有从虚词的结构复杂性上进一步进行分类调查。另外，虚词的运用研究仍是一个空白。

第三节　儿童后期的语义及语法再认识过程

一　句子与句子之间语义关系的获得

除了以前提到的一些结构以外，3—5岁的学前儿童也开始分辨已经学会的句子与句子之间的语义关系。例如，互补关系、相同关系、相反关系等。费德（Feider，1973）发现儿童判断句子的同义关系的能力要到学前后期方能具备。在她的一项研究中，费德给儿童两条不同长短的玩具泥，同时也用两个句子来表示，例如："绿的比白的长。"然后再让儿童判断另外两个句子的关系。因此，实验所用的四个句子具有四种语义关系，见下：

1. 分辨事物：绿的比白的长。
2. 反义关系：绿的比白的短。
3. 逆反句：　　白的比绿的长。
4. 同义关系：白的比绿的短。

费德发现同义关系句是四组句子中最难的一组。这种过程要求儿童运用多种转换程序方能决定两者之间的意义关系，而反义句只要求形容词变化，逆反句要求两个名词交换位置，而同义句则两者都需要。因此，儿童可以在5岁前掌握每一个单独句子，但一旦把同义句放在一起进行比较判断，仍然困难不少。

从以上研究可以得出，儿童之所以不能完全掌握各种句子结构是因为表达或理解句子所需的程序很可能使儿童的信息处理机制负荷超重。当儿童发展出减轻负荷的方法后，这些句子自然变得容易掌握理解。

二　儿童语法结构重新组织及再认识过程

　　儿童句法结构的一个重要特点是它的不完整性。这是由语言所具备的功能所决定的。儿童获得自己母语的语法及语义结构完全是为了交际的目的。只有到了后期他们才能理解用来达到不同社交目的的语言。从以前的讨论中我们得知，儿童对新字的最初理解判断虽然足以达到其交流的目的。但从成人的标准看，仍然不够完善。例如，儿童能区别"狗"与"姐姐"，并在有限的情况下应用在正确的上下文中，但他们并不一定理解这两个词的完整意义（这里包括词的内涵与外延）。尽管用法也许与成人不尽相同，但达到了交际的目的。儿童的语言的不完整性会持续相当长的一段时间。最后，经过大量语言交流活动，儿童渐渐把以前互不相关的结构联系起来，并且对它们的语言特性进行分析。这里重要的一点启示是学前儿童的大量语言活动为儿童对其语法系统的再认识做了关键的准备工作。如果儿童语言获得确实经历这一重要的重新组织或再认识过程，我们理应在这一时期的儿童语言行为中找到"再认识"的痕迹。下面我们从词素、语义、语法这三方面的获得过程讨论这一问题。

　　从英文来看，最简单的一个例子来自儿童的词素获得。许多研究者（Ervin，1964；Cazden，1968；Slobin，1973）都指出英文儿童在早期就可以正确运用一些不规则的过去式，例如，"broke"（"break"的过去式），"went"（"go"的过去式），然后又经历了一段"规则扩大化使用"期。这种现象是指儿童将不规则动词当作规则动词去加过去式词缀"ed"，例如，"breaked"，"goed"。到了后期（4—6岁），这些不规则动词的正确过去式才又重新出现。多数语言发展专家认为这一现象足以证明儿童在语言获得前期的结构是未经分析的，只有到了后期他们才意识到语言成分在句子中的语法功能。这也就是说，"broke"是作为一个独立的整体使用的，它与其他"break"的变体并没有建立联系，因此，"broke"并不是当作动词的过去式看待，而是一个单独的词汇。随着年龄的增长，儿童才渐渐开始理解过去式的作用，因而将所有的动词都划分为规则的动词，包括不规则动词在内。这也就是"规则扩大化"的现象。只有到了最后阶段，不规则动词经历了再认识过程，即不规则动词是动词中的例外，须与规则动词区别开来了。

包尔曼（Bowerman，1982）还指出这种再认识过程要经历几个阶段。在观察儿童的语义分类时，包尔曼利用英文中的有些动词本身可加前缀而变为相反意义的词进行了一项实验。例如，"undo"是"推翻了重新来"的意思。这种前缀只能加在表示遮盖、包住、卷住等意义的动词，而不能是任意一个动词。类似"undo"的词有"buckle"（扣住）——"unbuckle"（解开扣袢），"cover"（盖住）——"uncover"（揭开）。可用"un"前缀，而"open"（打开）——"unopen"（关上），"spill"（洒掉）——"unspill"（再拾起来）。包尔曼发现英文儿童的前缀使用经历三个阶段，在第一阶段，类似"unbuckle"等词未经分析作为一个整体使用。在第二阶段，"un"成了一个独立于动词之外的前缀，而且可以用在所有的动词上，因而创造出一些不合成人的语法的词汇来，例如，*"uncome"（不来），*"uncapture"（放掉）。到了最后一个阶段，他们开始将该前缀限制在一定的动词上，错误使用就此消失。

那尔逊及那尔逊（Nelson and Nelson，1978）曾指出，无论是词汇发展还是语法发展，语法再认识过程都具有普遍规律。最初新的结构或新词汇是作为相互无联系的成分应用的。当儿童开始意识到其中的语法关系，他们往往将这种关系扩大到所有的语言形式上。当这一分析在应用中呈现为明显错误时，他们开始返回原路，进一步分析限定语法关系的应用范畴。这种曲折前进的获得过程即是那尔逊及那尔逊所说的儿童语言发展过程中的"钟摆现象"。即语言获得如"钟摆"一样一来一去，并不是直线上升，只有到了一定程度，儿童才能将语言融会贯通，正确使用。

以上我们讨论了儿童在词素（morphology）发展过程中的再认识。其实这种"钟摆"现象也可以在语义发展中看到。儿童首先学会的是他们所感兴趣的一些事物的名称，然后将这些概念扩大到其他类似的事物上。词汇扩大使用（overextension）就是指这类现象。例如，狗有四条腿，猫也同样，所以称猫为"狗"。由于这种推断法很容易导致错误，因而使钟摆摆到另一个极端，即一个概念只可用在极有限的事物上，这种现象叫词汇缩小使用（underextension）。先前，有的儿童把卡车、公共汽车、摩托车都称为"车车"，后来却不肯把"出租汽车"叫做"车"，因出租汽车身上标有公司标志图案。这一时期的儿童学会了大量与他们周围有关的事物名称，但分类系统却十分呆板，每一个事物都有一个名称，名称与名称之间也不可互换。只有到了一定的阶段，当儿童开始应用类似"狮子般的勇猛"、"是一种狗"等句子时，才能说明此时儿童不但已学会词的内涵，而且也学会了该词的外延，他们还有能力将这些事物的意义灵活伸延。

在语法结构的获得过程中也可以看到这种"再认识"过程。儿童对语义及语法关系的认识最初是孤立的，两者之间毫不相干，最后才将两者合二而一。前面曾提到儿童的早期句子结构大都建立在语义基础上，如"施事人"、"受事"等，而不是语法基础上，如"主语"、"宾语"等。一旦有了更多的语言经验以后，他们开始意识到有些词类具有同样语法位置及功能，因而将这一类词汇上升到更为抽象的语法范畴（Maratsos, 1982）。但是此时儿童的语法及语义关系分辨仍然不十分清楚。例如，儿童早期将所有包含有名词/动词/名词顺序的句子都理解为施事/动作/受事（Bever, 1970）。到了后期，这种规则扩大使用导致儿童理解错误，因而出现理解能力倒退现象。马拉祖（Maratsos, 1974）发现儿童在 4 岁时对被动句的理解较前期差很多。但是，一旦儿童们掌握了被动句，主动被动句的理解与运用就不再是严重的问题了。

包尔曼（1982）也指出一些后期获得中的语法错误反映了儿童不断地将语法概念与语义概念融为一体。她注意到有些动词较为灵活，可有几种不同的方式表达同一意思，而另一些则不可以。例如（3—4）：

（3）John bumped the stick against the fence. （约翰将棍子顶在栅栏上。）

（4）John bumped the fence with the stick. （约翰将棍子撞在栅栏上。）

（5）John spilled water into a cup. （约翰将水倒入杯子。）

（6）* John spilled the cup with water.

从以上几例可知"bump"属较灵活的动词类，所以"受事"可以是直宾，也可以是间宾，而"spill"则不然。包尔曼发现儿童大约 2 岁就可以区别灵活性动词与非灵活性动词。但是一年到一年半之后，他们开始在灵活性动词上出错，例如："﹡I'm going to toutch it on your pants. "而正确的表达应为："I'm going to touch your pants with it. "（我要用它摸你的裤子。）这些错误反映了儿童的语法规则的扩大使用。当儿童意识到非灵活性动词的用法与灵活动词的用法不尽相同时，这种语法错误也就从此不见了。

关于儿童语言发展中的"再认识"过程的研究揭示了两点：首先，研究认为由于一个具体"词"在儿童不同的发展阶段具有不同的意义，或不同的理解，因而证明要揭示儿童的语言知识是一个极其艰巨的任务。其次，所有的研究都一致表明儿童的语言发展永远呈现动态，是一个永恒的变体。尽管早期的发展具有惊人之处，但后期发展一直与前期发展相互作用，相互弥补，相互促进。

第四节 "语言意识"的出现

语言知识也好，语言处理过程也好，都是人们下意识地进行操纵使用的。人们很少能说出他们自己所说的母语中的语法规律或语言处理方式。但是人们确有一定的"语言意识"，尤其是当一个人分析、思考、追忆语言时，他会意识到不同的语言成分。这说明语言运用能力和语言分析能力不尽相同。卡兹登（Cazden, 1976）指出："人类独有的一个重要能力是他们不仅可以有行为，而且可以反思其行为；不仅可以学习运用语言，而且可以将语言作为事物进行分析观察。语言意识是一种语言运用的特殊形式，要求特殊的认知能力。它不像人类的听说能力那样具有普遍性，而是一种很难获得，不为所有人共有的能力。"

很可能，"语言意识能力"的获得与人类基本语言能力（听、说等）完全不一样。正如卡兹登所指出的，相对人类基本语言能力，语言意识出现得相当晚，但是这两者又是相辅相成的。人类基本语言能力为语言意识提供语言素材，语言意识反过来又进一步完善语言。利德（Read, 1978）指出："人类基本语言能力是知道怎么做某事，而语言意识则是知道本人具有做某事的能力。"下面我们具体讨论儿童在这一方面的发展，然后探讨这一发展对儿童语言发展的意义何在。

一　"语言单位"的意识

从前面的讨论可知，语言获得研究者们曾试图通过检查分析儿童不同年龄段的语言表达以便得出儿童表达意义的语法系统。但这一方法的根本局限性是任何人都无法直接观察儿童在不同的年龄对合乎与不合乎语法的句子的判断能力。换句话说，对儿童的语法判断能力并不能直接测试。对于成人来说，我们不但知道他或她会说什么，而且还可以知道他或她对句子的语感。如"'小李吃饭跟他在饭馆'是一个合乎语法的句子吗"这类的问句是可以从成人那里得到正确的回答。而对于儿童，尤其是学前儿童，这样的问题十分困难。一直到十多年前，多数习得研究者认为儿童在语言初期阶段几乎没有语言意识。

戈来曼及西伯雷（Gleitman and Shipley，1972）是第一批在早期儿童语言发展中成功地应用语法判断法的习得研究者。在实验中，他们首先让儿童的母亲给实验者读合语法或不合语法的句子，然后实验者做出判断。如果是合语法句就先重复句子，之后则说："很好。"如果不合语法，就先改正句子，之后则说："好笨。"这样来回做几次后，也激起了儿童做评判的兴趣，儿童自然会接过来配合做语法判断句。该实验结果证实，受试儿童（2岁左右）有一定的分辨合语法/不合语法的能力（值得提醒的是受试儿童也将50％的不合语法句说为合语法句）。但是他们一般只能改正有语义问题的句子，而不能改正不合语法的句子。例如，当儿童听到"box the open to get in the box"时，他们不是注意到语序有问题，而是替换成"open the box to get in the box"。这仅是从语义上的修正，而不是语法上的修正。

这一研究的意义很大，因为该研究第一次证实两岁儿童也有一定的"语言意识"。自此，有大量研究涌出，并对儿童的"语言意识"从不同的方面进行了系统调查。例如，伯特豪德（Berthoud，1978，见Sinclair，1982）研究了关于声音文字的约定俗成性与儿童"语言意识"的关系，即儿童什么时候开始意识到事物的大小、文字的长短或笔画复杂性没有内在的关系。伯特豪德发现当让4—5岁的儿童举例说明什么字最长，他们的回答是："火车。"在类似的实验中，欧歇逊及马克曼（Osherson and Markman，1975）证实尽管学前儿童知道事物的名称可以改变，但是他们多数都认为一旦名称发生了变化，事物本身特性也应随之转移到新名称上去。例如，狗可以称之为猫，如果它可以"喵喵"叫。狗也可称为牛，如果它长了角。由此可见，儿童对词的概念还不能与其指代的名称所分开。

对儿童语言意识研究还可以从他们对语言单位的意识看到。布鲁斯（Bruce，1964）在实验中用了一个字"snail"（蜗牛）让受试儿童将其中的一个字母"n"取掉然后再发音。结果表明6岁以下的儿童都不知道如何发出该字的音。

二 对语言处理及使用的意识

以上我们讨论的是儿童对语言单位及语言结构的意识。除此而外，儿童也要发展对语言处理及使用的意识，尤其是对语言理解的意识。这种意识也可以用"理解操作"（comprehension monitoring）来解释。按照马克曼（Markman，1981）的论点来说，理解操作是一种人的能够自我测量理解水平的能力。例如，当一个人阅读时脑子走思。通常他会一直读下去直到意识到他根本没有看进去而停止。这种自我反省的过程让我们根据一定的标准测定自己的理解程度。

有很多实验结果证实儿童到七八岁仍可能没有这种意识，他们往往不能意识到他们并没懂所听到的话。马克曼（1977）在一个非常独特的实验中让受试儿童（小学一、二、三年级）给一个编写儿童卡片游戏的人一些指导。小学生看了写有字母的卡片，然后每人得到同样数目卡片，然后开始介绍游戏。原话如下：

> 每个人将牌放成一摞，然后将第一张牌翻开，看谁有一张特别的牌，然后我们再将第二张牌翻开，看谁还有那张特殊牌。最后谁的牌最多谁就赢这一盘。

尽管很明显，游戏介绍中少了很多关键性解释，例如，什么是特殊牌，怎么积累牌。但所有的受试儿童都说他们听懂那个游戏的说明了。在稍后的一个实验中，他发现甚至小学高年级的儿童也不完全有"理解操纵能力"。在实验中，让小学四、五年级的学生听一篇内容首尾不一的文字，原文如下：

> 如何做"烤阿拉斯加"（一种点心）：首先将冰淇淋放入加热的烤箱中。一经受热，"烤阿拉斯加"中的冰淇淋就会化掉。

在念第二次的时候，文章改为当制作"烤阿拉斯加"时，冰淇淋会变得很硬，不会化掉。尽管儿童听这一段话听了两次，并能背诵下来，但他们没有一个人指出两段相矛盾之处，却都表示所听到的文字意义正确，他们完全听懂了。

在一定的情况下，可以提醒儿童，使之意识到他们的理解能力不尽完美正确。在一项早期实验中，如果游戏说明用实物操作，或让儿童自己亲手操作，他们就能够找出游戏的欠缺之处。这说明儿童有一定的调整阅读的意识。但是他们的调整并不是自发的，不像成人或大一些的儿童，年纪小一些的儿童只有在实验应用时才能意识到自己是否理解所听到的话。

这一方面的研究向我们指出，第一，一个人除非意识到自己没有理解所听或所读的话，否则是不会通过再次阅读或提问题来弥补前面的失误。第二，简单地询问儿童懂不懂并不能了解儿童真正的理解力。更有效的办法是让儿童将自己的理解化为行动，以期找出理解与理解能力意识之间的差距。

三　其他方面的语言发展

自语言单位意识、语言处理及使用意识出现后，这种发展极大地促进了儿童其他语言方面的发展。当儿童逐渐意识到语言是用来达到多种目的的工具，他们也就开始将有意识的语言应用表现在比喻、说笑话、唱歌谣上。下面我们专门讨论儿童对比喻及幽默的获得。

比喻

当人们不能将自己的思想或经历用一般的一些方式表达出来的时候，他们往往借助于比喻。尽管学前儿童面临众多结构的获得。比喻手法在语言的早期发展中就已有了一席之地。契诃夫斯基（Chukovsky, 1963）就曾报告过儿童自发的比喻句："Look Daddy, your pants are sulking."（看，爸爸，你的裤子在绷着脸）语言运用，如用新的方法表达以前单字表达的意义，常常来自儿童对词汇的部分理解。一般说来，比喻手法在儿童语言发展的一定阶段会自然萌发。有趣的是对比喻的理解通常晚于对比喻的运用表达。这种现象往往与其他语言获得现象相反（通常是理解先于运用）。

阿奇及诺罗夫（Asch and Nerlove，1960）最先开始对儿童比喻句理解进行系统的调查研究。他们对 3 岁到 12 岁儿童理解形容词双重意义的能力进行了实验。这些形容词包括"软"、"硬"、"甜"、"苦"。实验还重点测试了儿童是否能理解某些形容词的本身意义及比喻意义。他们首先测试了儿童的口头理解能力。在实验中，实验者给受试儿童两个具体实物（如一块糖，一个擦粉饼），然后问他们哪个软，哪个甜。一旦口头理解通过了，实验者接着问儿童该形容词的比喻意义，如："人类很冷吗？""当一个人很冷，他说什么，或做什么？"实验发现 6 岁以下儿童很少能理解形容词的比喻意义。实验还证实儿童首先学会词的本身意义，然后才能学会词的比喻意义，最后才能将双重意义同时理解。

其他实验曾用较为简单的方法测试儿童如何动作比喻。他们发现儿童很小时就能掌握词类中一定的比喻意义。加德那（Gardner，1974）用与阿奇及诺罗夫类似的方法让儿童说出形容词所属的类别。例如，什么形容词属于颜色类，什么是表示可以感知的物质，什么表达人脸的特征等。他发现 3 岁半的儿童能够将不同类型的形容词分出类来。加德那的结果似乎与阿奇等的结果有矛盾之处，但冲突明显在方法论上的不同。阿奇等让受试儿童描述他们对比喻的理解，而加德那则只让受试儿童点出比喻，并用非语言形式表达他们对比喻的理解。这也就是说阿奇的实验较加德那的要求更高层次的语言意识能力。很可能 3 岁儿童对比喻的敏感度与 12 岁的儿童一样，但是 3 岁儿童尚不能将他们的理解在有限的测试中表达出来。另有一种可能（这种可能更实在些）。当儿童不断发展他们对语言、语义、语法的意识时，他们也在获得对词汇比喻意义的理解。

温那、罗森斯塔尔及加德那（Winner，Rosenstiel and Gardner，1976）研究了儿童对比喻理解的三个阶段。第一阶段叫"奇迹阶段"。这一阶段对比喻的理解是与词汇本义相应的想象意义。例如，"The prison guard was a hard rock"（监狱卫兵坚如磐石）。所谓儿童的"奇迹反应"就是把句子理解为士兵变成了石头。第二个阶段是转喻阶段。这一阶段比喻句中的成分相互建立了某种联系，并结合在一起。如儿童在这一阶段把句子理解为监狱士兵在有石头围墙的地方工作。第三阶段是比喻意义形成阶段。这一阶段儿童对比喻的正确理解初次出现。他们可以把句子理解为："卫兵在身形上显得十分结实、坚强。"温那等人的研究还证实 6—8 岁的儿童虽有一些第一阶段的理解，除个别难度较大的以外，基本都是正确的。

幽默感

儿童对语言幽默的运用以及反应也直接与发展中的语言意识有关。麦克基（McGhee，1979）调查了儿童在不同阶段对幽默的认识。他注意到学前儿童常常用语音结构做游戏并觉得很好玩，例如，改变一个音位，"许德宝"——"彼德堡"。有时也加一个无意义的词缀在词尾，"pajamas"变为"pajoodles"。等儿童再大一些，他们开始注意到词的押韵很有意思。这时的幽默也就上升到语义层次。例如，"老叶"——"老爷"。这一阶段多数在小学低年级，与学前儿童有明显的区别。到了小学初期，幽默上升到句子层次，例如："端端好，端端坏，端胳膊端腿端脑袋。"但是，类似"左腾的兄弟——折腾"的幽默，一般儿童要到十一二岁才能理解体会。这些调查结果是不是说儿童早期没有语言幽默感呢？实验证明，这种说法不一定正确。浩根（Horgan，1981）发现有些儿童在 2 岁到 4 岁之间就会自发地运用一些文字笑话或歌谣。这种儿童中的个人差异应该如何解释呢？浩根认为家庭中常用语言游戏可以提高儿童的语言幽默感，进而提高理解及运用比喻手法的能力。另一个重要因素是家庭中的双语环境。实验研究证明双语儿童能较早意识到名与实之间的任意性（Ianco-Worrall，1972）。

第五节　交际能力的发展

现在大多数儿童的早期语言环境都是在一对一（母亲对孩子），或一对二（父母对孩子）的环境下发展的。儿童最终认识到语言是用来跟很多人，在很多场合下交流的工具。这种社会环境的不断扩大性虽然在儿童的语言发展过程中一直出现。但它的特殊意义要到学前后期及小学前期才能意识到，也就是到语言的语法结构全部完善以后才能出现。到了这一阶段，儿童开始大量接触各种社会活动，从中发展应酬社交的交际能力。下面我们分别讨论儿童的交际能力发展以及儿童在特殊场合，扮演特殊角色时的交际能力的发展。

一　儿童交际能力的发展

在这一节中，我们重点讨论交际能力中两个基本功能的获得：一是会话功能，二是交际中的语言调整能力。

会话功能

从以上讨论得知，儿童在2—3岁就具备会话能力。此时，他们已意识到会话是由说话者与听话者参加，轮流进行的活动。对于说话者说的话，除了听话者需要听以外，还要对所听到的话做出相应的反应（B100m，et al.，1976）。对会话规则的理解直接奠定了儿童在学前后期的语言发展基础。这一基础包括会话中停顿的语用功能以及运用多种语法结构以期达到适度的会话效果（Garvey and Berninger，1981，Berninger and Garvey，1982）。

儿童对会话规则的意识可以从儿童的语言运用及对各种祈求的反应中看出。加维（Garvey，1975）在此方面做了详细的调查。他重点研究了正确使用祈求的条件以及儿童对这些条件的了解度。祈求是会话中相当有趣的一种功能，因为它表示说话者寻求控制他人行为的一种方式。因此这一功能反映了很多社会语言学的因素，例如，如何较客气地使用语言，如何将祈求说得合情合理等。观察儿童如何发展这种人际之间的语言能力会对我们有很大的启发。

儿童对祈求功能运用分几个步骤，而且使用灵活。加维将他们的运用分为两种，一种是必用步骤，一种为选用步骤。前者在祈求中必定出现，而后者则用来弥补交际中断（见表3-4）。

表 3 - 4 祈求功能所经的六个步骤（加维，1975）

步 骤	例句→
1. 内容预备阶段（必用）	说者：你看那儿的那把刀子？（预备）
	听者：是啊。
	说者：把它给我。（祈求）
2. 附加内容（选用）	说者：这是放炊具的地方。（附加）
	听者：那就把它放在那儿吧。（祈求）
3. 祈求（必用）	说者：把刀子拿过来。（祈求）
	说者：我现在过不去。（附加）
4. 说明祈求（选用）	说者：把刀子拿过来。（祈求）
	听者：哪把？（说明）
	说者：桌子上的那把。
5. 示意理解祈求（必用）	说者：把刀拿过来。（祈求）
	听者：给你。（示意完成）
6. 表示感谢（选用）	说者：谢谢你（表示感谢）

从加维的调查可知，3 岁半到 5 岁半的儿童在游戏中已有了这种不同步骤的区别及运用能力。这些儿童的祈求式往往有三个步骤。第一，说话者为所祈求的对象做准备。这一步骤对儿童来说很容易。因为这种形式与儿童早期经历的新旧信息对比很类似，所以不难理解这种结构很早出现。第二，祈求本身。第三，听话者示意理解所祈求的事。听话者也许不会照要求行动，但完全置之不理并不是合乎人之常情的反应。通常表示同意照做的中文表达为"好"、"行"、"可以"等，英文为"OK"、"all right"等。表示不愿照做则采用暂时拒绝或完全拒绝。如果是暂时性的，听话者常解释暂时推迟的原因（如表 3 - 4 的第五个步骤）。同样，完全拒绝也往往伴有一定的解释。儿童运用祈求的选用步骤揭示了该步骤的交际功能。必用步骤的实施并不是一成不变的。事实上，在交流的过程中，如果必用步骤不够充分，听话者与说话者都会灵活适应，如第二步。常出现在祈求之前或之后的附加成分也可用来解释为什么提出此要求。示意理解祈求的第五步也常被说话者用来检查祈求是否被听到了或正确理解了。最后，祈求的人有时向听话者致谢。这几个步骤在儿童语言中均有运用，尤其是选用步骤的运用。这说明儿童在

不同的发展阶段对会话合作者的信息需求十分敏感。加维的这一研究尽管是从单向语言功能下手，但却对整个交际领域提供了十分有益的研究证据。

很清楚，祈求过程牵涉到一系列说话者与听话者共用的会话准则。这些准则在说明、拒绝、重复要求时不断重复出现。整个过程是建立在一个共同的信息基础上：说话者的要求是由某种原因造成的，而听话者则在受到请求的情况下主动完成。这样，在掌握祈求这一社会功能时，儿童表现出了复杂的、对不同会话角色及规则的理解。一旦儿童掌握了会话规则，他们的语言也就更加符合语言常规。换句话说，更符合成人的语言体系了。但这并不能说明儿童语言中没有不符合常规的异体。伍尔顿及赛德拉克（Walton and Sedlak，1982）对会话中的令人尴尬及不适度表达的处理进行了调查。他们发现一种叫"补救交谈"的会话策略。当谈话发生冲突，这种策略被用来调整社交关系。最常见的例子是如果听话者用某种方式提出异议（某人的名字被叫错了），补救交谈就会出现，如道歉、解释。之后是听话者接受道歉，说话者也有松一口气之感。这种有系统的交际在幼儿园时就开始出现。到小学四年级就已经完善了（Jefferson，1972）。

交际中的语言调整能力

"语言调整使用"（code-switching）在这里指说话人有意调整其语言形式或内容以期适应交际场合，或者说话人意念中的听话人理解水平。从语言发展的角度看，这一现象具有很有趣的一面，即听话者需理会到说话者调整语言形式或内容是完全为听话者着想的。长期以来，心理语言学界一直受到皮亚杰（Piaget）的理论体系影响，曾认为年纪较小的儿童并不能调整他们的说话方法以顺应社交场合。皮氏认为儿童要达到意念操作的认知阶段（通常7岁左右）方能从他人角度思考问题。尽管有些早期的研究结果肯定了皮氏的理论，但最近有实验证实即使年龄很小的儿童在一定的条件下都可以调整其语言。

早期的研究结果来自皮亚杰（1956）的"三座山"实验。在实验中，让受试的学前儿童坐在桌旁从一个角度看三座山（从其他三个角度，也就是从桌子的其他几边，看三座山的形状均不一样）。之后实验者又给儿童看有三座山的照片，让他们辨认哪张是他们看过的山，多数儿童都能辨认出来。但是如果实验者让受试儿童看从不同角度拍的照片，学前儿童往往不能回答。经过几次类似实验证实，皮氏下结论说儿童在此时仍然以自我为中心：他们被禁锢在他们自己的意念世界中而不能从其他角度看问题。

类似结论也被哥拉克斯伯格等（Glucksberg, et al., 1966）的交际实验证实。在此实验中，两个受试儿童背对背坐在一块隔板的两边，让一个孩子把一摞东西按照另一个小孩的方式排起来。由于隔板挡住视野，所以两个儿童必须通过语言交际得知对方是如何排起来的。这种实验方法被称为"指代交际法"。交际的最终目的是用语言说出物体或图画，而不是说话者的想法，要求及感觉。这一实验结果表明，当用到熟悉的物体时（如物体的名称很普通，很容易叫上来），3 岁儿童可以做得异常好，但对不熟悉的，或者新的物体则不然。成人在两种情况下都但这类名称并不能轻易交流给另一个人，因而交际常常中断。然而，最近的一些实验证明 3 岁或 4 岁的儿童在一定条件下可以调整其语言。（1973）曾设计出一种方法迫使受试儿童在下面两种情形下用任意一种与另一个儿童谈话：1. 说话者完全看不到听话者；2. 说话者可以看得到听话者。当说话者看不到听话者时，语言表达明显比非语言表达增多。在类似的实验中，夏兹及基尔曼（Shatz and Gelman, 1973）证实 4 岁的儿童跟两岁的儿童与成人的谈话方式有明显的调整。在实验中，4 岁的儿童要告诉另一儿童一种玩具，当听话人是两岁儿童时，他们运用了简短的句子表达。当听话人是同龄人或成人时，句子变得较长也较为复杂。无论受试儿童中有没有兄弟姐妹，受试儿童有同样的语言行为。换句话说，语言调整是儿童自发的对交际情景的调整适应，而不是一种模仿的结果。

这里值得深思的问题是为什么早期实验证实年纪小的儿童没有交际能力而后期实验则得出相反结论呢？两种实验的区别是不是仅仅在于实验方法的不同？基尔曼（1978）曾为此做过有力的争辩。他认为一种交际情景要求儿童有一个以上的反应。在哥拉斯克伯格等（1966）的实验中，正确的回答要求受试者完成两个任务：用准确的词句交流信息，而且他们也得给新的物体命名新的名称。第二个任务对于小孩子来说异常困难。尽管他们知道对于听者信息的传达很重要，但是由于名称的限制，他们无法做到。再看后期的研究可知，实验只要求儿童在不能用手势表达时才用语言表达，这些语言内容都是为儿童熟知的。夏兹等认为儿童的交际能力可以用其语法结构的复杂性来衡量。这是因为 4 岁的儿童的语法系统已经十分丰富，因此他们可以选择不同形式与不同的听话者进行交际。这并不是自发的，而是本能的。只要场合要求，他们自然会修正他们的语言信息以其适合听话者的情形。

现在渐渐为人接受的理论是标准的"语言调整法"，该理论强调儿童多方面的技能，每种技能的运用方式也不尽相同。为了将语言信息适应听话者，说话者必须：1. 了解对方所不理解的概念；2. 懂得残缺信息中的概念；3. 了解听话者在会话中的位置（尤其是听话者在哪些方面容易有理解问题）；4. 具备补救会话失误的语言能力。据马克曼（1981）声称，第一种能力在学前儿童到小学一、二年级就已出现，第二种能力则到小学四、五年级才出现。到四种能力都建立时，儿童多数已进入初中。

总之，当儿童不能与他人交际时，其原因多种。有时是因为他们没注意听话者的反应，有时是因为错误理解了听话者的反应，也有时是因为缺乏补救失误的语言技能。由于这些因素相互交错，高度复杂，儿童的语言交际过程仍是一个重要的、很有潜力的研究领域，还有待于进一步深入研究。

二　儿童在特殊场合，扮特殊角色时的交际能力

随着儿童交际能力的增长，他们也逐渐开始获得一些特殊的语体。这一发展的特点是儿童能区别不同的语言场合及语言角色。换句话说，他们现在已意识到有些特殊语言是用在特殊场合中，由特殊角色的人使用的。下面我们分别从这两个方面讨论。

特殊场合的语言

哥理逊及维思特拉伯（Gleason and Weintraub, 1978）研究了儿童在万圣节（Halloween）时的语言运用。万圣节有其一定的套语，不但结构固定，而且场合分明：须用在某天的某种特殊场合。完全不像人们常说的"新年好"、"圣诞快乐"等可在特定的场合作用，而且可以重复使用。万圣节的套语"trick or treat"*（意为"好好招待，否则麻烦上

身”）只能在一个地点（某人家门口），一个时间（晚上）使用一次。实验调查了美国2—14岁儿童对这一套语的使用，发现在使用上受试儿童的语言行为不尽相同。首先，研究者发现儿童在万圣节的套语有一个三段定式，即："trick or treat"（好好招待，否则麻烦上身），"thank you"（谢谢），"goodbye"（再见）。但2岁到3岁的儿童通常在这种场合下一言不发。4—5岁的儿童则只说"trick or treat"，7—8岁的儿童在此基础上加了"thank you"。整个定式的运用要到10岁以后才能完整。

扮特殊角色的语言

儿童在习得过程中也认识到某种语体是用来与社会上某个成员交谈的，而不能用于其他成员。爱多斯基（Edelsky, 1976）研究了语言性别作用的发展。她在实验中给四组受试者（小学一年级组，三年级组，六年级组，成人组）听一系列句子，然后让他们决定是男性，女性，还是两性都可能的话语。实验使用的句子为（7—10）：

（7）Won't you please give me the pencil?（请你把铅笔给我。）你能把铅笔给我吗？

（8）I was just furious.（我愤怒极了。）

（9）Damn it, I lost my key.（他妈的，我的钥匙丢了。）

（10）They did the right thing, didn, t they?（他们做对了，是不是?）

结果发现这一方面的获得异常缓慢。一年级组的儿童虽然能将句子分辨出是男性，但到小学六年级组，没有学生能将一些结构上与词汇上较为隐含的句子分辨出性别来，只有成人组毫无问题。例如，所有六年级组以下的儿童都认为"Won't you please"（请……）为中性，而成人则认为是具有女性特点的话。

这种缓慢的语言性别获得过程仅在爱多斯基的研究中得到证实，在其他类似研究中，结果都表明从一年级组到六年级中，问答的正确率在不断上升，但从六年级到成人竟有下跌。例如，75%的三年级组儿童可以正确辨认"damn it"（他妈的）是男性特征的话语。到了六年级有80%认为是男性，但六年级以上则又跌到50%。爱多斯基认为这种发展模式也许反映了儿童在小学与中学期对这些社会语言规则的扩大应用，这种应用类似儿童其他方面的语言获得（动词过去式等），很可能是由于有些词汇性别特征较其他明显，也有可能是性别区分规则被儿童扩大使用，但最终儿童会将它们分辨清楚，并正确使用。

注：*美国的万圣节是群魔鬼怪出头活动之日，大都在十月的最后一个星期五。这一晚人们多数化装为魔鬼，尤其是儿童，去各家要糖果。传统的说法是，家家都应拿糖果招待群魔鬼怪，以便打发他们走掉，日后也不会打扰他们的生活。现在人们用"trick or treat"的套语代表群魔的威胁，另外也是一种要求的表达。

第四章　儿童语言紊乱研究

第一节　概述

这一章主要讨论儿童语言发展中的紊乱现象。虽然大多数儿童的语言获得过程是沿前一章所描述的程序发展，但也有相当一部分儿童面临许多困难，不能正常发展语言。多数这样的儿童在语言上及学习上都有障碍，而且很可能达不到成功交际的水平，更达不到成人语言及交际水平了。除此而外，据调查在语言及交际上有困难的儿童得精神病及行为紊乱症的可能性比正常儿童高三倍（Gantwell，Baker，and Mattison，1979）。

研究儿童语言紊乱有两个重要原因。第一，与正常儿童的对照比较，通过了解紊乱儿童的具体语言障碍可以找出弥补及帮助这些儿童学习语言的方法。第二，异常现象的研究，无论来自成人还是儿童，都可以揭示正常语言能力的发展过程，甚至于比正常语言的研究更具有说服力与解释力。儿童的语言问题往往与语言的某个方面有关系，这些具体问题可以向我们揭示语言系统之间的相互关系。例如，弱智儿童的语言可以对我们研究语言发展过程中的智力因素提供很多研究依据，同样，聋哑儿童的语言也可以揭示声音系统与语言完整发展的关系。

在我们要讨论的语言紊乱中有三个密切相关的问题。第一，我们必须分清语言紊乱是语言发展的一种其他形式，还是姗姗来迟的正常发展形式？是不是大多数语言紊乱儿童的语言获得过程呈现同样的先后次序？这些儿童是不是运用同样的获得方法，经历同样的获得过程？第二，语言紊乱到底是整体性的还是部分性的语言紊乱？换句话说，语言的紊乱在语言各个方面都有同样严重的问题，还是仅在语言的某个方面有问题？第三，我们也必须搞清生理因素，认知能力，以及语言环境这三个因素在语言紊乱的儿童身上起什么样的影响和作用。

在以下的讨论中，重点将放在四种不同的语言紊乱上。这四种紊乱可以为我们提供一些特殊的、相互补充的语言研究素材。首先我们讨论弱智儿童的认识发展在语言发展中的作用。其次是聋哑儿童的语言获得，重点放在他们的家庭及学校这两种语言环境对语言发展的影响。第三是自闭症儿童（autistic children）的社交与情绪问题对其语言发展的影响。最后讨论语困症儿童（dysphasia）的语言发展。希望从这四方面的讨论使我们能对语言系统及其他认知系统的关系有进一步的认识。

第二节　弱智儿童的语言发展

弱智儿童通常是指那些在智力测验中智商低于 70 的儿童。弱智儿童的智力能力差异很大，不能一概而论地把弱智儿童的语言能力作为一类来对待。从很早以前，研究者们就根据智力损伤程度把弱智儿童分为几个种类。如：轻度（智商为 53 到 68），次轻度（智商为 32 到 52），严重（智商为 20 到 35），深度（智商为 20 以下）（Kindler，1968）。因此，研究这些儿童的语言能力须考虑到他们智力损伤的程度。

弱智儿童的认知发展可以通过一系列的智力测验以及皮亚杰的认知发展测试数字表达出来。这些智力测验通过一系列方法得出弱智儿童的"智力年龄"（Mental Age，通常用 MA 表示）。一个人的智力年龄除以他的实际年龄，再乘以 100 就是他的智商。如一个 8 岁的弱智儿童，智商为 50，那么他的"智力年龄"就是 4 岁。

很多弱智儿童的研究集中在观察这些儿童的语言发展是否与正常儿童有质的区别上。这一方面的研究旨在观察弱智儿童的语言、语法、语义及语用发展。还有一些研究比较了弱智与正常儿童在相同年龄时的不同语言行为。但相同智力年龄的正常儿童与弱智儿童的比较尚无很多人研究，这方面的比较研究异常重要，它可以直接告诉我们认知经验在语言发展中起什么作用。

一　弱智儿童的语音、语法、语义及语用发展
语音发展

弱智儿童通常有语音问题。常见的问题是发音不清楚，音节倒置

等。智商越低的儿童这类的问题越明显（Schlanger，1973）。这种语音问题在但氏综合症儿童身上最为突出。这种综合症是由于染色体异常而引起的。印格拉姆（Ingram，1976）曾指出"但氏综合症"儿童通常嗓子沙哑，发音异常，而且在说话时常带咕噜之声，口齿不清。这些问题大都与儿童的控制机能有关。研究者发现，但氏综合症儿童的小脑往往比例失常，而运动肌的控制系统就坐落在这一地区。因此，比例失常自然影响到应用运动肌的活动上，这里包括语言以及其他非语言活动。

道德（Dodd，1975）曾对但氏综合症及其他弱智儿童进行了语言测试。他用了两种测试方法。第一种是让儿童坐在话筒的对面，同时也有两个话筒放在旁边。当主话筒播出一个词，例如，"番茄"，然后在左边或右边的话筒重复一次，靠近左边的话筒放一只玩具鸡，右边放一只玩具老鼠。听完后，再让受试儿童看玩具，并要求他们指出哪个玩具被主话筒重复过。另一个测试是模仿测试，儿童先听到一个词，然后得重复给桌子上的老鼠或鸡。这两个测试的反应时间分三种，立即回答，15分钟后回答及 30 分钟后回答。结果表明，但氏综合症儿童的总成绩远高于其他种类的弱智儿童，而其他弱智儿童的辨认测试又比模仿测试成绩好一些。另外，这些但氏综合症弱智儿童对立即回答的测试较推迟回答测试的成绩又好一些。该实验还证明语言处理因素，如记忆等，对但氏综合症儿童的发音有一定的影响。但自然观察发现但氏综合症儿童在模仿发音时的错误较自然谈话时少得多。这似乎告诉我们这些儿童的发声问题并不是发声本身，而是在高速处理过程中（如会话），不能保持有条不紊的运动肌活动程序。

至于弱智儿童的音位发展是不是能影响语言功能，至今很少有人能证实。相反，多数的研究表明弱智儿童的语言错误与正常儿童很类似，尤其是语音替换规律几乎一致（Ingram，1976）。最近，柏拉特（Prater，1982）的实验进一步证明弱智儿童的音位发展模式与正常儿童基本一致。

语法发展

罗巴托等（Lobato et al.，1981）研究了严重弱智及深度弱智儿童的非语言交际能力与认知能力发展的关系。他们发现受试儿童的手势交际运用频率越高，越成熟，复杂性越高，这些儿童的认知发展程度也越高。这里手势交际指用手指代。这是感知发展的第五阶段。其他研究也证实早期的感知能力与早期的交际能力有密切关系。因此，弱智儿童的语言表达能力的出现与认知发展程度有直接的关系。

兰姆伯特等（Lamberts et al.，1978）检验了弱智儿童的句子理解能力。他们先将一组画儿给儿童看，再念一个句子，之后让儿童说出哪幅画跟听到的句子相符。测试句子中一半为可逆性句，即两个名词都是有生命的，所以可以互换位置，如："那个女孩在看那个男孩。"可以是"那个男孩在看那个女孩"。一半为不可逆句，如："那个人在开那辆车"不可说成"那辆车开那个人"。一半为肯定句，一半为否定句。这些受试儿童的肯定句成绩比否定句好，不可逆句比可逆句好。实验得出结论，弱智儿童获得基本的语法结构较正常儿童晚一些，但顺序及过程则基本正常。

莱克那尔（Lackner，1968）研究了弱智儿童的短语结构及转换规则的获得。受试儿童的智力年龄从 2 岁 3 个月到 8 岁 10 个月，他们的实际年龄从 6 岁 5 个月到 16 岁 2 个月。这些弱智儿童在一家言语矫正治疗所接受治疗八周。这一期间的语言活动均被记录下来。此外，实验者还用了命名、句子模仿以及句子理解等测试。结果发现尽管受试儿童的发展水平低于正常儿童，但他们的发展过程与正常儿童的基本相似，对正常儿童较为困难的结构对弱智儿童也同样有困难。弱智儿童的疑问句出现在智力年龄 2 岁 3 个月，否定句在 3 岁，被动句在 3 岁 3 个月，否定疑问句则要到 9 岁才可以。

以上结果告诉我们弱智儿童的语言发展仅仅是语法结构发展的推迟，而并不是语言本身有缺陷。多数研究（并不是全部）证实弱智儿童的语法运用更多地与智力年龄有关，而不是与实际年龄有关。由此可见，认知发展在很大程度上可以限制语法发展。

至今为止，语言经验对弱智儿童的语言发展到底有多大作用仍然不很清楚。前面曾提到两个儿童可以有同样的智力年龄，但由于严重程度不同，一个儿童的实际年龄比另一个大。按道理说，年龄大的儿童的语言经验理应多一些，他们的语言成绩也应比年龄小的好一些。由此，我们可以观察这种语言经验在弱智儿童的语言发展中到底起不起作用。尽管有些实验得出与上面推理相符的结论，但多数实验则得出相反的结论：实际年龄大但智力年龄与其他儿童相同的弱智儿童往往在语言测试中成绩最低（Lobato et al.，1981，Kamhi and Johnston，1982）。这些实验差至今仍是一个不清楚的问题，因为有些情况证明儿童的语言能力发展可以落后于认知能力的发展，而另一些则不然。诸如此类问题仍有待于进一步研究认识。

语义发展

哥利登及马尔（Glidden and Mar，1978）在实验中给相同年龄的弱智儿童及正常儿童两种测试。在第一种测试中，受试儿童得从物种范畴中举出两个例子，例如，运动、动物等类别。在第二种测试中，他们得判断物种的语义范畴。例如："知更鸟是一种鸟，对不对？"结果发现第一种测试的分数差远高于第二种测试的分数差。Glidden 等指出弱智儿童与正常儿童在处理语义上的差别并不在于词汇本身的语义结构，而在于他们如何从字库提取词汇的策略。之后也有很多实验证实弱智儿童往往缺乏与测试相应的解决问题的方法。因此，如果我们确想得知弱智与正常儿童的区别，须给予受试儿童一些精心设计的测验，以避免考试策略的卷入。

斯普伯等（Sperber et al.，1976）由此设计出一种命名测试。在测试中，给受试儿童两幅画，让他们很快说出名称来。这种测试通过改变画与画之间的语义关系，就可以观察到第一张画与第二张画之间的反应时间差。斯普伯等指出实验得出的弱智儿童的反应时间差十分准确。例如，当两张画的语义关系是相联系的（如知更鸟与小鸟），对第二张画的反应时间就可以缩短 50 毫秒（一毫秒＝千分之一秒）。此外，这种时间差并不受测试熟悉度的影响。

一些实验还进一步调查了弱智儿童与正常儿童的语义处理过程。马考利等（McCauley et al.，1978）运用句子判断测试对弱智儿童进行了测试。尽管弱智儿童的测试结果在很多方面与非弱智儿童类似，但是弱智儿童对带有动态动作的句子反应要比静态的快，如"蜂可以蜇人"的反应较"骆驼有驼峰"快一些。此外，他们对人类发出的动作比非人类发出的动作句更为敏感，如"人能开飞机"，"狮子能吼"。实验者指出弱智儿童对不同的句子的理解具有一定的顺序，首先是动态的，人类可以控制操纵的，然后才是静态的、抽象的。

总之，这些实验结果与自然观察结果基本相符。弱智儿童的语义关系理解与正常儿童基本一致，但在自然会话中，似乎动态动词仍占主要地位。（Layton and Sharifi，1978）

语用发展

弱智儿童的语用发展不但落后于以上几个领域的研究，而且其研究结论也多数不能说明问题。霍尔及马克耐特（Hoy and McKnight，1977）检查了弱智儿童给不同程度的听众解释游戏规则的能力。实验使用了四十个弱智儿童。根据他们的智力测验共分两组：高分组，低分组。在测试中，按其分数又编出四个组合形式的双人组：高分＋高分，低分＋低分，高分＋低分，低分＋高分。测试要求从每一组中找出一个先学游戏并练习游戏，然后再去教给他们的同伴如何玩游戏。结果发现高分或低分儿童均根据他们的听众调整了他们的语言。当他们给低分儿童讲解时，他们均采用了语言与动作相结合的方法，而且还用了一些提醒注意的语言措施，如祈使句等。此外，高分儿童在给低分儿童解释时还采用了重复。但这些语言调整并没有提高他们的交际效益。

还有一些研究观察了弱智儿童及少年的指代交际能力。罗赫斯特（Longhurst，1974）在实验中让受试儿童从一组无意义的设计图案中选出一个，并用语言讲述给另一个人听。他发现这一测试的成绩与智商直接有关。智商高的弱智儿童比智商低的成绩要高。巴维瑞基及密特勒（Beveridge and Mittler，1977）检查了严重弱智儿童在描述事物中对听话人反应的敏感性。受试儿童首先在听话人没有反应的情况下描述事物，然后在有反应的情况（用不同的方式表示对或错）下描述。结果发现在有反应的情况下，受试儿童的成绩有明显提高。另外，雷佛及路易斯（Leifer and Lewis，1984）对儿童在自然环境下的会话能力进行了研究。实验分三组进行：一组为18—20个月的正常儿童（MLU为1.0—1.5）；一组为同样年龄的弱智儿童（MLU为0）；另一组为弱智儿童，但年龄为3岁半至4岁半（MLU为1.0—1.5）。所有受试儿童都在与母亲玩耍过程中受到观察，他们的正确与非正确反应都被记录下来。结果表明，正常儿童的非正确语句较同年龄的弱智儿童少，而不同年龄，有同样MLU的弱智儿童的非正确率最低。实验还发现三组儿童的会话模式与正常儿童一样。雷佛等指出在任何语言层次（语法，语音，语义等），弱智与正常儿童的语言发展都遵循同样的顺序，但在某一横断也许会有不同。例如，语用功能要求更多的儿童社交及会话经验方能获得，而语言的其他方面则相对要求少一些。

二　弱智儿童的语言环境

弱智儿童的家庭语言环境到底有什么特点？在家有多少话是直接跟弱智儿童说的？这里我们应该说明的是儿童的语言环境是建立在相互交流的基础上的，而不是父母单方面发起的行动，也不仅仅是为了教训儿童。跟儿童的对话应该是对儿童语言的一种反应及促进。因此，多用反问或故意对儿童的话语不理解等都可以促进儿童的语言发展。

布依姆等（Buium et al.，1974）观察了五对正常儿童及母亲和六对弱智儿童与母亲交流的语言环境。两组儿童的年龄均为两岁。对母亲/儿童的交流均从他们的游戏及教导中（如：如何在桌上吃饭）得到观察，所用的语言都用录音机录下，然后进行分析。结果发现在游戏中两组没有任何区别。但在教导中，弱智儿童的母亲用短句及不完整句较正常儿童的母亲多，而且他们的泛指代词及特殊疑问句也较另一组少得多。由此可见，儿童的母亲们在两种不同的情况下自动调整她们的语言，以便适应不同的儿童。Carroll（1986）指出，这一实验仍然不够完善，弱智儿童的语言环境是否对弱智儿童的语言有一定的影响仍有待于进一步的研究。

第三节　聋哑儿童的语言发展

据研究调查指出，多数聋哑儿童的语言技能往往低于正常儿童。例如，蔡柏斯及卡奇米尔（Trybus and Karchmer，1977）的实验证实 15 岁到 20 岁以上的聋哑学生的阅读能力相当于或低于正常儿童五年级（13岁）的水平。此外，只有 10% 的聋哑学生可以达到八年级的阅读水平。导致聋哑儿童语言发展缓慢的因素很多。其中三个因素最为关键，一是聋哑程度，二是聋哑出现的年龄，三是聋哑儿童学习语言的环境。

一　聋哑儿童的语言环境

聋哑儿童获得语言的条件与正常儿童在某几个方面有着根本的不

同。对于多数聋哑儿童来说，如果他们的父母也是聋哑人，用手语的自然对话情况也许与正常儿童的一样。但是，大多数聋哑儿童的父母是非聋哑人，也不懂手语。因而父母/儿童互相交流的作用在聋哑儿童语言获得中就再为复杂，也许极为不重要。很多聋哑儿童都是在人生的青少年期以后才学会手语，他们的语言并非从父母那儿得到，而是从同伴那儿学来的。

　　除此而外，在如何教聋哑儿童学习语言上仍有争议。总的来说，有三种关于聋哑儿童学习语言的方法论。有的教育者认为应该采用先听说后读写的方法：即首先强调说与理解的能力，因为这两方面是社会交际的最重要方面。这一方法包括教授学生如何通过读嘴唇理解语言（读唇），以及充分利用儿童残缺不全的听力。另一种方法论则较前者更为保守。他们坚持教授正常语言，只教聋哑学生读唇技能，也不允许手语与口语的混合。这一方法论的理由是任何手势交流与视觉交流（如读唇）的相互混合都会影响后期儿童的发展。另外，手语交流较其他都容易，因而会导致儿童无兴趣继续学习其他语言技能。第三种方法论是强调教授聋哑儿童一种专为聋哑人设计的手语，手语大致可分两种，一种是美式手语。美式手语推行者认为听觉受损的儿童的视觉与触觉较常人更为敏感，因此，手语对他们更为适合。但这种方法也较易使聋哑儿童不能与其他正常人交流因而产生距离。在美国，75％的聋哑人用美式手语，大部分人的手语是其母语，也有一部分人的美式手语是第二外语。语言学家们认为尽管其语法系统与英文不尽相同，但美式手语是一个发展完善的语言。例如，加在动词或名词的词缀与词根同时出现在一个手势中。因此，诸如"ly"或"s"等在英文中属于两个词素，而在美式手语中则是一个手势。

　　还有一些人倡导综合交际法，即各种交际方法都让聋哑人使用。对有些人来说，综合交际法即是手语及口语同时应用，而对另一些人来说，则强调先学会手语然后将手语作为基础去获得其他形式的语言。综合交际法大致包括多种形式，在美国，它的应用也很普遍。另一种手语叫英语手语，这种手语与美式手语十分不一样。它们的主要区别是英语手语用手势表现英语语法，而美式手语则建立一套与英语完全不同的语法系统。另外英语手语用手势将字母拼出，而美式手语则采用英语词序，但是造字法却完全不一样。在过去的几十年中，教聋哑人学习口语（指依赖听觉的语言）的方法论占主导地位。近几十年来，综合交际法逐渐成为聋哑儿童学习语言的主要方法（Jordan, Gustason, and Rosen, 1979）。通过对不同方法论的争辩，人们还从中认识到另一个重要的问题，即学校语言与家庭语言的不协调性，学校使用的语言前后也不一致。真斯马等（Jensema et al., 1978）还发现聋哑人在交际中也有很大的差别。在学校他们可能是口语手语一并使用，而在家中则只采用口语。这样，聋哑儿童不得不在两种语言中生活，其中任何一种对他们都不够统一协调。

二　聋哑儿童的语言发展

美式手语的语言发展

从理论上说，聋哑儿童从生下来就接触美式手语十分重要，这是因为他们的语言获得的条件与正常儿童一样都有一个关键期的问题。斯列辛基及密德（Schlesinger and Meadow, 1972）曾观察了两个父母均是聋哑人的聋哑儿童。安从 8 个月被一直观察到 1 岁 10 个月。她 1 岁整开始用一些单个手势，如"好看"，"错了"，这一阶段正常儿童也差不多达到单词期。到了 1 岁 2 个月，安就开始用单字句（Holophrastic sentence）手语表达如下意思，"我要去洗澡间"，"我要那个好闻的花"。这时，她也有词汇扩大使用错误，如把所有的动物都用手势表示是"狗"。另一个小孩叫凯伦，从 30 个月观察到 40 个月，这一阶段所用的 200 个手势都一一进行了分析，研究者发现这些儿童的获得过程与正常儿童一样。

其他有关美式手语的研究也相继用不同方法及数据证实了这一研究。20 世纪 70 年代末 80 年代初的一些研究还发现聋哑儿童在获得美式手语的不同手势时不但是一组一组地获得（Boyes-Braem, 1973, Newport and Supalla, 1980），而且他们的手语错误类型（如替代类）与正常儿童的语音错误非常类似。此外，费切尔（Fischer, 1974）报告说聋哑儿童的否定式获得也同正常儿童类似。儿童获得手语的速度似乎较正常儿童快一些。包维廉、奥兰斯基及那维克（Bonvillian, Orlansky and Novack, 1983）曾跟踪观察了 11 个父母双聋的聋哑儿童 16 个月。他们发现这些儿童大都在 8 个半月时就能做出单词手势，1 岁 1 个月以后就能做出 10 个手势。到了 1 岁半多一点，多字手势句就出现了。总之，聋哑儿童的语言发展似乎较正常儿童快大约 2—3 个月。

英语手语及口语的获得

对于聋哑儿童英语手语及口语的获得研究目前寥寥无几。这与该语言的种类繁多，应用程度不同不无关系。总的来说，英语手语（前面提到这是一种用手势拼读英语字母的语言）以及英语口语对聋哑儿童来说习得速度都比美式手语慢。此外聋哑儿童的口语及手语能力并不是同时发展的。基尔斯等（Geers et al.，1984）的研究证实聋哑儿童的手语能力较口语能力要发展的快得多。

最近几项对于聋哑儿童获得口语的研究均证实聋哑儿童的口语通常口齿不清，很不易懂。即使对这些儿童的口语进行系统训练，其效果也不十分明显。其中一个很重要的因素是儿童听觉受损的程度。如果儿童的听觉受损为轻度，他的口语清晰度就很可能通过训练提高。如果听觉高度受损，该儿童的口语清晰度往往无法提高。

至于英语手语的获得是否与正常英语儿童的一致，迄今为止仍不能定论。Schlesinger and Meadow（1972）曾报告说两种语言的获得基本类似。与此同时，他们也指出这两组儿童的词缀（这里指时态变化，如"ed"、"ing"等）获得过程又有不同。通常聋哑儿童获得词缀的速度要比正常儿童慢得多。其原因是因为手语中的词缀较口语更不明显突出，而且不易用视觉观察到。语言环境也对英语手语的获得起一定的作用。贝伯（Babb，1979）发现在家或在学校均使用英语手语的儿童在统一语言考试中的成绩较只在学校使用该语言的儿童高。

总之，聋哑儿童的语言发展受到以下几个不同因素的影响：1. 听觉受损程度；2. 父母是否同属聋哑人；3. 接触语言的年龄及接受语言训练的持续性。此外，这些儿童的语言发展与正常儿童的发展过程有着惊人的相似之处。

阅读与写作

聋哑儿童的手语能力虽然能够发展很快，但是一旦到了阅读及写作能力的发展阶段，就不那么乐观了。据一些研究指出，聋哑儿童的阅读能力一般远落后于正常儿童。康拉德（Conrad，1979）对 468 个在英格兰与威尔士的聋哑儿童进行了调查。他发现一般15—16岁的聋哑学生只有9岁左右正常儿童的阅读能力。这种类似情况在新西兰、瑞典以及丹麦均有，这似乎是一个全球性的普遍问题。

对于这个问题，摩尔斯（Moores，1967）曾提出聋哑儿童的语法系统与正常儿童的有着质与量的区别。他在试验中用了同样长短的阅读文章测试两种儿童的阅读能力，结果发现两组儿童所犯的错误完全不同，而且成绩相差很大。聋哑学生的错误不但往往在忽视正确答案方面，而且还将一些不合语法句认为合乎语法。奥德姆及布兰顿（Odom and Blanton，1967）对五年级到十二年级的聋哑学生及正常学生进行了实验。他们让受试学生记忆一组系统安排好的动词词组及一组杂乱无章的词组。正常儿童的动词词组记忆成绩明显比杂乱无章的词组要好得多。但是聋哑学生的两组词的记忆成绩则无大区别。这两项实验均说明也许聋哑儿童的语言系统与正常儿童有不尽相同之处。

既然阅读能力如此，聋哑儿童的写作能力自然也较正常儿童低。福斯费德（Fusfeld，1958，见 Meadow，1980）曾收集了聋哑学生在大学写作中的错误。例如："Many things find in Arkansas." 正确句应为 "Many things can be found in Arkansas."（在阿肯色可以找到许多东西。）另一个例子为："To his disappointed，his wife disgusted of what he made." 正确句应为 "To his disappointment，his wife was disgusted about what he made."（他的太太很不喜欢他的所为，这使他觉得很失望。）

真正的写作问题可因手语的系统不同而呈现不同。美式手语使用者的语法与英语语法不尽相同，因此，语言转移现象出现在写作语言上。黄、郑及沃伦（Hung，Tzeng，and Warren，1981）曾对聋哑学生以及正常学生的语言理解能力进行了测试。他们应用句子加图画方式让受试者通过听或看句子来辨认相应的图画。例如，"星星在十字上面"。实验发现当句子以拼写的形式出现在纸上，聋哑儿童多数不采用分段法分析句子的成分，然后做出判断，而是采用任意联想的方式进行判断，因而错误较多。当句子以美式手语的形式呈现在聋哑受试者面前，他们的判断方式可以完全改变。他们能应用句子成分进行判断，其正确率也大有提高。由此可见，聋哑学生很难将其母语美式手语的语法知识在英语阅读中得到有效运用。

学习英语手语及口语的聋哑儿童，尽管运用与英语同样的语法系统，但由于在大脑中的表现形式有区别（在正常儿童中主要以语音形式，而聋哑儿童则以手势形式），因而影响到聋哑儿童写作能力的发展。

康拉德（1979）曾使用记忆测试对不同的聋哑及正常儿童进行了调查。在这一测试中，康拉德采用了两组词让受试儿童记忆。一组在语音上相似，一组在语音上完全不同。对于语音不同的词，正常儿童的测试成绩都很高。这说明正常儿童的词在大脑中都是以语音的形式记录的。但是，对于聋哑儿童来说则不同。如果听觉受损为轻度，受试儿童的成绩与正常儿童类似。但是如果听觉受损严重，其成绩就低得多。康拉德认为用语音形式记忆的聋哑儿童通常较易发展阅读及写作能力。

汉森等（Hanson et al.，1984）曾通过实验证实用语音或者手势形式记忆语言对儿童的早期阅读影响很大。在实验中，他们将9岁的一组聋哑儿童分为阅读成绩良好，成绩较差两组。分别给这些儿童看带有四个字母的词，过几分钟后再让他们回忆。测试所用的词均根据其语音相似或词形相似的标准分为三组（1. 语音相似，2. 形状相似，3. 均不相似）。结果发现，阅读成绩良好者对语音相似以及外形相似的词的记忆均比第三组成绩好。而阅读成绩差者的成绩则是三组都差不多，没有很大的区别。由此可见，聋哑儿童阅读能力的提高取决于他们能否将语言在语音上与外形上的特性应用在阅读写作上。这一结果与正常儿童的阅读研究结果相同。因此，聋哑儿童与正常儿童一样能在阅读中学会运用语言的不同表现形式，但这种能力对聋哑儿童更为困难。

交际能力的发展

由于大部分聋哑人的交际是面对面的交际，其他形式的交际则很少应用，例如电话交流，隔墙交流等。这些不同形式的交流告诉我们语言的应用因场合而异。但是聋哑人是否也能认识到语言的这一特点呢？

据调查研究得知，聋哑儿童与非聋哑父母的交际方式与正常儿童不同。这种不同甚至在婴儿期就存在。维德尔-莫宁及路勒（Wedell-Monning and Lumley，1980）发现聋哑儿童的母亲常较多地运用命令控制性语言。此外，聋哑儿童与非聋哑母亲的交流也往往是单向的，不同于正常儿童的语言环境。由于聋哑儿童的父母常用指示性语言，因而使儿童本身较被动。亨格勒等（Henggler et al.，1983）曾指出这种方式的交际最终导致母亲不再与聋哑儿童进行正常的会话交流。研究还发现聋哑儿童一般较沉默，很少抱怨父母对他们的要求，也很少自己向父母提出要求。

这一交际模式与聋哑儿童家庭中的交际系统很有关系。密德等（Meadow et al.，1981）跟踪调查了 7 对聋哑母亲与聋哑儿童，14 对非聋哑母亲及聋哑儿童，以及 14 对正常母亲及儿童的交际过程。结果发现，非聋哑母亲与聋哑儿童所用来交流的时间要比其他几组少得多。另外这一组的聋哑儿童也很少主动与母亲交流。相反，当母亲孩子均为聋哑人或正常人时，两者之间的交流则要多得多。格林伯格（Greenberg，1980）的研究也发现运用手语口语相结合的交际方式的母亲孩子较仅用口语的母亲孩子会话交流要频繁得多，而且相互合作也较多，对聋哑儿童的交流起到了有益的促进作用。

以上提到的交际方式区别不但对聋哑儿童的语言能力发展有影响，而且对儿童的性格发展也有影响。很清楚，如果儿童能够与人交流关于他们自己、他们的母亲以及周围发生的事情，这种能力不但有助于加强母子/女关系，同时也能促进儿童将来发展使用语言的兴趣。

聋哑学生与教师的会话交流也呈现同样的情形。研究结果证实老师对聋哑儿童也大都采用控制命令式语言（Wood et al.，1982）。这种在课堂上的会话方式自然有其结果：即指令性语言只能限制儿童语言发展，剥夺儿童说话的机会及自由。如果课堂是主要用来鼓励聋哑学生交际，最好的办法是少用指令性语言。

第四节　自闭症儿童的语言发展

"自闭症儿童"（autistic children）是最早被坎那尔（Kanner，1943，1946）提出的一个术语，专用来指在社交、情绪及语言发展上有严重缺陷的儿童。尽管这类病人为数不多，但受到了大量学者及其他人的注意。这种病人往往对人、对社会毫无兴趣。他们通常避免与人交换眼神，而对无生命的玩具或物体则十分喜爱。例如，他们可以一连玩几个钟头的转轮或其他机动玩具。此外，他们要求周围环境必须保持原样，不可随意变动。所有这些生活方式最后形成惯例，绝不能轻易变动。如果环境稍有变化，日常惯例稍被打乱，都能招致自闭症儿童受惊不已。尽管这些儿童通常在智力测试中成绩低于正常儿童，但是偶尔也有"绝技"，其能力高于一般水平。这些技能通常比较单一，例如，画画儿、弹钢琴，或一字不落的背诵等，而其他方面则低于一般人。

　　自闭症儿童的语言及交际问题十分突出。在坎那尔（Kanner，1943，1946）调查的11个病历中，没有一个语言发展正常。3个是哑巴，其他几人语言发展很晚，其形式也与正常儿童不尽相同。虽然自闭症儿童的口齿一般都较清楚，但他们的语言往往是一些不符合上下文的背诵出的短语及句子。自闭症儿童的语言完全没有创造性，即使是自闭症儿童与自己表达的话语，通常也没有什么交际价值。

　　自闭症病人通常有四个特点，一是不能与他人交流，这里包括眼睛的交流等；二是周围环境必须保持原样，行为必须规律化，稍有变化即可导致儿童的精神失常；三是语言能力很差，这包括异常缓慢的语言发展，以及缺乏创造性的语言表达；四是这种类型的病症常在两岁半以前就可确诊。以上最后一条标准是用来区别自闭症病人与儿童精神分裂症这两种病症的关键。以前许多研究者曾认为自闭症病是精神分裂症的早期形式，但是最近的研究证明这两种病分属于两种不同的类型。自闭症通常在儿童早期就有，而精神分裂症则在稍后才出现。自闭症的发病率为千分之一到二。男女比例为四比一。

　　语言失常的程度往往是测定自闭症病症严重性的唯一标准。因此，在最近几十年中，自闭症儿童的语言发展受到很大的重视。下面我们分别讨论自闭症儿童语言失常的特点以及各种不同形式的语言训练效果。

一　自闭症儿童的语音、语法、语义及语用

语音发展

　　一般说来，多数自闭症儿童的语音都较清晰。但是到目前为止，对这种儿童的语音发展的系统研究仍然为数不多。巴托路奇等（Bartolucci et al.，1976）曾报告说，尽管自闭症儿童的语音发展较正常儿童差，但他们的语音错误非常类似。他们用了正常、语困症及自闭症三组儿童做实验。方法采用看图说字，即让受试儿童说出带有各种不同语音的词来。自闭症及弱智儿童犯的错误不但属于同类（例如，替代、省略、填

加等错误），而且错误频率也差不多。这两组儿童的错误大都集中在一些后期方能获得的语音上。

但这类儿童的语调获得则呈现出一个完全不同的情形。有很多非正式的随笔记录曾提到，尽管自闭症儿童的语言能让人听懂，但是这种语言往往缺乏日常生活中人们应用的语调及重音。包太斯（Baltaxe，1984）发现自闭症儿童较正常儿童更易犯重音错误。例如，"小孩在喝汽水"一句被人误说为"小孩在喝牛奶"，但事实上是汽水。在改正这一说法时，其重音应该是"汽水"。而自闭症儿童则将重音放在"小孩"上。通常语音、语调、重音不仅仅是用来表达句子的语法关系，而且也表达说话人的感觉及情绪，而自闭症儿童恰恰缺乏这一方面的表达能力及发展。这一事实也正说明自闭症儿童是精神受扰而引起的。

　语法发展

近几十年来，一些研究者对自闭症、语困症与正常儿童进行了对比分析，结论大致为自闭症儿童的语法发展较其他儿童缓慢，但过程很相似。其中皮尔斯及巴托洛其（Pierce and Bartolucci，1977）曾试图观察自闭症儿童的语法特点。方法是通过比较三组智力年龄相同的自闭症、弱智及正常儿童。自闭症语言发展最终只能达到语困症儿童6岁、正常儿童3岁半的水平。但是自闭症儿童的语言结构与其他两组儿童差别不大。由此可见，自闭症儿童的语言结构虽然发展缓慢，但仍像正常儿童的发展那样是有规律的。

研究自闭症儿童的语法结构的最大障碍是这些儿童语言中的重复性。这种重复性可以分两种，一种为"即时性重复"，即儿童听到句子后马上一字一字地重复。另一种为"延续性重复"，即儿童可能重复以前听到过的词与句，例如，电视中听到的一句话。通常自闭症儿童的这两种话语重复所出现的场合均不合体。例如，一位老师发现一个自闭症儿童常大声说："那土豆烧焦了！"以便得到大人的注意。该儿童的大人曾指出这一句话第一次说出时的场合是正确的，但该儿童并没有理解全句的意义，而只是把句子当作引起注意的表示。

自闭症儿童的重复往往是以自我为中心，重复的话并没有具体的针对性，其目的也不是为了与他人交流。但是，也有研究证实自闭症儿童运用重复表达思想。Kanner（1943）发现一个5岁的自闭症儿童常常在无上下文情况下说："别把狗从阳台上扔下去"。后来才知道，这句话是在三年前当孩子的全家住在一家旅馆时其父母告诉他的话，让他不要把一个玩具狗扔下去。这种复杂的句子很明显被儿童作为一个单位理解表示"不"或"不行"的意思。以上两种现象对研究自闭症儿童的句法发展造成很大障碍。当这类儿童能在特定环境中用较为复杂的句子表达时，很难确定这是灵活运用语法规则的产物，还是一个未加分析的整体单位机械地在某种场合的运用。费等（Fay et al.，1982）曾建议自闭症儿童的记忆能力是区分两者的有效标准。

为什么自闭症儿童总是重复词句？这是不是说明这种类型的重复是一种语言发展的初级形式？如果真是如此，正常儿童是否也经历这种过程。很多研究事实证明，正常儿童也确有此种现象，但重复程度没有那么高。这类重复是语言发展的初级阶段，那么随着儿童语言能力的提高发展，这种现象理应越来越少。

希皮若等（Shapiro et al.，1970）发现简单呆板的重复占两岁正常儿童的6%，但到了3—4岁，只占1%—2%。对自闭症儿童，4岁半时仍占14%。这说明自闭症儿童的重复是语言发展缓慢的一个标志。这一观点后来又被何林（Howlin）证实。她发现重复现象也随儿童表达能力的提高而减少。如果自闭症儿童的平均句长为5，其重复语言占18%。但是如果平均句长高于5，重复语言的比例也降到8%。如果有这方面的长期观察实验数据将会更有说服力。

语义发展

泰格—福拉斯伯格（Tager-Flusberg，1981）认为自闭症儿童的语义较语法及语音发展不同，这方面的发展较正常儿童低得多。雷顿及贝克（Layton and Baker，1981）跟踪观察了一个自闭症儿童并将数据与正常儿童做了比较。结果发现尽管大多数的语义关系出现时的平均句长相同。但自闭症儿童对语义关系的应用较正常儿童要有限得多。此外，语义关系出现的顺序也与正常儿童不尽相同。泰格—福拉斯伯格还发现自闭症儿童很少利用语义关系来理解语言。例如，"女孩给婴孩喂饭"，"婴孩给女孩喂饭"，这两句话，自闭症儿童很难运用两个句子的语义特点分辨出意义差别及语义错误。虽然自闭症儿童在语义方面远不如正常儿童或弱读儿童，有趣的是他们的分辨语序的能力则超过其他两组。

语用发展

从以上讨论推理，自闭症儿童应该在语用发展方面问题最大，因为语用能力与社会交际联系最紧。最近有一些研究比较了自闭症儿童与弱读儿童的语用能力，一致认为自闭症儿童的语用能力一般较语言困难儿童差得多。还有一些研究比较了自闭症、正常儿童及语困症儿童，发现自闭症儿童通常对语言以及交际没有兴趣。巴泰克等（Bartak et al.，1975）曾指出自闭症儿童很少自发地与别人交谈，他们谈话时也很少运用手势。

此外，Baltaxe 等（1977）还对自闭症儿童在睡觉前的自言自语进行了观察，并将结果与正常儿童的同样实验进行了比较。正常儿童躺在床上睡觉之前，常常要跟一个想象中的人进行交谈，通常正常儿童自己扮演两个角色（说话人与听话人）。但在我向型儿童的自言自语中则很少有这种角色替换的现象。Baltaxe 等进而又对五个我向型青少年的面谈记录进行了分析，发现了三种类型的语用问题：1. 不能区分说话者与听话者之间的关系及作用；2. 不能正确使用对话规则表示客气；3. 不能区分新旧信息以致错用不同人称代词。例如，一个儿童曾说："我们告诉我的父母我要好好待在家里，可是我觉得你太大了不应该待在家中，我们觉得你应该离开家。"从这几句话中可知说话的儿童不能区分父母与孩子在会话中的关系及作用，因而出现代词混用：用"我"代替正确代词"他们"。除了混淆交际对象以外，自闭症儿童还常常将他们语言中的"我"与"你"混淆。这些儿童在烧伤自己时说"你受伤了"，在提议自己要去散步时说："你要去散步。"（de Villiers and de Villiers，1978）此外，代词"他"与"她"也常与"你"混淆。这种代词混用现象，一方面是因为自闭症儿童常常做无上下文的重复，一方面也是由于这类儿童没有能力分辨会话中的各种角色及功能。

另外值得一提的一个实验是赫提格等（Hurtig et al.，1982）对自闭症儿童的疑问句语用功能的观察。赫提格等指出对自闭症儿童缺乏交际能力记载甚多，多数认为这种现象是由于他们对社交往来毫无兴趣以致试图逃避而引起。经实验证实，这种解释不完全符合事实。赫提格等认为自闭症儿童的基本语言能力发展远远迟于正常儿童的发展导致了交际能力的缺乏。为了进一步证实这一推论，赫提格等让五个自闭症儿童与成人分别进行对话。成人在对话中有意将回答分为系统的三类。有的回答十分简单，有的较为全面，也有的是将回答变为反问。这几种回答在不同程度上限制或诱导受试儿童的反应。简单回答把问题又交回受试儿童，全面的回答提供新的信息使对话得以继续进行下去，而反问则是一种引导儿童思维的方式。实验发现，受试儿童对这三类回答的反应正确率分别为 53%，73%，以及 92%。这一结果与坎特维尔（Cantwell，1978）的报告相符。这一结果告诉我们自闭症儿童在对话中主动引导话题的能力及方式都十分有限，对问题的反应更是牵涉很多语用因素。因此，语用能力缺乏的现象也更为突出。如果我们再看一下正常儿童的会话能力发展，即可知道，正常儿童要到 6 岁或 7 岁方能在会话中做出选择，而且保持话题的进行，而这一年龄的自闭症儿童的语言发展仅相当于正常儿童 2 岁到 3 岁的水平。由此可见，自闭症儿童没有正常的交际能力是整个语言系统发展缓慢的结果。

二　治疗方法

至目前为止，研究者们与教育家们主要运用两种方法教自闭症儿童学习语言：一种是调整行为法，一种是手语法。我们下面分别讨论这两种方法，顺便再提一下一些正在出现的新方法。

调整行为法

这一方法源于语言训练中的条件反射理论。该方法强调语言行为是一种后天学会的行为，因此教授语言须采用模仿，物质鼓励，以及随时纠正的方法。洛瓦斯（Lovass，1977）曾推行了一套以调整行为法为基础的教学方法教自闭症儿童学习语言，最初是语音模仿，之后是物体、人物在具体环境中的辨认区别。这一阶段重点练习运用代词、介词以及时间概念。再下一步则是完整句，这一阶段问题较多，因为很难分辨儿童所表达的整句是对语言规则理解的结果还是整句背诵的结果。这一教学法的最后一个阶段是教儿童如何自发地运用语言与他人正常交际。

任何语言训练的最终目的都应该是让学习者能应用语言规则表达思想及事物，这就是说儿童能够自发地将语言规则应用到新的、适合的词与句子上。从行为主义理论来看，这一能力与反应规律有关。每一个反应都可通过训练建立与其他反应相关的规律性。例如，动词都有相应的过去式。因此，行为主义的训练方法是一种有效的语言训练方法。70年代的几个采用行为调整法的专门学校均证实这一方法在教授自闭症儿童学习词素及转换规则时较为有效（Wheeler, et al., 1970；Stevens-Long, et al., 1974；Stevens-Long, et al., 1976）。

值得提醒的是行为调整法仅对某些自闭症儿童的语言奏效，而对另一些则效果不大。霍林（Howlin, 1979）调查了70个包括125个自闭症儿童的研究例案，发现治疗前儿童的年龄及语言能力是影响训练成功与否的重要因素之一。能自我重复的儿童通常较仅能说单字或只字不说的儿童的治疗效果要显著得多。尽管多数认为对自闭症儿童的语言治疗应该越早越好，但具体案例应该具体对待。对于具有自我重复能力的自闭症儿童越早治疗越好，而且治疗后的效果的确较明显。而对没有语言能力的儿童来说，治疗效果并不明显，仅有25%的这类儿童能够在治疗之后的交际中自然运用所学的词与句。

综上所述，行为调整法对自闭症儿童语言应用的作用仍有待于进一步证实。霍林指出，这一方法虽然对自闭症儿童的语言能力的提高作用十分有限，但至少可以促使儿童运用他们现有的语言能力。此外，这一"促使"只能是用在有一定语言能力的我向型儿童身上，而对只能说单字或只字不说的儿童则毫不起作用。

手语法

既然行为调整法对一些自闭症儿童的语言不起作用，继而有人提出采用手语法或手语口语相结合来治疗这些儿童的语言缺陷。此外，一些研究还证实我向型儿童多数在听觉能力方面不如视觉与触觉能力。

具有代表意义的研究是邦维廉及那尔逊（Bonvillian and Nelson, 1976）的实验。他们在实验中教一个5岁的自闭症儿童学习美式手语，每天半个钟头。教学采用两种方法，一种是给儿童一个手势，然后让其模仿。第二种是老师说一个字同时再用手势表达一次。6个月以后，这一儿童学会了56种手势，而且可以自然动用。这一儿童的大多数句子均为两个词结合的手势，相当于正常儿童的双词阶段语言。

邦维廉等（1981）检查了20个运用手语及口语的治疗研究，发现这些儿童掌握手势的能力较口语能力强。在有些研究中，一些儿童曾参加过口语治疗，但一无所获，参加手语治疗后则能用手语交流。还有一例是受试儿童在手语治疗中毫无效果，但后来到了口语治疗时则进步很快。由此可知，手语法或口语治疗的效果因人而异。学习手语的自闭症儿童一般来说语言能力较低，只有40%的儿童能具备一般的表达能力。

新的治疗方法的出现

尽管前面提到的两种治疗方法各有不同，但其目的都局限于词与语法之上，而不是广义的语言运用。从人类语言的交际角度来看，这一目的仅属于语言的最基本层次，其他方面均被忽略。由于以上原因，前两种方法的成功率也很低。为了弥补这一缺陷，最近有人采用语用突出法，将语言训练放在社交上下文与语用场合中，突出强调语言的日常应用，为实现后者，有些人尽力避免治疗医院的不自然性，让专职人员训练自闭症儿童的父母，再由父母在自然的家庭环境中教儿童说话。至于这种方法是否有效，现在评论仍为时太早。但有一点可以肯定，自闭症语言尽管较正常儿童缓慢得多，但与正常语言发展没有质的区别。因此，让自闭症儿童多接触自然语言环境只有好处没有坏处。

第五节　语困症儿童的语言发展

前面我们讨论过，如果因大脑受损而患失语症，通常儿童较青少年或成人容易恢复其语言。相反，如果是生就而来的语言障碍，专用英语术语为"dysphasia"，（语言困难症或语困症）则是语言从一生下来就没有得到发展，当然更谈不到恢复。这种病症的出现频率在儿童中为千分之一（Stevenson and Richman，1976）。语困症通常并没有严重的大脑受伤痕迹，而且病人的其他感觉、认知以及情绪发展均属正常。此外，语困症儿童的非语言智力测验、视力、听力以及运用手势及用图画与人交流的能力均属正常范围。最令人不解的就在于这些儿童尽管在多方面正常发展，但在语言上则停滞不前。因此，对语困症儿童的研究无论从理论上还是实际上都具有重要的意义。从实际意义来看，由于语困症儿童的非语言智力高于语言智力（这一点与弱智儿童完全不一样），因而治疗方法也应相应改变为运用非声音表达形式的语言，例如手语。这种治疗方法为研究者提供了重要的机会比较各种方法对各种病症儿童语言发展的效果。从理论意义上看，语困症的研究可以使我们进一步认识语言发展、认知发展和与外界环境因素的关系。我们知道认知能力及外界因素是影响儿童语言发展的原因之一。语言理论家们曾试图从认知发展、语言环境对儿童语言的作用解释儿童语言，但是至今任何一个流派都未能拿出充足的证据来证实某一因素更为重要。因此，理论学家们开始转向对语困症的研究。这一研究能为我们提供正常认知发展情况下的语言失常证据。如果这一过程确实属实，它将证实几十年来人们一直争论不休的问题，即语言到底是认知系统之一还是认知系统之外的独立系统。

　　下面我们分别讨论语困症儿童的语言发展，以及语困症语言发展对语言习得研究的提示。

一　语困症儿童的语言发展过程

语音发展

　　语困症儿童通常的语音发展相当缓慢，但其早期过程似乎与正常儿童相似。他们也犯与正常儿童类似的语音错误，例如，音节省略（西红柿为红红或柿柿），音节重复（馒头为馒馒），音节重合（姥姥为 na-onao 三声）。语困症儿童的语音过程虽然与正常儿童一样，但是其发展速度要缓慢得多，有的甚至晚几年以上。此外，列昂那多等（Leonard et al.，1980）进一步指出，以上音位错误的功能与正常儿童基本一样。对正常儿童来说，语音重合或省略的作用是为了避免复杂的语音或多音节词。列昂那多等从调查数据上证实语困症儿童的语音错误也具有同样的功能。现在不能确定的是语困症儿童是否最终能发展出正常的语音系统。有些实验证实语困症儿童的语音体系与正常儿童的体系大致一样，但是年龄要差得多。此外，多数与正常儿童相似的语音错误在双词及多重词阶段开始出现，而且这些错误一直要延续到五字及六字句才能消失，而在正常儿童的语音中只停留很短暂的时间。列昂那多（1982）得出结论，语困症儿童可以跟正常儿童那样开始他们的语言过程，但这一过程比正常儿童要延续得长得多。

语法发展

　　语困症儿童的语法发展研究多数基于这些儿童的语言表达数据，而不是语言理解数据。大多数的研究是把正常儿童与语困症儿童的自然会话记录下来，比较两者之间的相同与不同。在这种方法论指导下，盟尼克（Menyuk，1964）发现正常儿童的复杂句要比同龄的语困症儿童多。此外，语困症儿童也很少用关系从句或连接句子的连词。盟尼克还观察了1—3岁正常儿童与3岁语困症儿童的语言行为。3岁的语困症儿童的语言从未赶上过正常儿童。此外，两组儿童的语言似乎没有什么相同之处，而更多的是不同之处。盟尼克得出结论说这两组儿童的语言有着质的区别。黎（Lee，1966）的实验结果也证实了这一点。

　　莫汉得及英格瑞姆（Morehead and lngram，1973）比较了正常儿童与语困症儿童在不同年龄，但是具有相同平均句长（MLU）时的语言发展。这种应用平均句长为基本标准使研究者在语言的同一水平上比较语言发展标志着语言研究方法论的提高。研究发现两组受试儿童在初级语言阶段发展很相似，到了中高级阶段，他们之间的语言结构有很大的区别。这就说明，语困症儿童可能与正常儿童在同一发育阶段，但是他们的语言发展则可以完全不同。除此而外，实验数据还进一步证实了早期发育与后期发育阶段在速度上有差异：即随着正常儿童与语困症儿童的年龄增大，他们之间的语言差别也越大。

　　研究语困症儿童的实验为数不多，其中值得一提的是盟尼克等（1972）的实验，他们分别给正常儿童与语困症儿童各种不同类型的句子，然后再让受试儿童复述出来。句子类型包括肯定句、祈使句、否定句及问句。每一句只包含3—5个词。实验发现语困症儿童往往不受句子长短的影响，但受句子类型变化的影响。多数语困症受试儿童对重复否定句有困难，例如"I can't go home."（我不能回家。）有的省略"can"使句子变为"I no go"，有的则没有将能愿动词与否定词倒置而形成"I no can go"。列昂那多（1972）还发现尽管语困症儿童与正常儿童的句型结构类似，但是运用某种句子种类的频率却大有差别。类似成人的结构常可在正常儿童语言中找到，而一些较简单的结构则在语困症儿童语言中经常发现。

语义发展

　　对于语困症儿童的语义发展研究，目前为数不多，有代表性的是列昂那多等（1976，1978）及盟尼克等（1972）的研究。相对而言，语困症儿童与正常儿童的语义关系发展没有什么太大差异，因为这两组儿童一般都将句子按施事、受事、动作等划分开。两者之间的唯一区别是语言发展过程与语义关系应用之间的关系。语困症儿童往往较正常儿童更多使用表达初级语义关系的词与句子。

对于语困症儿童的词汇发展记录甚少。从仅有的几例可知，语困症儿童词汇增长很慢。词汇错误分析也表明两组儿童的词汇获得没有质的区别。例如，维克斯（Weeks，1975）发现一个语困症儿童发明了"brooming"（用扫帚扫地）的动词，这在正常儿童中也十分常见，并被称之为"规则扩大使用"。例如，"comb"（梳子），"hammer"（锤子）都被当动词使用。

语用发展

最近一些专家对语困症儿童的交际能力进行了研究，并得出结论，语困症儿童的语用发展较为迟缓但并无缺陷。史奈德尔（Synder，1976）比较了语困与正常儿童在单词期的发展。结果发现，尽管两组儿童在词汇发展上很类似，但是正常儿童较常用语言手段表达祈使或要求，而语困症儿童则运用环境中的新事物或手势进行交际（例如有人进屋来，新玩具等）。还有一些研究用同样的方法对年龄较大的两组儿童进行了观察（Skarakis et al.，1982；Rowan et al.，1983），并发现两组儿童较类似。例如，一个实验对平均句长分别为3.6和5.7的两组儿童进行测验，发现语言水平发展到3.6和5.7的两组儿童均能用语言手段表达新信息。语困儿童似乎与正常儿童一样能够理解区分语用关系，例如新、旧信息等，但表达这些语用关系则要等稍后才行。

还有一些研究对语困症儿童的会话能力做了分析。华森（Watson，1977，见 Leon ard，1982）发现这些儿童能够与他们的父母进行一般对话。但是对话方式往往是肯定或否定对方说的话，而很少主动添加新信息。费等（Fey et al.，1981）曾分析了语困症儿童与其他儿童的对话。其中包括语困症儿童与相同年龄正常儿童的对话，或与相同语言水平的正常儿童的对话。结果发现，语困症儿童在对话中自觉根据会话人的语言水平调整对话，这种调整与正常儿童及成人一样。

总之，从以上研究可知，语困症儿童通常在语用层次上较其他层次容易得到发展，尽管在用语言表达上有一定的困难，他们对听话人的交际需要十分敏感。盖拉格尔（Gallagher et al.，1978）曾调查了语困症儿童如何在听话人理解有困难的情况下调整其语句，重点集中在受试儿童的调整成功率及频率上。在与受试儿童的一个小时的对话中，实验人员装作不理解并反问"什么"二十次。语困症受试儿童并没有重复所说过的话，而是像正常儿童那样重新调整其会话，但是其语法结构要比正常儿童简单些。由此可见，语困症儿童的语言问题在语法层次上而不在语用层次上。

二 语困症儿童的个人差异及语言环境作用

个人差异

前面我们所讨论的语困症儿童的语言特点很容易导致读者认为这些儿童的语言问题似乎大同小异。但事实上，正如许多研究者所指出的，语困症儿童的案例之间各不相同，差异很大。有的儿童只是语言发展稍为缓慢，有的则极为缓慢，还有的在应用语言形式上有问题。例如，有的人在语法方面没有发展，而有的是语音方面有困难。雷平（Rapin）等（1978）利用四个语困症儿童的个案特点很清楚地说明了这一观点。有一个 4 岁的语困症儿童说出的话在语音、语法及语义方面毫无问题，但常常不合上下文。另一个 5 岁的儿童可以同人交流超出其智力范围的话题，但由于其口齿不清而无法让人理解。还有一个男童做理解测验时毫无问题，但是做语言表达测验时却成绩很低。最后还有一个 9 岁的男童在表达、理解以及重复上都很有限。从上述情况可知语困症仅是一种用来指代语言有困难的儿童的名称或范畴。在这一名称下，儿童的病症及特点均不一定一致或相像。随着今后这方面研究的深入，希望研究者们能找出这些病症的共同之处，或将病症进一步分出次类别来。

语言环境的作用

一些研究对语困症儿童与正常儿童的语言环境进行了对比分析。例如，克拉姆立特等（Cramblitt et al.，1977）记录了父母跟语困症儿童以及跟同龄的表兄（正常儿童）的对话，他们发现对语困症孩子说的话往往简短，语法上较容易，而对正常儿童的会话则不然。另外，伍尔伯特（Wulbert，1975）发现大人与语困症儿童的对话往往是限制性或惩罚性的，而且也没有跟正常儿童的交替对话多。同时希格尔等（Siegel et al.，1979）还发现语困症儿童的母亲往往较其他母亲更易于控制与指挥他人。这些因素在某种程度上影响了儿童的语言发展。

　　还有的研究专门观察了语困症儿童跟其父母及其他不相识的成人的会话过程。以万·克里克（Van Kleeck）的研究为例，这一实验让陌生成人与不同理解能力的语困症儿童进行会话。结果发现，理解能力低的语困症儿童接受到更多的成人语言调整，例如会话中夹杂很多手势，或采用简短句子等，但是其他方面的语言调整均没有差别。

　　以上对语境方面的研究告诉我们母亲们对语困症儿童与正常儿童的谈话确有不同，这种不同之处也许进一步加重了语困症的病症。这方面的问题经训练可以加以调整。例如，怀特赫斯特等（Whitehurst et al.，1972）用一实例说明一个语困症儿童的母亲受训后调整了其说话方式，该儿童的语言发展随之也有了一定的提高。对于语境作用的进一步深入研究十分必要，可以使人们知道语境在语困症儿童的语言发展上到底起多大作用。

三　语困症儿童的认知能力的发展及生理因素

认知能力

　　尽管语困症的诊断大都基于一个事实，即多数语困症儿童的非语言智力均属正常。但认知能力在这一病症中的地位仍值得进一步深究。这是因为从整体上看，语困症儿童的非语言智力测验一般偏低于正常儿童。现在不清楚的是这种认知系统的轻微迟缓能不能影响语言发展，是不是还有第三个因素会影响语言发展。有人提出也可能语言能力的迟缓导致一定程度上的认知能力发展受影响（Benton，1978）。

　　塔拉尔等（Tallal et al.，1978）提出语困症儿童的听觉能力低可能是影响语言发展的因素。他们设计出一种仪器用来检查儿童对迅速闪过的实验材料的反应。在实验中，儿童经过受训学会如何使用与听觉材料相应的按钮。例如，如果他们听到一种声调，按左面的电钮，如果听到另一个则按右面的。这种设计旨在观察语困症儿童对系列感觉测试的反应。测验给儿童看两个以上的听觉刺激物，然后让儿童按顺序按钮。这样，受试儿童可以用非语言表示他们的感知反应。这一实验的结果是语困症儿童对按序快速放出的声调反应很慢。当两个音调之间的时间差为150毫秒时，受试的语困症儿童的成绩相当差，但是当时间差延长时，测试成绩就有所提高。这一实验的重要性在于语言声音都十分迅速，尤其是辅音速度较元音快得多。如果语困症儿童确因听觉较弱而影响其语言发展，那么辅音的发展应该比元音慢得多。从塔拉尔等的实验已证实了这一点，语困症儿童对辅音的反应比元音要差一些。

另一些研究人员对这一结果质疑很多（Rees，1973，1981；Cromer，1978；Leonard，1982）。他们的中心议题是听觉问题在语言发展中并不很关键。因此，塔拉尔等（1976）又对语困症儿童的辅音及元音模仿与正常儿童的做了比较。结果发现语困症儿童的元音模仿与正常儿童基本一致，但是对单辅音或辅音连缀的模仿则很差。此外，经过个案分析发现语言听力越差，模仿语言的成绩也越差。以此类推，听觉能力差在一定的程度上对语言的感知及表达有影响。

克罗莫尔（Cromer，1978）曾对聋哑儿童及语困症儿童的写作能力做了比较。这一实验的理论是如果语困症的主要问题正像聋哑儿童那样听力是主要障碍，那么这两组儿童都应在写作上也有困难。在实验中，受试儿童先看一个木偶戏，然后让他们把所看到的戏写出来。虽然两组儿童在一个句子中所用的词数相同，但是聋哑儿童的句子中语法结构则与语困症儿童不同。聋哑儿童的动词种类、转换规则以及语法范畴的运用都比语困症儿童多。这里值得一提的是，聋哑儿童的写作能力较正常儿童差。但是聋哑儿童的问题主要在拼读、动词时态以及语法词缀，而语困症儿童的问题则是语法结构，例如，他们没有用否定句，而且句子结构也较简单。克罗莫尔从实验中得出语困症儿童的语言问题在于缺乏应用语法的管辖关系的能力。

从以上讨论我们可以看出，一定的认知能力缺陷可能对某些语困症儿童的语言有影响，但对另一些儿童则影响不大。如果语困症儿童的语言困难集中在语音发展上，听觉能力的缺陷可能在其中起很大的作用。但如果语困症表现在语法上，儿童缺乏语素之间的语法观念则是关键。因此，语困症的种类繁多，用认知系统或其他某一方面去解释其语言困难是不可能的。

生理因素

从以前的讨论得知，成人的左脑受损可以导致语言紊乱。有很多研究者以此推出语困症也许有同样的生理基础。赞维尔（Zangwill，1962）曾指出用左手、左右手混用的儿童常常有语言障碍的问题。英格拉姆及瑞德（Ingram and Reid，1956，见 Zangwill，1978）发现71%的语困症儿童往往左右混用（这里包括手、眼、耳等）。这说明这些儿童的大脑并没有达到左右明确分开，这很可能导致语言障碍。

戴碧（Dalby，1975）调查了87个有语困症的儿童，发现有6个儿童的左脑后部、6个儿童的右脑、14个的左右脑均与正常人不同。同样，对比组的79个癫痫病儿童则也有左右脑分工不明确，6个左脑、5个右脑、6个左右脑均与正常人不同。阿诺等（Arnold et al.，1983）比较了语困症、自闭症以及正常儿童的双向听力测验，发现语困症儿童对爆破辅音具有左耳优越，这说明这些儿童多数用右脑处理语言，而其他两组则都是右耳优越。

从以上研究可以得知语困症与失语症很相似。我们知道左脑主要控制语言过程（多数是惯用右手的人），例如，正常的语音及语法处理，而右脑则负责一些词汇理解及模仿功能。此外，左脑受损往往影响人的表达能力，而不是理解能力。对语困症儿童来说，他们的语音及语法障碍似乎要比语义及语用大得多，但表达及理解方面的差异则尚有待于研究者去探讨。

这里值得提醒的是对于失语症及语困症的相似性应该小心引用。失语症是已发展完善的语言机能受损而引起，而语困症则是在正常情况下没有发展出来。另外失语症的语言障碍可由病前病后分析得出具体细节，而且其认知系统也通常为完美无缺，因此，病人可以用一些认知能力方面的策略调节语言。以上这些优势均在语困症儿童身上找不到。但无论怎样，从以上讨论我们可以知道，一些语困症儿童的语言障碍也许与其生理因素有关，而且大都是语音及语法方面，而不是语义及语用方面的困难。总之，类似视觉、情绪、认知等方面的因素是正常与非正常儿童的语言发展的重要条件之一。因此，对于语困症儿童的语言障碍研究须放在与以上因素有关的上下文中去研究，而不应孤立地去研究。

第五章　第二语言发展研究

第一节　概述

　　第二语言获得牵涉到许多错综复杂的因素，是一个复杂的心理过程。首先，第二语言获得不是一成不变的，并可预见的心理现象。每一个语言学习者的第二语言学习历程都不同，方法也各有特色。因此，分析探讨第二语言的复杂性以及特殊性是第二语言研究的重要课题之一。其次，第二语言获得与第一语言不尽相同。第二语言获得研究是第一语言获得完成后的其他语言学习。因此，第二语言获得的研究不但采用许多第一语言获得的方法论，而且力图比较第一与第二语言获得的区别与联系。第三，第二语言获得与外语获得同属一个范畴。第二语言获得研究是一种广义的概念，其中包括自然语言获得以及正式语言学习。但是到目前为止，人们仍不清楚这两种获得途径的异同。第四，第二语言获得应涉及获得第二语言的各个层次及方面。但是，事实上，这一研究重心一直集中在语法及语义上。例如，对第二语言获得的句法一直集中在否定句、疑问句以及语素等上，很少涉及对语音、语义、话语等方面的研究。近几年来，后几方面的研究日趋增多，并且更注意交际能力的获得。

　　从以上讨论得知，第二语言研究是指一种有意识或无意识的学习一种外语或第二语言的心理过程。这一过程包括语言的各个方面，也反映了诸多可变及不变因素。第二语言获得旨在描写学习者的语言能力，而学习者的语言能力只有通过学习者的语言应用方能观察得到。在这一章中，我们重点讨论几个问题。第一，第二语言获得的心理语言特点；第二，第二语言获得的神经语言特点；第三，第二语言获得的研究成果。

第二节　第二语言获得的心理性

从心理语言学的角度看，第二语言获得的心理实验研究主要分为两种。一种是对语言处理过程的研究（Processing studies），一种是获得研究（acquisition studies）。前者旨在描述第二语言使用者的内在的心理机能。这些机能使得语言使用者能够理解并表达其母语以外的第二语言。后者旨在研究第二语言使用者如何获得第二语言。这两个研究领域既有其个性又有共性，既有联系又有区别。一方面，我们知道，语言获得是建立在能够处理所学到的语言结构及材料的基础上的；另一方面，语言处理及操作并不是完全为了获得语言而进行的。因此，第二语言学习者的语言处理能力并不一定与语言获得有直接的关系。例如，我们可以研究第二语言学习者的交际策略。而这些交际策略本身是一个很有意义的语言处理过程研究，但并不一定反映获得过程中的语言处理程度。

无论一个人获得第一语言还是第二语言，他的目标语都不可能是一日之功，而是多年积累的结果。但是如前几节讨论所提到的，儿童语言获得与成人第二语言获得既有联系又有区别。在这一节中，我们重点从心理语言学的角度讨论以下三个第二语言获得问题。第一，第二语言学习者如何获得第二语言？这一过程牵涉哪些心理因素。第二，已有的语言知识，例如，第一语言在第二语言获得过程中起什么作用。第二，一个成功的第二语言使用者具有哪些心理特征，学习者之中有好与坏之分吗？

一　第二语言学习者获得语言的过程

第二语言学习者所表达的各种类型的第二语言常被研究者们称为"过渡语言"（transitional competence）（Corder，1967）"近似语言"（approximative system）（Nemser，1971），或"中间语言"（interlanguage）（Selinker，1972）。以上每一种说法都在一定程度上概括了第二语言系统的某一侧面。柯多尔（Corder）的所谓"过渡语言"强调第二语言学习者的语言系统是处于一个不断变化的、上下浮动的动态过程。每当新的第二语言的信息加入到语言系统中，语言调整就不可避免。这种具有活力的、动态的获得过程，后来被研究者们证实十分难以用科学的方法验证，尤其是柯多尔所强调的"过渡"是在语言能力层次上的过渡。即使我们能收集到一大堆语言学习者的语料，它们能不能告诉我们哪些是已有的语言规则，而哪些又是过渡中的语言规则，仍然还是一个问题。

那姆瑟（Nemser）所采用的"近似语言"概念抓住了第二语言往往是一种不完善的语言这一特点。从这一点出发，那姆瑟指出第二语言学习者的学习过程如同一个由零开始到不断进步的过程（见表 5 - 1）。学习者从对第二语言一无所知开始，最后进步到具有母语使用者的水平。但是，这一概念并没有说明近似语言过程所需的时间，也没有解释学习者如何从某一点向另一点过渡。

表 5 - 1　　　　　　　　　**近似语言系统坐标**

a	b	C
毫无第二语言知识		具有母语使用者水平

从以上两个理论观点可知，第二个语言学习者的语言能力可以用几种方法进行解释。此外，第二语言学习者的语言应用材料也可在语言发展的 a 阶段、b 阶段或 c 阶段进行收集。这些不同阶段的语言数据可以进而反应学习者在该阶段所掌握的不同语言结构，进行了解学习者的语言能力进程。斯林克尔（Selinker）有关"中间语言"的论述出自题为"中间语言"的文章中。尽管"中间语言"的概念与"过渡"及"近似"语言理论有相似之处，但也有其独到之处；这一理论力图说明第二语言获得所发展出的语言体系既不是完全基于学习者的第一语言，也不完全基于第二语言。斯林克尔声称"中间语言"是一种特殊的语言体系，一种在第二语言环境下产生的语言规则系统。在描述中间语言过程中，斯林克尔指出以下五个程序是中间语言产生的基础：

第一，母语的影响。学习者母语中的语法规则转移到第二语言中，并用来表达思想。

第二，语言训练的影响。指学习者在第二语言课堂上由于过分强调某一结构而引起的规则转移。

第三，第二语言学习者学习策略的影响。

第四，第二语言学习者交际策略的影响。

第五，第二语言材料所引起的规则扩大化使用。

斯林克尔提出这五个过程存在于晚期心理结构中。这一结构可以在人类语言关键期（12岁左右）后通过学习第二种语言开发出来。除此而外，他还提出一个很重要的第二语言获得概念，即第二语言结构的"化石化"（fossilization）。这一概念概括了第二语言学习中一个普遍现象，即学习者无论被改正多少次均会重复一个错误形式直到语言水平到达相当高的程度。

很明显，斯林克尔的理论与乔姆斯基的传统理论相符，他们都力图根据一些可观察到的语言数据来描述语言学习者可能采用的心理过程。此外，斯林克尔的理论不但与前面提到的柯多尔以及那姆瑟的理论相一致，而且把这一理论进一步发展到解释的高度。他指出，过渡语言也好，近似语言或中间语言也好，都是由第二语言学习者创造出的一种系统，有些语言形式尽管给予大量纠正或反馈，都将以其特有的错误形式留在第二语言使用者的语言表达中。

与此同时，斯林克尔的理论也提出了一些严肃的第二语言获得研究的理论问题，至今仍被研究者们争论不休。这些问题包括：第一，第二语言获得包括哪些具体的心理过程？第二，这些心理过程是否同样重要？第三，斯林克尔所提出的五个过程是否个个经得起心理实验的验证？它们是不是都是不可缺少的心理过程？第四，所有这些过程是否都能影响第二语言获得的过程？第五，语言"化石化"是不是具有实际的心理意义。

事实上，斯林克尔提出的五个过程不一定同等重要，而且也并不能都被认为是一种心理过程。例如，有三种过程：母语转移，训练影响，以及规则扩大使用均可归纳为一种广义的规律。它们之间的区别仅仅在于规则扩大的来源不同罢了。这种广义的规则本身就是一种假设的检验。现在，在认知科学界，大多数研究者们都同意语言获得的过程是一种假设检验过程。这一过程包括五个步骤：第一步，鉴别目标语言的特点并观察目标语言与母语的形式上的联系与区别；第二步，根据观察到的特点对目标语形成一个假设；第三步，通过表达句子或聆听例句检验假设；第四步，收集对假设的反馈；第五步，根据反馈，决定是否继续接受这一假设还是放弃这一假设。

　　第二语言的反馈可以以几种形式出现：被人纠正，被听话人理解，以及语言中的各种暗示。这些反馈可以导致学习者保持自己对目标语的假设，或改变这一假设。人们在学习第二语言时往往年龄不同，而且学习环境也有所不同。因此，第二语言获得须限制在一般的人类获得知识的能力范围内。尽管学习语言与学习开车、打球、辨认脸面不尽相同，但语言获得在某种程度上与其他形式上的学习具有相同之处，这也就是前面我们提到的对假设的检验。

　　在广义意义上的学习领域，人们可以区别两种学习。一种要求对所学的东西进行有意义的应用；而另一种则要求对所学的东西进行接近下意识的应用。打字属于第二种学习，而语言学习是前一种，要求高层次的决策。尽管有时是下意识的，但是一种有意义的学习过程，因为这里包括表达思想，表达符合语境上下文的正确语言形式。

　　阿素伯尔（Ausubel, 1968）曾提出一种处理有意义的学习过程的构想。这一理论概括了一些斯林克尔及其他研究者提出的问题。阿素伯尔提出一切有意义的学习要求将已学会的知识与新材料联系起来。但是学习新东西的问题并不在于把旧知识与新知识联系起来以便保持这一知识。阿素伯尔所提出的问题是这种新获得的知识与已获得的知识联系在一起后又有哪些现象发生，新知识是否能保持其独到之处；新知识在获得后是否能与初学时一样；这一新知识变成已存在的知识后是知识的次系统还是扩大系统。

　　这里广义的获得理论可以应用到第二语言获得研究理论以及其他问题上。阿素伯尔提出一旦一种假设得到验证，并得到肯定的结果，就会自动被归入大脑中已存在的概念构架中，归纳方式决定新获的知识可以以原有的形式提取出来，或者在组合新知识到已有知识的过程中消失。例如，在学习第二语言时，学习者会尽力将新的第二语言的概念与已知的语言知识联系起来。在联系的过程中，他们会假设第一与第二语言之间的相同之处与不同之处。在这一过程中，学习者会尽力将这一新知识归入已有的第一语言知识中。正如一位同学在描述自己的感觉时所说的：当我看到英语句子中的问句时，我发现中文中也有同样的句型，所以我就用中文中的规则表达英文中的句子。所以我就说"＊I don't know how does he do this. "（我不知道他是如何做的。）这一段自白说明学习者所表达的句子有时可以追溯回第一语言，有时则不能。

　　这里值得注意的是阿素伯尔的理论不但解释了语言转移是如何完成的，而且还解释了（Selinker）理论中的第五种语言处理过程：即第二语言内的规则扩大化使用是由于第二语言的规则与第一语言不尽相同，作为新的规则而归入第一语言系统中。在遇到同类问题时，学习者自然扩大使用已学会的规则，导致错误出现。例如，英文中的一般现在时用动词原形，但是单数第三人称则要加"s"。在第二语言学习者中，无论其第一语言属于何种语言，单数第三人称不加"s"是一个常见错误。按照阿素伯尔的解释，第三人称单数的规则被归到非词尾变化的一般现在时规则中，而没有加上"s"，这一现象是由于学习者做出错误的假设而造成的。

二　第一语言在第二语言获得过程中的作用

　　第一或第二语言包括哪些语言知识？这一问题是语言获得研究的一个中心问题。很明显我们定义语言知识的方法将直接影响我们描述获得这一语言能力的过程。在这一节中，我们主要讨论三种不同历史时期的第二语言获得理论。这三种理论围绕第一语言在第二语言中的位置作出了不同的解释。

　　对比分析理论

　　第二语言获得的研究在很大程度上受到语言学界及心理学界理论变化与趋势的影响。20世纪50年代以前，语言学界的理论受到发展心理学理论的影响，之后语言学界的理论又促动了心理学界对语言知识及语言获得的认识及看法。例如，早期心理学界的主流是行为主义理论。反映在结构主义上，语言被认为是一系列条件限制下的习惯行为。反映在第二语言获得理论上，即是一种克服第一语言所形成的习惯行为以及用第二语言取而代之的过程。行为主义的第二语言理论认为当学习一种第二语言时，第一语言所建立的一系列习惯行为会干扰第二语言，即新的语言行为的建立。对比分析理论（contrastive analysis）即是这一时期的产物。这一理论强调比较各种语言的语音、词汇及语法，进而找出母语与目标语之间相对应的结构的相同点与不同点来。对比分析理论认为两种语言之间的不同点才是语言获得真正的难点，因为不同点代表了两种不同的行为习惯。语言之间的相同点则起积极作用，因为第一语言的结构可以转借到第二语言进行交际。但是，实验证明这种推测并不一定能完全概括第二语言学习的过程。例如，西班牙文和英文中的形容词与所修饰的名词位置不尽相同，西班牙文是名词＋形容词，而英文则是形容词＋名词，但是实验证明，无论是西班牙学生学英文还是英文学生学西班牙文，他们均在这种结构上没有错误。此外，对比分析理论还推测，两种语言在语音上的不同点是学习者的最难点。但是实验证明，事实上，结构上既接近，但又不完全相同的结构对学习者是最困难的。对于这一点，阿素伯尔的理论也曾提到。

尽管所有的研究者们都承认第一语言在第二语言获得中起了一定的作用。但是第一语言到底在第二语言中具体起多重要的作用则一直是研究者们争议的中心。到了 70 年代，由于行为主义及结构主义的衰落，认知科学的兴起，以及转换生成语法的出现，对比分析理论受到质疑，第一语言在第二语言的作用也受到重新检查。

创造性结构理论

杜勒及伯特（Dulay and Burt）在 20 世纪 70 年代对儿童获得第二语言进行了一系列实验。他们发现来自不同语言背景的儿童往往不依赖他们的第一语言对第二语言进行推理假设。相反，这些儿童在语言发展的不同阶段应用了不同的普遍语法（Universal Grammar）。在研究中，他们测试了几组 6—8 岁的中国及西班牙儿童学习英文的过程。方法采用自然表达法，即让受试儿童用英文（第二语言）表达规定的一些事项，之后按照实验标准将错误结构标出，并分类进行分析。实验集中检验了受试儿童的 11 种语法词缀，例如，现在进行时、名词复数、不规则动词过去式、所有格等。这些语法结构之所以被用来进行测验是因为这些结构与前面我们讨论过的 Brown 的儿童句法获得结构相对应（见第四章第三、四节）。

Dulay 与 Burt（1974）的贡献除了在于他们检查了第一语言在第二语言中的作用以外，还在于他们将一种新的方法论引进了第二语言获得研究。这一方法论后被公认是语言获得独特的方法论之一。在实验中，Dulay 及 Burt 用横断面上得出数据推出纵向观察的结果。这一实验测试了大量被试以便得出纵向常规模式。Dulay 等得出结论说采用不同语言背景的学习者测试几种目标结构虽然是一种分组实验的方法，但只要实验设计周密，同样可以得出采用长期观察方法得出的结论。从 70 年代末到现在，这一方法论引起了很多争议，尤其在对实验的结果的解释上更是众说不一。

继 Dulay 等的实验后，倍利、麦登及克拉辛（Bailey，Madden and krashen，1974）采用同样的方法对成人第二语言学习者进行了测试，并得出相应的结果：即无论学习者来自哪个语种，他们获得语法词缀的次序都是基本相同的。这一系列实验的结果似乎告诉我们学习第二语言并没有第一语言的结构干扰，而是学习者对第二语言结构的创造性应用。后来，有人将这一理论称为"创造性结构"（creative construction）。这一理论声称第二语言获得主要由人脑中的普遍认知系统所控制。尽管学习者先前的语言背景有所不同，但它们不能决定第二语言的获得进程，而只有普遍认知系统才是决定第二语言成功与否的关键。这一提法的实验根据是尽管学习者的年龄不同（有的是儿童，有的是成人），语言背景也不同，但是学习者的结构获得顺序相同，而错误的本质也基本类似。

当然，这些实验结果仍然存在许多问题，还有许多因素没有考虑进去。例如，学习语言的环境、实验设计等因素。在大多数的第二语言实验中，检验学习者的语言表达的错误是实验的中心，但是也有可能学习者在学习语言中发现第二语言的某些结构与第一语言是相对立的。在这种情况下，学习者在此时的选择不可能只是一种，而是有几种，其中一种可能是避免运用这种使学习者心中无数的结构，还有一种可能是采用其他已掌握了的结构以达到同样的交际目的，谢克特尔（Schacter）是第一个注意到这一可能性的研究者。谢克特尔（1974）注意到实验中语言结构的种类可改变实验结果，使第一语言的因素变为一个主要因素。谢克特尔对四组不同语言的第二语言被试进行了测试，母语背景分别是阿拉伯语、波斯语、中文及日文，测试的结构是英文中的关系子句。谢克特尔发现，从语言结构的角度看，波斯语及阿拉伯语的关系子句跟英文一样，都是在中心词之后，而中文及日文的关系子句则在中心词之前。如果按照对比分析理论来推测，前两个语种的学习者的错误应该比后两个语种的学习者少。但事实上，实验结果恰恰相反，中文及日文学生的关系子句错误比波斯语及阿拉伯语的学生少得多。进一步的错误分析还证实，中文及日文学生之所在关系子句上错误较少，并不是因为他们掌握该结构较其他学生早，而是因为采用"回避"策略（avoidance strategy），即凡是在母语中不存在的结构，尽量减少使用，因而错误也相应减少了。此外，伯考（Bertkau，1974）还发现日语学生对英文关系子句的理解远低于西班牙文学生。由此可见，学习者的第一语言在第二语言获得中肯定起了作用，但并不一定是对比分析所预见的错误类型罢了。换句话说，语言学习者不一定总是采用将母语的规则"转移"到第二语言上的方式，有时他们也采用回避策略而避免用母语中不存在的结构。还有一种可能是第一第二语言之间的区别造成一些语言限制，这些语言限制只是在一定语言条件下方能解除。总之，谢克特尔指出第二语言获得所采用的这种回避策略是省略错误的一种，是由第一语言与第二语言的差别所引起的。在讨论第一语言在第二语言中的作用时，这一策略必须考虑进去。

克莱曼（Kleinmann，1977）也对第二语言学习者的回避策略进行了实验调查。他的结论是回避策略不一定总是由于缺乏对第二语言结构的知识而导致，其他因素也起了一定的作用。例如，学习者的紧张程度，学习态度，以及第一语言都可导致回避策略。如同谢克特尔一样，他也认为创造性结构理论过分强调了普遍语法及第二语言自身的作用，因而忽略了第一语言的作用。

共同语法理论

最近几年，第二语言获得研究的一个很有意义、又很有潜力的发展是这一领域又转回到语言比较法以期解释第二语言获得中的一些发展现象。但是这些新发展并不是简单地返回到以前的对比分析理论，而是一种由语言学理论变化引起的一种新的实验方向、内容及目标。更有意义的是，以前许多第二语言学习者认为语言学理论无法应用到第二语言获得上来，而现在很多人认为新的语言学理论为这一研究提供了强有力的工具。

乔姆斯基在1981年发表了管辖理论（the theory of government and binding）。这一理论强调所有的人类都受到人类生理特点的限制。人类语言是每个在世的人与生俱来的能力。在人的语言能力范围内，有的能力（或规则）是全人类共有的，有的则不然。全人类共有的能力或规则被称为"共同语法"（universal grammar）。共同语法又包括一系列语言的限制规则或参数（parameter）。不同的语言限定的语言参数也不同，因而产生出各种具有自己特色的语言。

从这一理论出发，乔姆斯基认为第一语言学习者的任务并不完全是建立各种语言假设，而是发现所学语言与普遍语法的不同之处。这样，儿童的语言获得任务就简单得多，因为这些规则早已在儿童的语言器官中存在，只要接触语言即可建立不同的语言参数，继而引发出不同的语言来。当第一语言属于语言规则或参数中的某一种，例如，形容词在前或在后的问题，宾语在动词前与动词后等。儿童会根据自己所接触到的语言做出选择，这时获得任务就相对简单得多。总之，这一新理论强调儿童获得语言的过程就是限定自己母语参数的过程。

这一新的理论对研究第二语言获得的心理过程也提出了一套独特的解释。按照这一理论，第二语言获得是在已有的语言参数基础上的获得另一种可能与现有参数相同或不同的语言。这种获得过程应该是相当复杂的，因为两种语言在同一平面出现。所以要想区别第一语言、第二语言以及普遍语法的具体作用也就十分困难。这一新的第二语言获得理论的另一个提示是人们在学习第二语言时并没有经历以前人们所提出的假设检验过程，因为学习者在语言学习过程中的"反面证据"（negative evidence）并不充分，不足以使学习者推翻错误假设而建立正确假设。新的理论认为普遍语法所规定的限制及规则与生俱来，在第二语言学习中仍然起作用，学习者非受这一规则限制不可。

与此同时，这一理论也并不排除假设检验理论的必要性。

三　影响第二语言获得的外在因素

以上几节我们讨论了第二语言获得过程中的语言因素。我们知道要想获得一种语言，必须对新的语言做出假设，然后在运用中进行检验。这些假设可以来自学习者已有的第一语言，也可能来自正在不断发展的第二语言。总之，学习者从不同的渠道抽象出第二语言的规则来。这些知识来源只是在广义上属于语言学，在其他意义上是属于社会语言学及其他层次。例如，采用何种语体，正式还是非正式，不仅与语言形式有关，而且也与不同社会场合下的语言功能有关。

语言是用来进行社会交流的。学习者的感觉、态度、动机等因素会影响学习者的进步及掌握程度。学习者的个性也会影响他/她对第二语言材料的处理。从表5－2可以看出，对语言的接触决定了语言的假设，反过来学习者的个性、态度、动机等又与假设相互作用，最后转换为真正的语言知识。因此，学习者的各种心理及外界条件决定了语言输入在多大程度上可以转为语言知识→用来建立第二语言系统的语言材料。

表5－2　　　　各种心理、社会因素与第二语言获得的关系

语言输入	学习者的心理特点	语言知识
指学习者所接触的语言	学习者个性的认知能力，学习者的学习方法、态度、动机等。	学习者应用语言材料对第二语言做出的假设。学习者学习第二语言的速度及程度。

什么因素导致成功的第二语言学习者，什么导致失败者？对于这个问题，很多学者进行了研究。这里关键的问题是为什么会在学习者之中有好坏之分。如果每个学习者都采用假设检验这一基本获得策略，为什么在学习第二语言中出现有人能成功，而有人则不能。尽管有很多研究文献讨论成功学习者的特点，但很少实验表明具备某些特点一定会导致成功的语言获得。这里的一个关键问题是如何定义"成功的学习者"。语言水平考试的高分算不算成功？自如地在正确的场合运用语言算不算成功？在目标语社会中自如地生活算不算成功？还有，有的人在语言课上的成绩很高，但在实际生活中却不能交际。

罗宾（Rubin，1975，1981）、奈曼等（Naiman et al.，1975）曾指出一系列成功的第二语言学习者的策略及活动。这一研究指出如果学习者可以将这些成功者的各种特点学会（例如，学习方法，学习材料等），失败者就可以变成成功者。那么，什么是成功者的特点？罗宾（1975）指出一个成功的学习者具有强烈的交际的要求，愿意在人前露"丑"，能够在含糊不清中挣扎。彼伯（Beebe，1983）在此基础上又扩大到冒险个性。她把冒险个性分为两种：一种是适度冒险，一种是高度冒险。

彼伯的研究指出适度冒险者的语言学习成功率一般局限在猜测准确度上，而高度冒险者则在语言总体获得上成功率高。另一种解释认为由于高度冒险者较有机会在不同的场合下运用语言，因此能发展出与语言结构准确度无关的其他社交能力。

赛力吉（Seliger，1983）发现在课堂上主动交谈，主动表达自己想法的高度冒险学生往往愿意与第二语言的当地人交往，也更主动与当地人对话，但这类学生的语言正确度不一定比其他学生高。赛力吉指出这些高度冒险的学生虽然有很多错误，但他们的错误一般是基于第二语言的规则扩大错误，很少是第一语言转换错误。赛力吉得出结论说，高度冒险者的语言发展似乎较低度冒险者快一些，因为前者是在第二语言基础上获得，而后者则仍停留在第一语言基础上。

苏曼（Schuman，1975）认为第二语言学习者的各种个人因素也是影响获得成功与否的重要因素。他认为个人的学习语言态度、动机、个性等，都可能影响语言获得的发展。但是将个人因素加入第二语言获得的最完整、最富野心的理论还不是苏曼的理论，而是 Krashen 的控制调节论（monitor theory）（1978，1981，1982），这一理论在第二语言获得研究及教学领域中引起了很大的反响。

控制调节理论由几个复杂的理论部分组成，其目的是想解释第二语言获得中常出现的正式课堂教学与非课堂教学产生的两种常常令人不解的学习效果。例如，正式课堂训练出的学生往往只能在某种条件下具备一定的语言能力。一般说来正式课堂训练出的学生写作能力强于说话能力。同样，应付语言考试的能力较应付实际社交的能力强。

为了解释这一语言获得上的现象，Krashen 提出了一个所谓调节理论模式。他首先指出"学习"（learning）和"获得"（acquisition）是两个截然不同的定义。Krashen 认为正式课堂学会的与自然获得的语言具有质的差别。课堂学到的语言知识与自然获得的知识可以从学习者的语言行为中鉴别出来。Krashen 指出学习到的语法知识与自然获得到的语法知识是分别保存在学习者大脑的两个部分。只有在以下三种条件下，学习者才能从大脑中提取学习到的或者说课堂上学到的语法知识。

1. 学习者须有足够的时间思考以便提取存在调节系统中的语法知识。

2. 学习者的注意力集中在语言形式上而不是语言内容上。

3. 学习者须掌握具体的语法规则。

在以上三种条件都满足的情况下，学习者仍然可以或不必应用调节系统来调整他/她的所要表达的第二语言材料。表 5－3 是用图的形式说明 Krashen 的调节理论。

表 5－3　　　　　　　苏曼的第二语言获得调节理论

$$获得 \xrightarrow{\text{学习（控制系统）}} 实际语言表达$$

这一理论模式并不能解释所有的问题。比方说，如果三个条件都已满足，但学习者的语言仍然有错误出现。为了解释这一现象，Krashen 又将调节功能进行了再分类。他提出根据使用调节系统的方法可将学习者分为三种，一是超量使用者，二是适量使用者，三是缺量使用者。有的学习者常表现出犹豫，过分精确，这往往是由于过分依赖调节系统，而另一种学习者常常能讲出一套语法规则来，但在实际语言中却错误层出不穷，这种现象被 Krashen 认为是缺乏应用调节系统的结果。

Krashen 的获得理论难以解释的另一个问题是如果将语言知识分为自然条件下下意识获得的知识和正式课堂上有意识获得的知识，我们能不能把这两种知识视为同一事物的两个不同形式？换句话说，理解或知道教学语法中的某一规则是不是等于有能力提取这一规则并能正确运用这一规则呢？例如，一个人可以利用课堂上学会的知识说出被动式规则，他是不是就同时具备了在课堂以外的场合下正确应用被动式的能力呢？很明显，两者并不见得是相辅相成的。这也就是 Krashen 调节理论的重要弱点：即这一理论过分依赖课堂教授的语言规则的作用。尽管教学语法在许多方面起作用，但很难说这些规则就是母语使用者所采用的语言规则。

1982 年以来，Krashen 将他的理论又进一步扩大到语言输入种类。所谓语言输入是指学习者在课堂上所接触到的第二语言的质与量。这一理论变为调节论的一部分，被称为"语言输入假设"（input hypothesis）。这一理论强调学习者现有的语法知识可以通过语言输入过渡到一个新的发展阶段。这里所说的语言输入并不是学习者已知的语言刺激材料，而是稍稍超过学习者语法水平的语言输入。此外，Krashen 还指出语言输入假设理论只限于应用自然获得的规则，而不是正式课堂上学到的规则。

这一理论本身有如下几个问题。首先，既然自然"获得"到的规则较课堂学习到的规则重要，很难解释为什么在接受同样的语言输入情况下，各人的语言应用能力仍然不同。这里学习者均在调节系统下处理语言，因此，超量或缺量使用的概念是不能应用在获得语法上的，进而也不能解释学习者所表现出的语言使用差别。其次，输入理论无法解释学习者如何自然地获得语言规则，这一过程到底是如何完成的。

我们知道学习者在同样的课堂上学习语言，获得同样数量的有效语言输入（这里指适度超出学习者语言水平的语言输入），但往往学习者之间的语言水平差距不但有，而且有时相当大。Krashen 是如何解释这一问题的呢？根据调节理论，语言及认知系统发展结束后的成人可以发展出一个外在因素过滤系统。这一系统决定多少语言输入可以进入语言获得系统。所有的外界语言输入都须从过滤系统过滤，通过的部分可以留在获得系统，其余则被排除。这一理论的问题较多，而且令人费解。首先，外在因素影响第二语言获得的提法早已被其他研究者提出多次，并不是什么新理论；第二，既然调节系统在自然获得中并不起作用，为什么须将外在因素过滤系统加入到调节系统中，这两者似乎风马牛不相及；第三，外在因素，如态度、动机及其他个性因素到底起什么作用以致能阻止语言输入进入语言获得系统，这一点非常令人费解。我们早就知道学习态度不端正的，对目标语文化有看法的学习者往往学不好语言。但是，给这一现象贴上名称标签并没有让我们了解这些外在因素如何妨碍或辅助语言获得。总之，外在因素的存在并不是讨论的焦点，而如何在获得过程中起作用则是真正要解释的问题。

由输入理论导出的另一个问题是新的语言知识最后如何到达发展中的语法系统中。尽管我们可以很逻辑地推出学习者必须接触一定数量的语言输入（language input）方能学会语言，但是很少有人能说清这一语言输入的内涵到底是什么？输入理论认为最理想的语言输入是稍稍超过学习者现有语言水平的输入，用 Krashen 的话讲是"i + l"。这种输入可以使学习者延伸其语言能力并透发出协助理解语言的语境线索。另一个与以上问题相关的问题是学习者如何利用语言输入而建立一个新的语法系统，尤其是不涉及任何语义的语法结构。例如，在一个学习者的初级阶段如何意识到音位中的同型异类体，以及语法中的第三人称复数规则。这些规则都与语义联系不大。因此，很难想象这些规则是如何从语言输入中抽象出来。由此可见，Krashen 所谓的语言输入假设只说出了语言能力与输入有关系，但并没有解释一个根本的问题，即从语言输入到语言能力这一过程是如何发生的。

以上讨论的语言调节理论与前面提到的成功学习者理论有一定的联系。罗宾（Robin，1981）指出成功的学习者往往有强烈的与人交际的动机。但是有这一强烈的交际动机并不与人的调节修整语言能力相关。有的人在交际过程注意信息传达，因而忽略语法的正确性。这些人大都知道正确的语法规则，但并不费心经过调整系统去修改自己的语言。因此他们认为语法的正确与否是次要的，只要他们能够流畅地交际，他们的错误不会阻碍交际，语言调整是没有必要的。这种对错误的容忍度也许在某种意义上是在与听话者协商后的结果。使用母语的听话者能容忍的错误越多，第二语言学习者就越少注意自己语言当中的语法规则。

综上所述，我们讨论了第二语言获得的心理学研究的三个方面：1. 第二语言知识是如何获得的；2. 第一语言在第二语言中的作用；3. 外在因素如何影响第二语言的获得过程。这三个问题并不是第二语言特有的研究课题，而是获得理论的普遍课题。很清楚，人们对第二语言获得的研究仅仅是开端而已，有很多问题仍然是谜，还有待于其他方式的测试去进行再检验、再探讨。

第三节　第二语言获得的神经语言学特征

第二语言的神经语言学及心理学研究旨在研究获得使用两种语言的人的大脑。在第三章中我们讨论了单语使用者的大脑与语言功能的关系。在这一节中我们重点讨论第二语言获得中的神经心理过程。这里包括三个问题。第一，第二语言在人类大脑中的位置；第二，语言种类差异在大脑中的反映；第三，第二语言获得的关键期假设。

一　第二语言在大脑中的位置

最初有关双语失语症的研究曾提出，人的两种语言或几种语言都在大脑的同一位置。这一结果是根据一些双语使用者的失语症病历得出的。在有些报告中，有人指出，大脑刚一受损时，两种语言的受损程度是不相一致的。一种语言也许较另一种受损更为严重。还有一些研究报告说双语失语症的一种语言往往不如另一种语言恢复得快，也不如另一种好（Paradis，1977）。为了解释这些结果，曾有很多假设提出。最出名的当属于瑞伯特（Ribot，1977）（参看 Paradis，1977）。根据瑞伯特的理论，从婴儿时期就学会的语言往往较易存入记忆系统，因而也较易抵抗由大脑受损引起的语言损失，而后期所学的语言在这两方面都较困难些。这一理论被称为"前次效益"（primacy effect）。这一理论的核心是：与第二语言相比，第一语言在大脑受伤后的受损程度低，而且恢复速度快，效果也好。彼特瑞（Pitres）也曾提出了与瑞伯特相类似的假设理论。他认为病人在大脑受伤之前最熟悉的语言很少受损，即使受损也最易完全恢复。另外，这两个因素与语言获得的先后毫无关系。这两种理论均有其不足之处。第一，人们很难区分最熟悉的语言与首先获得的语言的差别，因为首先获得的语言往往就是最熟悉的语言；第二，在失语症的实验研究中很少有数据支持瑞伯特或彼特瑞的理论。

还有的研究者认为，双语使用者的失语症研究似乎证明双语使用者的两种语言系统并不在大脑的一个部位，而在两个不同的部位。20 世纪 60 年代，有许多学者就提出第一语言坐落在左半脑，而第二语言坐落在右半脑。这一结果解释了为什么一种语言的受损程度及恢复程度与另一种不一样，为什么右脑受伤时，第二语言往往受到破坏，而左脑受伤时，第一语言则受到破坏（Vildomec，1963）。采用失语症的治疗病历试图证明这一理论具有很多问题。最重要的一点是，很难说清楚个案观察的失语症病人在双语使用者中有多大的代表性，因为在杂志上发表的许多个案观察多数是由于案例本身很特殊，也很有意义。此外，双语的失语症患者的语言在大脑中的分布也许与正常的双语使用者根本不同。因此，很难将这些个案病例结果扩大应用到正常双语使用者身上。由于以上原因，系统精确的、以正常大脑并以两种语言使用者为基础的研究变得十分重要。

早期的致力双语使用者的语言系统研究者往往只注重研究第二语言在大脑中的位置：左半脑还是右半脑。但是这种看法未免过分简单化，而且不符合当今大脑功能分工的看法。在第三章中，我们曾讨论到语言中心之所以在左半脑，并不一定是由输入左脑的信息决定，很可能是由大脑的处理方式所决定，左脑适于关联性事物，右脑则适于整体性事物。此外，左右脑的分工也不是绝对的。左脑有时也可处理整体性信息，如音乐等。而右脑也可处理关联性信息，如语言。由于对大脑的认识的变化，很多研究者转向第二语言获得的研究。下面三个问题代表了研究的不同角度及层次：1. 第二语言获得的年龄；2. 第二语言所能达到的水平；3. 第二语言获得的方式。

第二语言获得的年龄

如果一个双语使用者同时获得了两种语言而不是先后获得两种语言，他/她的大脑结构也许会不同。这是因为第一语言与第二语言获得的成熟程度不同。从认知角度看，我们可以推断，如果两种语言的获得有先后顺序，在第一及第二语言的获得中会产生出不同的认知结构，这些结构反映认知发展过程中的变化。由于年龄而引起的认知结构组织差异可以用两种双语获得表明：一种叫同步双语获得，一种叫异步双语获得。这种提法最早是由温瑞希（Weinreich）提出的。这两种分类近年来又根据年龄分别而得出新的定义。同步双语是指两种语言共有的内在认知表象系统。同步双语通常指幼年同时或者几乎同时获得两种语言的人。相反，异步双语是指两种语言具有分别的认知表象系统，通常指成年人学会一种语言后再学另一种语言。

以上两个定义牵涉到神经、认知这两个因素，因而可以推出以下假设：第二语言的获得时间距第一语言获得越远，在右脑处理第二语言的可能性就越大。第二语言获得距第一语言越近，左脑处理第二语言的可能性就越大。换句话说，第二语言开始的越早，双语使用者的大脑分工结构就越接近单语使用者。第二语言开始的越晚，大脑分工结构就越不同于单语使用者。从实验研究看，至少有12个实验直接探讨年龄与大脑分工的关系。他们的研究方法各不相同，采用的语言也不一样，但目标都集中在语言处理所需的大脑分工。例如，杰尼西等（Genesee et al.，1978）调查了英法双语使用者在语言辨认测试中左右脑的反应。实验采用了前面提到的双耳分听测试，要求被试者分别用左耳或右耳听两种语言的单词，然后指出所听到的词是英文的还是法文的。此外，测试中，左右脑区的电流活动也同时记录下来，以便分析两半脑的电流活动差异。参加实验的被试分为两组，一组为早期双语者，一组为晚期双语者。早期双语者在婴儿或童年期开始获得第二语言（即12岁之前），晚期双语者则在12岁之后才开始获得第二语言。实验结果发现早期双语被试的左脑神经反应时间比右脑的要短，而晚期双语被试的右脑神经反应时间则短于左脑。杰尼西等将这一结果解释为早期双语使用者很可能利用左脑完成这一语言测试，而晚期双语者则用右脑完成。考提克（Kotik，1980）采用了同样的实验方法对波兰语—俄语双语使用者进行了测试，结果也发现后期双语使用者有右脑神经反应时快于左脑的趋势。

魏德（Vaid，1979）采用了斯楚测试（Stroop task）中的视听部分检验早期与晚期英法双语使用者的语言处理过程。在听觉测试中，被试者每听到一个词，马上说出该词的音高及意义。在实验所用词中，有的词的音高与意义同向，例如英语词"high"不但具有高的意思，而且属发声高的词。有的词则反向，例如英文词"low"，意思为"低"，但属于音高低的词。实验发现早期双语被试的反应结果与单语被试相同，而晚期双语被试的反应结果则与单语被试不同。实验还发现测试中单语及早期双语被试的左脑活动异常活跃，而后期双语被试的右脑较左脑活跃得多。

除以上提到的几种测试方法及结果外，还有的实验采用敲指法来观察第二语言使用时的两大脑活动。这一实验的理论依据是语言与敲指活动运用同一侧大脑。此外，语言也可以影响相反一侧大脑的敲指活动。例如，在敲指活动中，左手敲错的频率越高，用右脑处理语言的可能性就越大。从这一理论出发，苏斯曼等（Sussman et al.，1982）设计出一套敲指测试法。实验要求被试在做语言测试的同时尽快地用左手或右手指敲一下桌子。实验发现后期双语被试左右手使用频率与早期双语获得被试不尽相同。早期双语被试使用右手的频率较高，而后期双语被试左右手使用频率差不多。这一结果可以解释为两种双语使用者大脑分工的不同。海德、提特尔及司徒尔德（Hynd，Teeter and Steward，1980）使用那哇荷印第安语—英语的双语被试对此实验进行了重复，结果与苏斯曼类似。但是少瑞斯（Soares，1982）运用同样实验对葡萄牙语—英语的双语被试进行了测试，却没有发现以上提到的大脑两侧活动差异。

根据第二语言获得的年龄假设理论，两种语言同时获得的儿童往往具有与单语儿童相同的大脑分工结构：即左脑的语言活动较右脑活跃。对于这方面的研究，目前只有两个。一个实验与年龄假设相符，是由贝利斯（Bellisle，1975）主持设计的。贝利斯采用双耳分听测试让被试报告所听到的单词。结果表明正确的反应大多属于右耳听到的单词。他们还发现4岁的英法双语同步获得的儿童在处理第一语言与第二语言时，他们的左脑活动呈现相同模式。这一模式又与单语4岁儿童一样。之后斯达克等（Starck et al.，1977）也发现5—6岁的单语儿童及英—法—希伯来三语儿童在双耳分听测试中都有右耳优势的趋向，这说明被试的左脑极大地参与了语言处理。

与年龄假设相抵触的实验结果是 Soares 等（1981）的研究。Soares等报告说他们的实验发现后期双语与单语被试具有类似的大脑活动模式。这项研究也采用了双耳分听测试来看英文—西班牙文双语被试的反应准确度。结果发现在处理第二语言时后期双语被试的左脑活动多于处理第一语言处理时的活动。

总之，这一节所提到的实验研究大都证明早期双语的语言处理在左脑进行，而后期双语处理则更多地在右脑进行。当然也有一些结果与以上论点不符。值得注意的是也有的实验发现第一第二语言都可能用右脑处理语言。这一点似乎告诉我们早期与晚期双语采用同样的大脑过程，两者的区别仅仅在于早期双语的语言处理主要基于左脑，而后期则主要基于右脑，这些第二语言研究结果向人们提示用左脑处理语言还是用右脑是后期第二语言获得者的获得策略。这些获得策略的差异恰恰概括第一语言与第二语言获得过程的差别。

第二语言所能达到的水平

前面我们讨论的实验大都研究语言水平达到母语程度的双语被试，而另有些实验专注研究语言水平不同的双语被试。最近的第二语言心理语言实验证实第二语言学习者的语言技能及语言策略均与右脑的语言处

理能力相应。尤其应指出的是第二语言初学者的语言往往是套语常规
(Wong Fillmore, 1979), 他们的语言理解也常常依赖于实词而不是虚
词, 依赖于整个句子的语调而不是具体的语音, 以及依赖于信息的语用
意义而不是语法意义。由此可见, 所有以上提到的语言组成部分都认为
是右脑专门的技能 (Searleman, 1977; Zaidel, 1978)。第二语言学习
者的语言特点与右脑语言处理能力如此相吻合, 以致第二语言研究者提
出如下假设: 第二语言的右脑处理特点在语言水平低的双语使用者身上
较水平高的使用者更为突出 (Krashen and Galloway, 1978; Obler,
1977), 这一假设在第二语言获得领域被称为"阶段假设"。

对于阶段假设理论, 有相当数量的实验进行了检验, 也有相当一部
分证实了这一假设, 但这些实验结果均无在其他重复实验中得到相同结
果。例如, 麦特瑞 (Maitre, 1974) 对英语为本族语学习西班牙语的大
学生进行了双耳分听测试, 发现在第二语言处理中左脑的活动少于右
脑。卡劳维等 (Galloway et al., 1982) 采用与麦瑞特相同的方法进行了
实验, 但结果却相反。Obler 等 (1975) 的实验发现语言水平较低的英
文—西伯来文双语使用者在处理第一语言时使用左脑, 在处理第二语言
时使用右脑。这一结果在爱尔伯特等 (Albert et al., 1978) 的重复实验
中也没有得到证实。

史奈德曼等 (Schneiderman et al., 1980) 对语言水平较低的英法双
语学生进行了双耳分听测试, 发现被试在处理第一语言时使用左脑, 在
处理第二语言时, 两半脑的活动差异则很小。但是在这一测试中, 实验
者并没有测试单语使用者的大脑活动。因此, 很可能法文测试题掩盖了
语言处理中的差异。西维尔伯格 (Silverberg, 1979) 发现以希伯来语为
母语的学生学英语三到六年后出现了左脑向右脑的语言中心转移。但是
这一结果也许是由于使用语言的不同形式 (书写/口头语) 所致, 因为
被试的英文主要在学校使用, 而且主要用来阅读。很可能实验所发现的
右脑活动是学习阅读的结果而不是第二语言获得的结果。与此相应的是
西维尔伯格等发现用希伯来语为母语的人在学习阅读时有右脑活动。

其他有关实验并没有发现支持阶段假设的证据 (Gordon, 1980,
kershner et al., 1972)。相反, 这些研究发现在第二语言处理中, 语言
水平相当高的第二语言使用者使用右脑较多。从这一结果可知, 右脑的

第二语言处理功能可以持续到语言水平发展很高以后。到目前为止，阶段假设仍不能解释这一现象。

总之，阶段假设理论到目前为止还没有充分的实验证据证明其存在的可能性。

第二语言获得的方式

关于第二语言获得的方式，近几十年来有一些研究，结果认为自然获得语言大都在右脑进行，而课堂正式学习语言则大都在左脑进行。这一理论假设与单语儿童的大脑受损病历诊断相一致。单语儿童如果右脑受损，患失语症的可能性为 30%，而成人只有 10%（Zang-Will，1967）。由此可见，儿童处理语言的中心是右脑，而且这一阶段的语言获得往往是自然的，而不是课堂学习。左脑为中心的语言处理一直要到5 岁或 5 岁以后方能出现（Krashen，1974），这一时期的语言处理及认知处理逐渐变得形式化。

在第二语言获得研究文献中，Krashen（1977）曾提出区分"获得"与"学习"的区分。这两个定义也许与语言处理方式有关。课堂语言学习时所用的语言策略往往与左脑的关联型方式相呼应。自然获得语言时所用的语言策略则与右脑的整体处理方式相呼应。由此可以推测出如果第二语言是正式的课堂教学，左脑被用来处理第二语言的可能性也较大。这里须指出的是尽管右脑在婴儿期与非课堂语言获得中处理语言较多，但绝不会超过左脑。左脑永远是语言处理的主要中枢。有五个实验的研究结果可以证实这一假设。哈特耐特（Hartnett，1974）对采用推理法及演绎法学习西班牙文的英文学生进行了测试，发现用推理法学习的被试往往多用左脑来处理语言。相反，用演绎法学习第二语言的被试则往往多用右脑处理语言。哈特耐特的这一实验是采用眼动仪完成测试的。从被试的眼动方向（向左还是向右）可以推出左右脑在测试中的参与情况。考提克（Kotik，1975）曾对俄文—爱沙尼亚文的双语使用者进行了实验。被试的爱沙尼亚文为第二语言，是通过日常生活、自然交谈学会的语言。结果发现左右脑在语言处理上的活动频率一样。此外，右脑的活动较处理单语时多一些。相反，对爱沙尼亚文—俄文双语使用者的测试结果则不同。这一组被试的俄文是在学校学的语言。结果发现左脑是语言处理的主要中心。Carroll（1980）测试了英文—西班牙文的双语使用者，格登（Gordon，1980）测试了希伯来文—英文双语使用者，两组被试的第二语言都是在学校的环境下学习的，测试采用双耳分听。结果发现处理第二语言时较处理第一语言时使用左脑多。

以上讨论的研究均有不足之处。首先，自然获得与正式课堂学习的界限并不清楚。其次，所有的实验都将获得方式与语言教学的正式与非正式等同起来，与学习者的语言环境等同起来。但是，很清楚，以上几个因素不一定具有因果关系。

总之，总结现有的实验结果，其结论似乎说明一个论点：第二语言的学习方式及环境如果是非正式的自然交谈，右脑使用的可能性就较大些。

二　语言种类差异在第二语言获得中的作用

每种语言都有自己的独特之处。例如，许多语言的书写形式均不同。英文的书写形式与拼读形式比较有规律，而中文的书写与读音则差距较大。因此，有人提出读中文是一种文字的视觉处理，而读英文则是文字的语音处理。由此可以推出，中文与英文可能使用大脑的不同处理系统。

不同的语言要求不同的语言处理系统。这一论点的见证最早来自双语使用者的失语症病历研究。一些研究者报告说颞颥区的损伤往往引起某种语言的阅读与书写困难。这些语言往往是以语音为基础的（例如，英文），而不是以表意为基础的。而左脑的枕骨叶受损往往导致表意文字使用者的阅读与书写困难。这类因素被称为"语言特性效益"（language specific effects）。

这些效益并不只在双语使用者身上生效，而在单语使用者身上有同样结果。对于双语使用者的语言特性效益的神经心理研究具有特殊意义，因为两种不同类型的双语使用者在处理两种语言中采用不同的神经心理处理方式。换句话说，每种语言都涉及大脑的不同处理系统，如视觉或语音系统。下面我们将讨论对双语使用的语言特性效益的实验研究。共分三个部分：1. 语言的书写形式分类；2. 书写形式的走向（从左向右或从右向左）；3. 语言的模式（命题或非命题式）。

语言书写形式的分类

上面我们曾提到语言的书写形式决定了左脑受损后阅读与书写能力

是否受损。实验研究证实拼音文字的语言处理往往是通过左脑的分析排列系统完成，而表意文字的语言处理是通过右脑的整体空间处理系统完成（Vaid，1983）。到目前为止，实验研究人员尚未对两种书写形式在同一侧大脑进行处理的可能性进行研究。这是因为大多数的实验程序很难达到测试同侧大脑的处理过程。

一些研究者对精神完好的日语被试进行了测试，发现当处理日语的拼音文字时，被试使用左脑，当处理日语中的汉字时，被试使用了右脑（Endo，et al.，1978；Hatta，1977，1981；Hink et al.，1980），这些实验结果又得到长期观察实验的证实。长期实验由一些经过分脑手术的日本病人参加。Sugishita 及其同僚对其中一位病人进行了检查，发现该病人在读呈现在右脑的拼音文字时困难很大，而当表意文字（汉字）呈现在右脑时则一点困难都没有（Sugishita，et al.，1978）。同样，他们曾报告一个右手为惯用手的分脑病人。他用左手写拼音文字较困难而写汉字则没有问题。由此我们知道，有些实验证实不同的语言书写形式可能导致不同半脑的活动。

同时，另有一些实验证实以上实验得出的结论也许是由于测试方式而引起的，例如呈现条件，单字或双字的呈现都有可能影响病人的反应。因而，进一步对不同书写形式的认真研究是十分必要的（Hung and Tzeng，1981）。

语言书写形式的走向

许多研究发现从左向右书写的文字（英文）在右视野区迅速呈现时的反应较左视野区好。相反，从右向左书写的文字（希伯来文）在左视野区的呈现反应较好。一种解释认为，这种视野差异是由阅读习惯所致。使用从左向右书写的文字的人在阅读时也是从左向右扫描阅读。当一些词呈现在右定视区，阅读可以马上开始，因为字的开始正好也是定视的开始。如果这些词呈现在左定视区，阅读者须在阅读之前先将眼睛往左移到字的开始。同样，从右向左书写的文字在左视野区呈现阅读可以快一些，因为字的开始是正好在定视的开始，而在右视野区则须移动。这种多余的一步往往使阅读速度减慢。

还有一些研究者对以上现象提出了另一种解释。他们认为以上提到的左右视野优越性也许是与阅读者大脑的分工结构有关，即从左向右的书写形式连同其右视野的优越效益是不是能导致更多的左脑而不是右脑活动。由于视野信息在大脑中是交叉处理的（详细讨论见第三章），用视野效益解释大脑在处理信息时的作用是合理的。依此类推，读像英文这类从左向右的文字时会出现右视野优越，而读像希伯来文从右向左的文字时会出现左视野优越。

现在摆在研究者面前的问题是到底视野效益来自阅读习惯还是大脑分工结构的不同。如果是阅读习惯所致，这一效益只是外围视区扫描的习惯问题。如果是大脑分工结构，这一效益就牵涉到整个大脑神经系统。将这两种可能因素在实验中隔开的唯一办法是将两种语言在定视的任何一端自上而下呈现，而不是从左向右呈现。这种方法从理论上说可以最大限度地减少水平呈现时阅读习惯的作用。巴顿等（Barton et al., 1965）、卡兹尔等（Gaziel et al., 1978）用这一方法对双语及单语使用者进行了测试。这些被试所使用的语言走向均有不同。结果发现无论书写走向是左还是右，被试对两种语言都呈现右视野区优越。这说明左脑极大地参与了两种语言的处理过程。这一结论不但进一步论证了左脑为主要的语言中心，而且还指出在阅读不同语言走向时所出现的视野优越效益是由于外围视野扫描习惯所致，与大脑分工无关。

语言的模式

沃尔夫（Wolf）早在 20 世纪 50 年代就提出语言限制人的思维过程，特别是人对外界及社会的认识及活动。从这一角度出发，人们提出思维的两种不同方式：一种是非命题式，一种是命题式。非命题式语言往往拿印第安语的那哇荷以及荷比语为典型范例，这类语言的特点是整体性的、综合的思维方式。这一方法是基于说话者对外界的认知及作用而产生的，而命题式语言常常拿英文为例，其特点是分析的、抽象的思维方式，其作用是将说话者与外界环境割裂开来。罗杰斯等（Rogers et al., 1977）进一步提出类似英文语言的思维模式可能在左脑进行，而那哇荷语等的思维模式在右脑进行。这似乎与我们前面讨论的左右脑在功能上的区别相符：左脑适于关联型信息处理，而右脑则适于整体型信息处理。

与以上论点相一致的实验结果来自罗杰斯等（1977）的大脑电流活动研究，以及斯格特（Scott et al., 1979）的双耳分听测试。这两个实验均发现当处理那哇荷语与荷比语时，有大量的右脑活动出现，而处理英语时则不明显。这之后由 Carroll，（1980）、赫德等（Hynd et al.，1980）所做的重复实验并没取得同样的结果。此外，非命题与命题语言这两个概念本身定义就不清楚，因而由此而产生的论点也只能是含糊不清，来回兜圈。

总之，从以上实验结果可知语言的不同书写形式，不同的思维模式可能会导致一定的左右脑活动的不同。表音文字、命题语言往往与左脑的信息处理特点有关，而表意文字与非命题语言则与右脑的信息处理特点有关。从以上实验我们还得知双语使用者在使用不同书写形式，不同思维模式的语言时，其神经心理过程也有所不同。以上提到的实验结果并不能最终告诉我们语言形式及模式与大脑的真正关系，进一步的研究及实验，以及概念定义是揭示这个谜的关键。

三　第二语言获得的关键期假设

在以上几节中，我们讨论了第二语言获得中大脑分工结构及处理过程。在这一节中，我们重点讨论在神经心理系统发展过程中第二语言发展的一些重大变化。具体说，第二语言获得是否有一个神经心理系统所决定的关键期？过了这一关键期第二语言是不是就不可能获得，或困难很多？关于语言关键期的讨论，我们在第三章中已经提到（参看第三章）。这里我们不再重复语言关键期理论本身，但将重点放在这一假设能否解释第二语言获得的理论与实验。

语言关键期假设的理论问题

语言关键期的理论问题较多。第一，Lenneberg 的语言关键期假设也许是就第一语言而言的关键期，对第二语言根本无关。第二，失语症病历只能证明儿童能重新获得第一语言，这种语言在大脑受损之前是学过的，而对于第二语言则是获得一个新的语言系统。第三，成人失语症病人的第一语言能力并不代表大脑完好的成人。因此，并不能由此推出健康的成人不能成功获得第二语言的结论。

Lenneberg 的假设提出人类获得语言的关键期在左右脑分工形成后就完全结束了。这一理论并没有实验证实。事实上，新的实验结果证实左脑的语言处理功能在 5 岁就已出现（Krashen，1974），有的实验甚至提出一出生就已出现（Molfese 等，1979）。由此可见，大脑分工的完成并不一定可以用来解释语言关键期的终止。Lenneberg 的语言关键理论只注重两半脑之间的功能差异，而没有注意到在每个半脑内部都有逐步的语言功能固定化发展。例如，仅在左半脑内，就有布鲁卡区发展为语言表达区，维尼克区发展为语言理解区。这种半脑内部的发展变化在 Lenneberg 的语言关键理论中并没有受到注意，更没有得到解释。

事实上，人类大脑中的神经可塑性并不像语言关键理论陈述的那样突然发生，而是随着年龄的增长逐渐变化的过程，有的人可能在青春期之前，有的人可能在青春期之后完成。许多研究者认为讨论第二语言获得的敏感度（sensitivity）较关键期更为合适。根据这一理论，许多语言技能在发展的某一阶段较别的阶段更为容易，而有些语言技能，尽管不太容易，但要到语言关键期后方能获得。这种理论通常被称为是语言关键论的修正式，它强调在语言发展过程中不是只有一个关键期，而是多个关键期。事实上，Lenneberg 等也都承认第二语言在语言关键期过后也可以获得，但是难度相当大。

瓦尔希等（Walsh et al.，1981）提出了与大脑可塑性不同的一种理论。他们首先承认语言获得能力随年龄变化而变化反映了大脑神经处在不同的成熟阶段，同时又提出大脑中共分两种类型的神经，一种为微观神经（1ocal-ciruit），常在某一固定地区流动；一种为宏观神经（macroneurons）。宏观神经在发展过程中成熟较早，并为早期的语言获得发展铺垫基础，进而发展出语言的初级阶段的语言处理系统。相反，微观神经发展十分缓慢，甚至在人进入成年仍然可能在发展。就是这些发展缓慢的神经系统将在童年期后方能出现，它们的出现带来了语言高级阶段的处理系统。从一方面看，这一理论有其优点。首先，它与敏感度理论而不是关键期理论相一致；其次，这一理论将两半脑之间以及之内的变化均用微观与宏观神经系统的概念概括进一个理论中。但从另一方面看，他们的初级及高级阶段的语言处理概念既含糊又无实证。此外，这两种概念的区分使语言人为的向两极分化（高级，低级）。事实上，很多现象均证明，语言的发展是连续的、综合的发展。

<u>语言关键期的实验证据</u>

对语言关键期在第二语言获得发展中的作用有很多实验研究。人们

比较了成人与儿童、少年与儿童的第二语言获得结果，结论也不统一。为了讨论语言关键期与第二语言获得的关系，首先应该指出，语言关键期理论对第二语言获得规定了两个制约。第一，当人们年纪越大，第二语言学习就越困难。第二，取得像母语使用者那样的语言水平，尤其是语音上，是几乎不可能的。为了对关键期理论的真实性进行实验检验，杰尼西（Genesee，1981）、斯诺等（Snow et al.，1977）对年纪较大与年纪较轻的第二语言学习者的语言进行了水平测试，发现年纪大的学习者通常较年纪轻的学习者成绩高，这一结果不但对关键期的第一个制约提出了质疑，而且得出与关键期理论相冲突的结论。按照 Lenneberg 的推测，年纪越大，学习语言就应该越困难。但实验结果证明不但恰恰相反，而且还发现即使年纪小的学习者学习第二语言的时间较年纪大的长些，但不一定比年纪大的成绩突出。Genesee（1981）对在蒙特利尔英语法语混用学校的学生做了测试。被试均在八年级时接受语言测试，但学英语的时间有所不同。一组被试是从七年级开始上英语法语混用学校，另一组则在七年级以前就开始上英语法语混用学校。第一组的英语学习时间为 1400 个钟头，而第二组的英语学习时间为 5000 个钟头。实验结果发现两组被试的英语成绩基本相同。这一实验结果证实年龄稍大的较年龄稍小者在学习语言上更有效率，这种现象至少在获得初级阶段是较为突出的。这一结果在之后的实验中还被证实，无论在自然情景下还是在课堂上获得第二外语，年龄大的学习者总是较年龄小的学习者成绩好一些。尽管以上实验没有证实语言关键期理论，但也没有根据推翻这一理论。

为了检验语言关键期理论的第二个制约，第二语言获得界的研究者们进行了多种实验考察。Krashen 等（1982）对青春期前后的第二语言学习者的考试结果进行了分析。赛林格等（Seliger et al.，1975）的实验集中分析了自然环境下获得第二语言的测试成绩。艾希尔等（Asher et al.，1969）和奥亚马（Oyama，1976）对学习者的口音进行了考察。以上几个实验均利用新近来美的移民学生。结果发现移民时年龄越小，第二语言的水平测试成绩越高，口音越少，语言也越接近母语使用者。

还有一些研究者对青春期后学习者是否可以达到母语使用者的水平进行了考察。南费尔德等（Nenfeld et al.，1980）对语言关键期的语音获得可能性进行了系统调查。首先他们对 20 个英语为母语的第二语言学习者进行了 18 小时的强化日语、中文、爱斯基摩语音训练，之后由母语使用者分别给学习者打分。50％的学习者被划为具有母语使用者的口音。从以上类结果并不能不加分析的一概接受，因为这些实验设计并不是没有问题。例如，有些实验的第二语言获得被试并没有经过认真选择以排除其他因素的影响。还有，一些实验的被试人数过少，以致结果不具备代表性。

总而言之，我们讨论了第二语言获得的关键期假设的理论及实验问题。从理论角度出发，成人或少年由于大脑受损而不能恢复第一语言的事实并不能说明正常的第二语言学习者没有能力学会第二语言，两者之间不一定有逻辑关系。从实验结果看，对关键期假设缺乏两方面的证据。第一，是否第二语言学习者的年龄越大，第二语言获得的基本结构获得越有效，也越容易。第二，是否母语使用者的语音、语法及理解水平在青春期后是有可能实现的。

第六章　研究第二语言获得的
理论流派及模式

第一节　概述

关于第二语言的理论，近几年来层出不穷。有的讨论方法论、发展心理理论，有的则注重获得模式、共同规则。苏腾（Schouten，1979）曾提出："第二语言获得的理论模式太多，而均被不加分析地采用，这种现象很易使第二语言的研究僵化。"苏腾认为理论只能在大量的实验研究的基础上抽象出来。但也有人争辩理论应当先于实验，为实验提供信息，并指导实验假设的形成。无论哪种理论正确，第二语言获得早已先于一步发展出一系列的实验结果及理论模式。

在这一章中我们将逐一讨论这些第二语言获得的实验结果及理论模式。它们从不同的角度反映了第二语言所涉及的因素及特点。实验结果主要反应在语音、语法及语素获得上。理论模式分别为：1. 文化交流模式；2. 语言适应模式；3. 话语模式；4. 语言控制模式；5. 变量模式；6. 共同语法模式；7. 神经功能模式。

第二节　第二语言获得研究的成果

第二语言获得领域的建立最多也不过二十年。在很大的程度上，它在追随第一语言获得研究的理论模式，借用并修改第一语言获得研究的实验方法论。因此，第二语言获得的主要研究方法也不外乎两种：一种为自然观察法，一种为分组实验法。实验测试也常用以下几种：第一种叫有目标结构的交际测试（structured communication task）。这一测试检验第二语言学习者对某个具体的第二语言结构的掌握程度。例如，否定句或特殊疑问句结构。方法采用问答式。例如，主试：你去过中国吗？

被试：没有，我没去过。这里主要测试被试对否定词"没"或"不"的使用。这种测试方法常常用在分组实验中。第二种叫无目标结构交际测试（unstructured communication task）。这种测试采用主试与被试自然交谈，交谈并不集中在使用某种结构上。此方法常用在长期观察实验中收集某个或某几个在某一段时间内的语言数据。第三种叫语言结构处理测试。此方法采用不同的语言替换题，或填空题测试被试对某一语言结构的掌握。这一方法与第一种方法虽有共同之处，但又不尽相同。第一种测试是将结构与语境结合起来的测试，而第三种只集中测语法形式，其他语言因素均不考虑在内。为了对第二语言获得过程有一个完整的了解，我们不但有必要将自然观察法与分组试验研究的结果综合联系起来，而且还要了解各种测试之间的区别差异。除此以外，要采用多种语言实验以期找到第二语言的共同规律。在下面几节中，我们将综合讨论近几十年来第二语言获得研究在语音、语素、语义层次上的结果。

一　第二语言的语音发展

对于第二语言的语音获得目前已有很多实验研究。结果均发现儿童在第二语言的环境下获得该语言，很可能毫无外国口音，而成人在同样条件下获得同样语音，则往往始终甩不掉外国口音。尽管有的成人最终达到母语使用者的语音程度，但这种例子寥寥无几，几千人中仅几例。

很清楚，语音层次是学习者第一语言与第二语言相互作用的领域。有人提出如果第二语言中有些语音与第一语音相似，很可能学习者在初级阶段将第一语言的语音取代第二语言的语音。但是如果第一语言中不存在某些第二语言的语音，这些语音发展的模式则与母语学习者的方式很接近。尽管第二语言的语音获得在某些方面与第一语言接近，但在其他方面非常不同。第二语言学习者必须在初学阶段就发出相当复杂的语音结构，他们的语素也不像第一语言学习者那样局限在唇音，然后是舌音，然后是低元音的发展顺序上。

由于第一语言与第二语言在语音上的相互作用，学习者的语音错误有规律地反映了他们各自的母语的语音结构。例如，德语为母语的学生在说英语时常常将"I am sad"（我很悲伤）说成"I am sat"（我坐着）。这是因为他们将德语中最后一个辅音须为清音爆破音的规则应用在英文上。韩语学生常常会说他们看见了田野里的船（ship），事实上，他们指的是羊（sheep）。这是因为韩语中的元音与辅音结合只能产生短元音，而不能是长元音。学习者将这一规则应用在英文上因而产生了用"ship"代替"sheep"的错误。这些语音错误都是第二语言获得研究中常提到的所谓"干扰错误"，或"消极转移错误"，这两种概念均指第一语言的结构在第二语言上的错误应用。

以上列举的错误大多出现在第二语言获得的初级阶段。语音层次上的语音转移错误并不像语法与词素层次上的干扰错误容易克服。很多人来自不同的第一语言背景，在第二语言环境中生活多年，而且已经完全掌握了第二语言的语法与词汇，但第一语言的口音却永远跟随着他们。

二　第二语言语素的发展

在第二语言语素的发展方面，研究者们大都受到第一语言研究大师Brown长期观察实验的影响（详见第四章的讨论）。他们采用同样的方法论以及实验项目，以期回答在不同语言背景基础上第二语言获得是否具有与第一语言相同的语素获得顺序。由于年龄是实验中的关键因素，成人与儿童的语素获得实验是分别进行的。

儿童第二语言语素获得

表 6-1　　　　　　　　　　儿童第二语言的语素发展顺序

第一组	人称代词中的不同格	如　主格 he-宾格 him 主格 we-宾格 us
第二组	单数系词	单数助词
	如's/is（是）	（'s/is）（助动词）
	复数助词	进行时
	如 are（助词）	ing
	名词复数	
	如（-s）	
第三组	不规则过去式动词	条件助词
	如 went（去）	would
	所有格	复数
	's	es
	单数第三人称	
	-s	
第四组	完成体助词	过去分词
	have	en

　　Bailey 等（1974）通过长期观察实验与分组实验对一组来自不同语言背景的儿童获得英文进行了考察。被试的母语有阿富汗语、阿拉伯语、中文、希腊语、意大利语、日语、韩语、波斯语、西班牙语、泰语、土耳其语、越南语等二十二种语言。结果发现这些儿童尽管语言背景不同，在获得语素时遵循同一个顺序。这一发展顺序将英文中的语素分为四组，每组均有其固定的出现时间与顺序。表6-1是 Bailey 等发现的语素获得及顺序。这些顺序被认为是获得语素的不同阶段。

　　成人第二语言的语素获得

　　在研究成人第二语言中的语素获得时，研究者们观察了与儿童第二语言获得相同的词素发展以期调查成人是否与儿童一样，在获得英语语素时遵循同一个顺序。通过采用目标结构交际测试，布雷等（Dulay et al.）对来自十六种语言背景的学习者的十一个词素进行了测试。结果发现成人第二语言词素获得的顺序与儿童第二语言学习者的大致相似。表6-2是儿童与成人第二语言八个词素的获得顺序。尽管两组的年龄及语言背景不同，但获得顺序则相当接近。

表6-2　　　　　　儿童、成人第二语言中语素的获得顺序

	儿童第二语言学习者	成人第二语言学习者
第二组词素	复数（s）	进行时（ing）
	进行时（ing）	单数系词（′s/is）
	单数系词（′s/is）	复数（-s）
	单数助词（′s/is）	冠词（a, the）
	冠词（a, the）	单数助词（′s/is）
第三组词素	不规则过去式（went）	不规则过去式（went）
	第三人称单数（-s）	第三人称单数（-s）
	所有格（′s）	所有格（′s）

　　许多研究者对这一结论提出质疑。除了方法论上的问题外，有人还指出这些语素的顺序也许与它们在日常用语中的出现频率有很大的关系。但迄今为止，还没有人可以将这一论点用实验的方法进行检验。另一种理论解释是这些语素之所以遵循一定的顺序是由"交际强度"所决定的。所谓"交际强度"是指词素在交际中传达信息的能力。有的词素在理解交谈时起重要作用。因而交际强度高，所以获得的也早一些。例

如，英文的复数词缀-s 是最早学会的几个词素之一。这一词素代表复数，并在下面这句话中很重要："The girls came over"（女孩子们来了），如果没有"-s"，句子就变成"女孩子来了"，在英文中只指一个女孩子而不是多个。因此，复数词缀"-s"要比所有格"'s"获得早一些（例如，Mary's book）（玛丽的书）。这也许因为所有格有时可以从语序中推出什么属于谁，而不需要用专门的词素去表示。从这一点看语义上有重要意义的词素在获得顺序中通常排列在前面。

以上所举的理论解释并不能完全自圆其说，还有很多问题并没有得到解释。另外，还有许多研究者愿将这一相同语素发展顺序解释为共同语法对学习者的语言获得的作用，无论这一获得是第一语言还是第二语言，无论学习者是儿童还是成人。

三 第二语言的句法发展

除了在语音与语素方面的第二语言获得研究外，许多实验者还集中研究了第二语言的句法获得。下面我们只讨论对否定句与问句研究的成果。

否定句获得

无论第二语言学习者的母语背景是什么，研究者们发现学习者的英语否定句获得均经历四个阶段（Wode，1984）。这四个阶段可见表6-3。

表6-3　　　　　英语否定句的第二语言获得顺序

阶　段	否定句特点	例　句
第一阶段	否定词在句子之外	No your sitting here No happy
第二阶段	否定词进入句子之内："NO"出现在否定短语中。"Don't"也开始出现，但是一个未加分析的整体，他们并不知道"do"与"not"是两个单位。	I no can sing. She no come tomorrow. I don't can explain.
第三阶段	助动词开始出现，"No"与"not"与助动词与动词结合开始逐渐正确。	You not doing it. "I won't try."
第四阶段	否定句已完全掌握，助动词的用法可以持续正确。No+动词的句型开始消失。时态与人称一致也开始出现。	He doesn't know he won. I didn't feel it.

英语否定句的获得第一阶段常常是将否定词"no"（有时"not"）放在被否定的句子的前面，之后否定词进入句子中，并逐渐开始与其他助动词相结合。值得注意的是否定句获得的四个阶段并不见得符合每个语言学习者。在某种程度上，否定句的获得区别与学习者的母语有关。例如，西班牙文为母语的英语学习者往往在第一阶段停留的时间较长。这是因为西班牙文中有很多句子结构与第一阶段的结构相似。还有的第二语言学习者在第一阶段用"not"做否定词。

　　疑问句获得

　　疑问句的第二语言获得研究结果来自几个不同实验，内容包括一般疑问句与特殊疑问句获得。被试为儿童、青少年与成人，他们的母语也都不同（Rutherford，1982；Burt et al.，1980）。结果发现，尽管被试的年龄及语言背景有所不同，但在获得英文疑问句时均经历了五个阶段（见表6－4）。

表6－4　　　　　　　　　英语疑问句的第二语言获得顺序

阶　段	疑问句特点	例　句
第一阶段	采用句尾升调的肯定句。无主语与疑问词交换位置。有些特殊疑问句在这一阶段使用，但似乎都是以整体单位出现。	Mickey is sleeping?
第二阶段	真正的特殊疑问句开始出现，但助动词被省略，因而仍然主语与助动词交换位置。	What you study? What the time? What you doing?
第三阶段	助动词"is"、"are"及"was"开始出现，但与主语交换位置仍然时有时无。	Where is the women? Are you a teacher?
第四阶段	在特殊疑问句，动词"is"、"are"及"was"开始有规律地和主语交换位置。但助动词"do"、"are"仍在此阶段被省略。	What she is studying? Who are they? What he saw? Do you work in the school?
第五阶段	助动词"do"、"are"及"has"均已获得，主语助动词交换位置也基本完全正确。但是"do"在一般疑问句中仍然有错误。	Where do you live? When are you leaving? Do he see that?

我们在讨论第一语言获得时（见第四章）曾提到英文的特殊疑问句要求说话者完成两个程序。第一，将疑问词（什么、谁、为什么等）放在句首。第二，句子中的助动词与主语交换位置。在疑问句的获得第一阶段，学习者往往忽略前面提到的两个程序，只简单地在肯定句后加上升调而形成。从表6－4我们还可以看出，疑问句获得的过程是一个渐进过程，每个阶段都有相互重合之处。此外，不是所有的学习者都严格地遵循这一顺序，取决于学习者的母语。有的在第一阶段停留的时间较别人长些，有的则在同一阶段获得的结构有所不同。例如，德文学生学习英文疑问句时往往将句子中的原动词与主语交换位置，因而形成*"Sing you those songs?"（你唱这些歌吗？）正确句应为"Do you sing those songs?"这一现象直到学会助动词"do"方能消失。这种结构的出现很可能是由于在德文中，原动词与助动词均可以与主语交换位置。

以上讨论的第二语言获得的研究成果只局限于研究领域的三个主要方面，即语音、语素及语法。事实上，第二语言获得的研究早已扩大到语用、话语层次，而且更重要的发展是第二语言获得研究不但注重语言的交际形式，更重视语言的交际功能。这方面的研究正在进行之中，期望对第二语言的获得研究有重大的突破性贡献。

第三节　第二语言获得理论

第二语言研究的作用到底是什么？Hakuta（1981）认为第二语言研究的主要目的是："寻找一种最恰当的描述学习者规则系统的方法。"换句话说，第二语言获得研究主要是"描述"，即把学习者在任何一个发展阶段的语言结构特点如实记录下来。但是也有很多研究者并不满足于停留在第二语言的描写上，他们还希望在描写的基础上解释为什么学习者遵循一定的顺序学习第二语言。正如Rutheford所指出的："我们力图知道第二语言学习者获得到什么，什么时候得到的，如何得到的，而我们也更期望知道为什么……"由此可知，第二语言获得理论除"描述"获得过程外也注重"解释"获得现象。

但是"解释"一词是一个含糊不清的词。首先，它可以指为什么学习者接触语言材料，将它转换为有意义的语料，进而将它们用大脑中的规则表达出来。在这里，解释包括获得顺序及处理过程。第二，"解释"还可以指什么动机促使学习者学语言，什么致使学习者不再继续学语言（即大脑化石化）。Schumam（1976）将"解释"分为两种，一种是用来说明第二语言是如何获得的"认知系统"，一种是解释为什么是获得第二语言的先决条件。"解释"的这两个定义在第二语言理论中都很重要。这是因为有的理论集中研究第二语言是如何获得的，有的理论则集中解释为什么第二语言遵循其特有的规律而获得。这两种"解释"虽然有其内在的先后次序，但第二语言获得研究须将两种"解释"都包括在内。任何一种理论都须经过五个阶段：第一，建立一套明了清晰的理论；第二，从理论中得出可以检验的推测；第三，利用实验检验推测的准确性；第四，如果在实验中证实推测有错误，修改原有理论；第五，如果第一次的推测得到肯定，继续测试新的推测。

下面我们集中讨论七种已经建立的第二语言获得理论。

一　文化合流模式（Acculturation Theory）

文化合流模式的中心命题

文化合流（acculturation），用 Brown（1980）的定义来说，是指"一种逐渐适应新的文化的过程"。这一因素被认为对第二语言获得极其重要，因为语言含有大量的文化因素，也因为第二语言的获得与第二文化紧密相关。这一模式的中心命题是："第二语言获得是文化合流的一个方面，一个人能将自己的文化与第二文化合流多少决定了一个人获得第二语言的成败。"（Schumann，1978）文化合流强调第二语言获得是由学习者与所学语言的文化之间的社会及心理距离所决定。距离越近，第二语言越易获得。社会距离是学习者在与第二文化的社会成员接触时产生的，心理距离是由于学习者的各种个人因素所致。社会距离在第二语言中起重要作用，而心理距离的作用只有在社会距离不明显的情况下才突出。此外，社会因素并不造成积极的或消极的对文化合流的影响。值得提醒的是，这两种距离均可在某一种特定的社会环境下影响学习者的第二语言获得。

Schumann（1978）列出了决定社会及心理距离的多种因素。他指出，决定语言获得环境好坏的社会因素有多种。所谓"良好"的语言环境是：1. 第二语言学习者与所在国的成员具有平等地位；2. 第二语言学习者与所在国成员均希望学习者同化；3. 第二语言学习者与所在国成员能共同享用社会福利设施；4. 第二语言学习者的成员既少又统一；5. 两种语言的使用者对对方的态度均为肯定的态度；6. 第二语言学习者的母语文化与第二语言的文化相差不大；7. 第二语言学习者期待在所学语言国逗留相当一段时间。所谓"不良"语言环境是与以上描述的良好环境相反的环境。

心理因素包括：1. 语言障碍，即学习者在使用第二语言时常常有不理解，或不清楚之处；2. 文化障碍，即由于所学语言的文化与本族文化差距较大而引起的恐惧、紧张及不知所措；3. 动机问题；4. 个人形象问题。

社会与心理因素可以影响第二语言获得的成败。这些因素决定了学习者使用或接触多少第二语言。因此，在不良的学习环境下，学习者接受很少量的语言输入。当心理距离较大时，学习者不可能将所听到的第二语言应用在自我表达中。

Schumann 还对第二语言的初级阶段进行了描述。他指出早期第二语言的特点与皮钦语（指不同语种的人们在商业交往中发展起来的混杂语）很类似。当社会与心理距离太大时，学习者将停留在初级阶段，因而形成学习者的语言的皮钦化。Schumann 得出的"皮钦化假设"是基于一个长期观察实验。这一实验记录了一个西班牙语为母语的学习者在美国学习英语的过程。由于被试在获得中的社会距离较大，因而英语获得进展到初期后即停滞。从被试所表达的英语结构中，Schumann 发现很多与皮钦语的结构异常类似。例如，"no" + 动词否定式，主谓语未交换位置的问句结构，所有格以及复数形式的省略。Schumann 认为第二语言获得的早期均有皮钦化的趋势，但是当社会与心理距离太大时，这种现象就更为明显突出。此外，在学习者经历经久不退的皮钦化过程时，学习者的第二语言也开始呈现"化石化"（错误句式开始成为定式）。这也就是说，第二语言学习者不再能够进一步向第二语言的更高水平发展了。早期的语言皮钦化与化石化过程是十分相似的两个过程。

第二语言的发展呈皮钦化或停滞不前是由于社会及心理因素所造成的。文化合流的程度的高低决定了语言向两个方向发展。第一，文化合流的程度可以控制学习者接触目标语的多少。第二，它反映了学习者学习语言的目的。Schumann 将语言的功能分为三种：1. 交际功能，用来传达信息；2. 综合功能，说话者用语言来表示自己属于某一个社会团体；3. 表达功能，说话者用语言的引申意义表达思想。在初级阶段，第二语言学习者运用第二语言来交际，因而皮钦式语言或在初级阶段就已化石化的过渡语言均限于交际功能的范围。大部分的母语使用者及突破化石化语言关的第二语言使用者可以实现语言的交际与综合功能，但多数的第二语言使用者，甚至一些母语使用者均不能掌握及应用语言的表达功能。

在 Schumann 的"文化合流"模式基础上，安德森（Anderson，1983）又发展出一个名为"第二语言本土化"模式。这一模式特别强调了人的认知因素的作用。这一点在"文化合流"模式中是缺少的。在 Schumann 看来，第二语言获得完全可由学习者的语言输入及学习语言的目的决定。他并没有注意到语言获得的内在机制。而安德森在很大程度上非常关注获得机制的作用。他认为第二语言获得受两个过程的影响，一种是"第二语言本土化"或"第二语言第一语言化"的过程（nativization），第二种是"语言本土化解体"或"第一语言解体"过程（denativization）。

第二语言本土化就是一个同化过程。学习者将所接受的语言进一步在第二语言系统中程式化，所采用的策略是利用已知的第一语言知识建立假设以便简化获得过程。第二语言本土化被认为是第二语言获得的初级阶段，或 Schumann 所谓的皮钦语阶段。第二语言本土化解体过程其实是一个适应调整过程。学习者在此过程中调整自己的语言内在系统以适应所接触到的语言。他们利用多种推理策略使自己不断修改已有的第二语言处理机制。因此，第二语言的本土化解体也就是皮钦化解体的过程，通常发生在第一或第二语言获得的后期。表6-5 是安德森本土化模式的总结。

表6-5　　　　　安德森（1983）的第二语言本土化模式

第二语言本土化	第二语言本土化解体
同化过程	适应过程
语言输入有限	语言输入适度
语言皮钦化	语言皮钦化解体
创造出一种四不像语言	第二语言日趋接近母语水平

评价

文化合流与第二语言本土化模式的理论中心集中在对第二语言获得的理论的解释力上。这一理论力图解释第二语言学习者不能像第一语言学习者那样完全达到母语使用者的水平。这是因为第二语言学习者对第二文化有社会及心理距离，因而不能接触更多的语言输入。这一理论还强调第二语言获得反映了一种正常的语言进化过程，其早期发展模式与皮钦语类似，是内在系统产生的过程。但是到了后期，皮钦语言开始解体，外在系统逐渐建立。"内在"与"外在"系统这两个概念清楚有效地解释了第二语言获得在初期与后期发展中的不同。这两个概念明了地把这一获得过程概括为渐进的，从内向外，再向常规模式发展的过程。进而解释了获得中出现的一些获得策略转换现象。例如，早期的学习者往往依赖简化策略，而中后期学习者则常常采用推理策略。

但是这一理论并没有说明第二语言规则是如何在大脑内部建立的，学习者综合各种语言信息的机制是如何运作的。尽管安德森的理论将内在因素视为同化与适应，但是这些因素是如何相互作用或各自运作的却没有讨论。语言材料与处理机制的关系是一个相当复杂的关系，任何一种有关理论都须说明学习者运用不同的策略理解并表达第二语言。尽管第二语言获得研究强调语言输入对语言使用及理解的重要作用，但一个完整的理论也须说明语言输入是如何转换成现有的第二语言独特的系统。文化合流理论并没有说明这一点。Schumann 与安德森理论的另一弱点是他们根本没有注意到语言输入与交际环境的相互作用对第二语言获得有缓解作用。总之，文化合流与第二语言本土化的理解模式缺乏对语言环境与学习者相互作用的功能的描述与理解。

此外，以上两个模式是对自然获得第二语言的概括。这一理论并没说明是否适用于课堂学习的第二语言。尽管心理距离可能影响这种形式的语言获得，但社会距离也许就不能解释课堂学习第二语言时出现的问题。

二　语言调节（Accommodation Theory）

语言调节论的中心命题

这一理论模式来自盖尔斯（Giles, 1982）及其合作者对多种语言使用国中第二语言使用的调查。调节模式的理论建立在社会心理学基础上，并借助了兰姆伯特及卡登那尔（Lambert and Gardner）在加拿大环境下的双语调查结果。这一理论的中心议题是多种语言使用国中的人们如何在使用语言中反映他们的社会及心态。第二语言的获得是这一研究的一个附带品。但就是这一研究的附带品之后变成了著名的语言调节模式。

　　语言调节模式与文化合流模式有一定的相似之处，但也有很多不同之处。盖尔斯与 Schumann 一样注重解释成功的语言学习者，他们都力图说明学习者对本族语的态度，对异族语言与文化的态度及关系。但是 Schumann 着重解释使这些社会距离产生的各种因素之间的关系，而盖尔斯注重如何认识社会距离的问题，即学习者对第二语言的态度直接决定了第二语言的成败。Schumann 将所有社会与心理因素看作一成不变的现象，直接影响学习者与母语使用者的相互作用，而盖尔斯认为学习者在与母语使用者接触时不断地改变调整两者之间的关系。由此可见，Schumann 的社会与心理距离是静止的，不变的，而盖尔斯的则是动态的，可变的。就是这一特点使得语言调节理论能够解释学习者语言中及语言输入中的易变性。

　　盖尔斯完全同意卡登那尔（1979）的理论：动机是决定第二语言获得成败的关键。他认为动机的好坏高低可以直接反映学习者对所学语言文化的态度，它是由如下几个因素控制的：

　　1. 学习者如何看待自己的文化及其他文化。即学习者在自己的文化中如何看待自己，如何将自己与别的文化区别开来。

　　2. 学习者对不同种族的比较。把学习者是否在自己的种族与其他种族之间有等级界限。

　　3. 学习者对所学语言及文化的社会估价。指学习者是否把自己的语种及人种看得优于或劣于所学文化及语言。

　　4. 学习者如何看待文化间的差异。指学习者是否能认识到本族语言及文化与所学语言文化有很大的区别，还是有很大的联系。

　　5. 学习者对社会分工的看法。指学习者是否将本族文化中的社会分工与社会身份结合起来，或者截然分开。

表6－6　语言调节模式提出的决定成功与失败第二语言学习者的因素

关键因素	A	B
	动机很高	动机很低
	语言水平较高	语言水平较低
1. 鉴别自己文化及其他文化间的差异	无差异	差异很大
2. 对各种种族的比较	种族之间肯定的或无比较	否定的比较
3. 对文化与种族的估计	较低	较高
4. 如何看待文化间的差异	不明显，表示接受	差异很大，不表示接受
5. 如何看待社会的分工不同	明确清楚	含糊不清

　　表6－6中的A栏告诉我们一个动机很高，很愿意学习的学生往往可以达到第二语言的较高水平，而B栏告诉我们如果一个学习者没有动机或动机很低，他/她的语言水平往往很低。当学习者的社会心理态度正确，因而动机很高时，他/她不但能在正常的课堂上学习第二语言，而且还可以在非正式的场合下利用各种机会学习外语。相反，由于社会心理因素的影响而动机很低的学习者尽管可以在正式课堂上学习语言，但却不能很好利用非正式的语言环境。

　　语言调节理论不但力图决定第二语言获得的社会心理因素，而且还注重说明学习者的多种语言表达。盖尔斯（1977）等写道："学习者在与别人交谈中不断修改自己的语言，以减少自己与母语使用者之间的语言及社会差异。第一过程取决于学习者如何认识多种语言交换情景。"盖尔斯把第二语言使用中的变化分为两种（这些变化与语言中用来标志本族文化有关）：一种叫"上形聚合点"（upward convergence），另一种为下形分散点（downward divergence）。前者指逐渐减少突出本族文化的语言，这一现象的出现是由于第二语言学习者主动积极参与第二文化团体及社会的生活。后者指逐渐增多使用标志种族差异的语言。当第二语言学习者不愿主动加入第二文化生活时，会出现此种情况。在语言使用中，学习者的上形聚合点与下形分散点时高时低，不断变化。这是因为学习者在不断地修正自己与本族文化及第二文化之间的关系及看法。因此，学习者都具备各种不同的表达方式。在不同的阶段采用不同的表达方式以适应其改变了的社会心理状态。在任何不同的场合下，学习者均可以根据自己的选择采用不同的语言形式标志自己的本族文化。在语言获得中，当学习者的语言出现上形聚合点时，第二语言的进步就会出现。相反，当出现下形分散点时，第二语言的化石化就会出现。

对语言调节模式的评价

如同"文化合流"理论一样，语言调节论并没有解释获得的处理机制，也没有说明语言发展的先后顺序。从这一角度看，第二语言获得仍然是一个不为人知的黑匣子。语言调节的优点是不但将语言使用及语言获得综合在同一理论框架之下，而且还将获得一种新方言或新口音与第二语言获得联系起来了。这两者都被认为是学习者对自己及本族语、本族文化认识的一个反映。

语言调节论为语言学习者中常见的语言易变性做了解释。语言使用出现多变是由于在不同的场合下社会—心理态度变化而引起的。使用中的多变性又与语言获得相联系，它们都受同样因素的左右和控制。塔容（Tarone）曾提出语言中的多变性往往是由于语言使用者对语言形式的注意力不同所致。但是塔容并没有解释什么致使注意力不同。这里盖尔斯的理论倒可以用来弥补这一不足，即对语言形式的注意力不同是由于学习者在使用不同的语言形式时采用了他/她对自己及目标语言及文化在不同场合下的不同态度。下形分散点可以表现为学习者坚持守在自己本族文化圈内，对语言形式往往不注意，而上形聚合点则相反。由此可见，上形与下形这两个概念可以反映语体在一定程式中的不断变化。但是很清楚，语言调节论并不能用在外语教学环境上，因为多种种族文化交流的情形根本就不存在。这也说明尽管民族身份是决定第二语言获得多变性的重要一方面，但它并不能完全解释第二语言获得的多变性。

三   话语理论（Discourse Theory）

话语理论的中心命题

这一理论来自语用学，它强调交际是语言知识的核心。从获得角度看，这一理论强调语言发展的研究应放在学习者如何从交际中发现语言的意义。哈利戴（Holliday，1975）认为这是第一语言获得的关键所在。他强调语言形式及其功能的发展是在语言应用的过程中形成的。由于第二语言也是用来完成交际的。因而第二语言的发展也应来自交际。在第二语言获得领域中，这种理论被称为话语理论（discourse thoery）。

汉其（Hatch，1978）首次提出这一理论，其中心命题有以下几点。

1. 第二语言获得在语法获得中遵循一个共同的顺序。

2. 母语使用者在与第二语言使用者谈话时常调整他们的语言以便使意思清楚。

3. 对话中用来传达意思的策略，及母语使用者经过调整的语言将影响第二语言获得的方向与速度。具体有三方面：a. 学习者的语法获得顺序将遵循各种结构在语言输入中的先后与频率高低的规律。b. 学习者首先将语言中的常见式作为固定程式记住，之后方能理解其中具体成分的意义。

对话语理论的评价

前面提到 Schumann 及盖尔斯致力于解释第二语言获得的速度及所能达到的语言水平，而汉其则致力于解释第二语言是如何发生的。正如汉其所说的"第二语言获得研究的基本问题是描述第二语言是如何获得的"（Hatch，1980）。汉其试图通过统计第二语言获得对话的方法描述这一过程。结果发现第二语言的获得模式与对话的特性有直接的关系。这一理论的优越之处是它详细地描述了如何从对话中获得第二语言结构。但是，汉其并没有证明语言交际中的语义调整是第二语言获得中必要而且唯一的条件。汉其自己曾指出："我们自己还不能（也不曾）证明交际信息的简单化或清楚化可以促进语言获得。"因此，第二语言获得与吸收语言意义的能力之间的关系并没有得到证实。这一理论也不能解释另一种常见情况：即学习者无需调整语言输入也可获得第二语言（例如自学者）。

总之，话语理论，如同以上提到的两种理论一样，并没有说明第二语言获得中学习者所使用的策略。汉其所提到的"过程"实际上是一种外在的过程，是可以在面对面的交际中所能观察到的过程，这并不是内在过程。汉其并没有观察学习者进行对话时所使用的认知过程，也没有解释对话中的语言材料如何在大脑中处理保存。

四 语言控制调节模式（The Monitor Model）

语言控制调节模式的中心命题

在第八章第二节中，我们已初步讨论过 Krashen 的语言控制调节理论。这一理论是第二语言获得研究中最全面的理论。但是这一理论在很多方面又有问题，尤其在对语言的多变性上。Krashen 的语言控制调节模式共有五个假设。下面我们讨论这五个假设以及影响第二语言获得的各种变量因素。

语言控制调节理论中的五个假设是：

第一，自然获得与课堂语言学习的假设（The natural route hypothesis）：关于自然"获得"（acquisition）与正式"学习"（learning）的区分在第八章中已经讨论过。这两个概念是 Krashen 理论的中心。自然获得是集中在意义层次上的自然交际中产生的，它是一种下意识的过程。而正式学习则是在课堂上的有规律的学习，它是一种有意识的过程。从神经语言学的角度看，获得的知识在大脑的左半球，随时可以接受自动处理。而学到的知识则众说不一，有的认为在右脑，有的认为在左脑语言中枢以外的地方。总之，这两种知识似乎在大脑的不同部位。从语言应用角度看，获得的知识是语言理解与语言表达的主要来源，而学习到的知识只有在控制调节系统下才能使用。

第二，自然顺序假设（The natural order hypothesis）：这一假设是从第二语言获得的研究文献中得出的。它强调获得者在绝大多数情况下遵循一个不变的获得先后顺序。这一假设还坚持语法结构是依一定顺序而获得到的。因此，当学习者在自然交际场合下获得语言，其结构获得顺序没有很大的个人差异。但有意识地应用语言意识去学习语言时，其他顺序也会出现。

第三，语言控制调节假设（The monitor hypothesis）：这一假设认为人人有一个语言控制调节系统，学习者利用这一系统来调整自己的语言行为。关于控制调整系统的详细解释在第八章中曾讨论过，这里只做简单总结。控制调整系统是利用获得知识产生出句子，再利用学习的知识进行调整以便产生交际话语。这一系统可以在说出话之前或之后应用。Krashen 认为这一系统只有有限的一些语言应用功能。

第四，语言输入假设（The input hypothesis）：这一假设强调当学习者能够理解略为超出其语言水平的语言输入时，自然语言获得就会发生。自然，能被学习者理解的语言输入对学习者的第二语言获得也最适合。

第五，感情因素过滤系统的假设（The affective fliter hypothesis）：这一假设力图说明其他感情因素对第二语言获得的影响。这一假设是Krashen 在 Bulay 等·（1977）提出的感情因素过滤系统的基础上建立的。这一系统是用来控制多少语言输入可以转换为学习者的语言知识。影响这一系统的因素有动机，自我信心，紧张程度。这一系统可以影响学习者的速度，但不影响获得方向与路线。

语言控制调查系统中的多种变量因素大致有五种：一是智力。Krashen 认为智力只与"学习"（leaming）有联系。也就是说学习者的智力只能决定他在语言考试中成绩好坏与否，因为只有在考试条件下才是运用语言控制调节系统的最好机会。二是第一语言的作用。Krashen 认为第一语言并不影响第二语言获得。相反，他认为学习者利用第一语言仅仅是一种语言应用策略，即学习者只有在没学会第二语言规则时才会返回去依赖第一语言。Krashen 强调学习者在缺乏第二语言规则的情况下，直接使用第一语言形成句子，然后再将第二语言的词汇替换第一语言的词汇，同时通过控制调节系统进行一些小型调整。三是语言定式。Krashen 否认语言定式（即背诵下来的固定短语与句子）在获得中起作用。他认为定式只在语言应用中起作用，帮助学习者表达超出其语言能力的句子。由于定式本身是不可分割的，因此也不可能存在于学习者的规则系统中去。相反，Krashen 认为语言定式常常是下意识获得的结果，所以，语言定式中的语法结构与其他语法结构是分别获得的。四是个人差异。Krashen 强调"自然获得"遵循自然顺序（假设2）。因此，在自然获得过程中是没有个人差异的。但是在获得速度，接受语言输入，以及感情因素上确有个人差异。在语言应用上，依学习者依赖课堂语言知识的多少，也可以产生个人差异。五是年龄。年龄对第二语言的影响有如下几方面：年龄影响学习者获得语言输入的多少，年纪小的学习者较年龄大些的容易获得更多的语言输入。年龄也可以影响"课堂学习"。年龄大些的学习者在学习语言形式上较强，在使用控制调整系统中的知识也较有效。最后，年龄也会影响学习者的心理状态。青春期后，学习者的感情因素系统很可能变得更强。

对语言控制调节理论的评论

由于 Krashen 的理论在第二语言获得界受到极大重视与研讨，同时也带来了很多批评。归纳起来，批评集中在三个问题上。

第一，"获得"与"学习"概念的区分。麦克劳夫林（McLaughlin，1978）曾指出语言控制调节理论是不可靠的。因为它建立在"获得"与"学习"这两个概念区别基础上。这两个概念的根本区别又只是"下意识"与"有意识"，这两者均不能在实验中得到检验。因此，这两个概念不能为人接受。

与以上问题相联系的另一个问题是语言控制调整理论认为"获得"与"学习"这两个概念可以截然分开，而且"获得"的知识不可以转换为"学习"的知识。有很多研究者（McLaughlin，1978；Rivers，1980；Stevick，1980；Gregg，1984）都对此提出了质疑，并用事实证明有些课堂学习的知识经过多次反复练习而变成一种下意识的行为。也就是"获得"的行为，因而否定了 Krashen 的分离论。

除以上问题之外，还有的批评指出 Krashen 无法清楚地说明无论"获得"还是"学习"的认知心理过程。拉尔辛-福瑞曼（Larsen-Freeman，1983）指出 Krashen 并没有解释学习者如何处理语言输入。如果这两个概念在获得中有相当的解释力，它们理应说明语言输入经过处理过程而变成"获得"或"学习"知识的具体过程。很明显，Krashen 的理论没有做到这一点。因此，语言控制调节理论仍然是"黑匣子"理论。

第二，对控制与调节过程的解释。Krashen 的所谓"控制调节过程"（monitoring）有很多难以解释的问题。例如，这一控制调节过程是否存在的唯一证据是学习者本人说他们曾试图应用语法规则，其他实验均测不到这一过程。此外，麦克劳夫林（1978）还指出对任何一个学习者来说，要想在说完话以后区别自己是有意识地运用了学习规则，还是下意识地运用了获得规则，是异常困难的。莫里森等（Morrison et al.，1983）还指出控制调节过程只注重语言的表达应用，但忽略了语言的理解。此外，这一过程只限语法层次，忽略了语言的语音、词汇、话语等方面。

第三，变量因素。Krashen 的第二语言获得理论是一个"双重"理论。该理论提出第二语言学习者的语言知识在应用时出现时隐时现时好时坏的多变情形，是因学习者的语言能力是分别建立在"获得"或"学习"上的。Ellis（1984）用另一种理论可同样解释这一现象，即学习者的多变现象是语言应用能力变化过程中的反映。到底哪一种理论更能概况这种现象至今仍不能定论。

总而言之，尽管 Krashen 的语言控制调节理论是第二语言获得研究中较为全面的理论，但其中问题还很多，尤其表现在区分"获得"与"学习"的定义上，在描写控制调节过程上，以及在解释语言应用的多变性上。

五　多变语言能力模式（Variable Competence Model）

<u>多变语言模式的中心命题</u>

这一理论是在区分两个概念的基础上建立的。这两个概念分别是语言运用的过程（process）及运用的结果（product）。语言运用的过程及结果是在语用学理论框架之下描述第二语言获得的过程，以期证明语言获得的过程反映了语言应用的方式。

语言运用"结果"是由不同形式的话语组成的连续统一体。连续统一体上有两极，它们分别是从完全无准备到充分准备。无准备的话语是指事先不加思考准备的话语，它们往往与日常自发交谈相联系。例如，日常会话，写作前的思考等。而准备过的话语则是表达之前经过深思熟虑的话语。它们要求有意识的思考，并在语句表达及内容上下功夫。例如，课堂演讲及经过认真思考的写作，均属此类。

语言应用过程是由两个因素组成，一是语言知识（即规则）；二是应用这些语言知识（即使用程序）。维督森（Widdowson，1984）认为在这里语言知识的范畴已不再仅仅是单纯的语言规则，而且包括语言的适度性及正确使用。因此，这里的语言能力就变成了交际能力。但是交际能力并不能解释语言使用者通过修改调整语言的不同形式表达不同意义的能力。因此，应用语言知识的程序是语言获得的另一个重要方面。每一个语言使用者都有程序知识以便将语言规则使用在正确的上下文中。

从以上两个概念出发，多变语言能力理论提出语言使用者所说出的话语均是以下因素的结果：

即不是 a 就是 b，或两者均有。1. 多变能力（a variable competence），指统一的语言规则；2. 多变的程序应用能力，指语言知识在话语中的应用。多变语言能力模式认为 1 与 2 均在第二语言获得中出现。此外，这两种能力是相互联系的。

根据多变理论，语言知识的应用分两种，一种为主程序，一种为次程序。每种程序都有两种表现形式。一种为外在话语过程；一种为内在认知过程。主程序主要用来完成无准备话语，所运用的语言规则往往是无须分析的。而次程序主要完成有准备的话语，因而运用的语言规则都是仔细挑选分析过的。主程序的典型例子是语义简化，即在表达中的省略。次程序的典型例子是语言调整，即修正润色所要表达的语言。我们说过主程序有两种表现形式：话语过程及认知过程。因此，语义简化在这两个过程中也有所区别。

话语过程：通过省略语言中的不必要成分，或用非语言方式表达这两种方式简化语义结构。

认知过程：1. 形成信息的低层概念框架；2. 将这一结构与说话者提供的概念做比较；3. 将不必要成分剔除，或将无法用词汇表达的成分删去。

Ellis（1984）指出主程序与次程序的概念不但可以解释第二语言学习者如何在话语中运用语言规则，这一理论也可以用话语中不同类型的语言规则与程序的相互作用解释第二语言中的多变性。这两种解释都是对语言获得过程的解释。

维督森（1979）曾指出在应用语言的程序中，学习者不但得到利用自己已有的语言知识，而且还建立了新的语言规则。他写道："我们运用语言知识去理解意义。但我们并不是简单地将听到的话语与现有的知识对应起来，而是创造新话语，建立新规则，从这一意义上讲，所有的语言能力都是暂时多变的。"这也就是说语言获得是人类理解意义的结果，而语言应用是语言获得理论的中心。从这一点出发，Ellis 提出第二语言获得的不同阶段与话语中的语言应用特点互相对应。例如，在早期第二语言获得中常常出现很多语义简化现象，因为这一过程无须很多第二语言的语法知识。而到了后期，依赖非语言形式及听话者的理解的话语越来越减少，而清楚明了、上下文适度的话语逐渐增多。

总之，多变能力模式具有如下几个特点：1. 第二语言学习者只有一个语言规则贮藏系统，第一系统包括一系列多变的第二语言规则，有的可以下意识地运用，有的则须进行分析。2. 学习者都有语言应用能力。这一能力包括主/次与话语/认知程序。3. 第二语言的应用是多变的，因为有时话语未经准备，语言规则也未使用，有时则是有准备的，并有意识地应用了第二语言规则。4. 第二语言的发展是由于：a. 在多种话语交谈中得到的新的第二语言规则；b. 将已有的第二语言规则在无准备的话语中调动出来。

对多变能力模式的评价

这一理论试图解释第二语言中的两个问题：第一，第二语言学习者语言中的多变性；第二，第二语言的外在与内在过程。该理论综合了现代第二语言获得的多方理论及概念。但是这一获得模式仍需从以下两方面进一步充实。第一，主程序与次程序的运作过程细节不清楚；第二，整个模式并没有将语言输入考虑进去。学习者并不是在真空中运用语言，因此，语言输入是理论框架中不可缺少的一部分。

六　共同语法的假设（The Universal Hypothesis）
共同语法假设的中心命题

共同语法假设主要同两个语言学派有关系。一是与乔姆斯基有关的共同语法学派；另一个是与 Greenberg（1974）有关的语言分类理论学派。这两种理论尽管在分析语言的方法论上有区别，但均强调先天的语言机制及语言共同的规律性对语言获得的作用。共同语法假设有三个中心命题：第一，这一获得理论强调第二语言如同其他自然语言一样，受到语言共同规律的制约和管辖；第二，普遍语言以及分类规律可用来预测第二语言获得的顺序以及过程；第三，第二语言可依据获得结构属于语言共性或语言个性（即某种语言中特有的结构）预测获得难易。

共同语法假设认为，人类语言获得过程是大脑中的语言机制与其他人脑器官相互作用的结果。人的语言机制是由一系列具有不同参数（parameters）的语言规律组成。这些参数在接触实际语言之前是未定的，或没有定值的。因此，语言获得过程并不是杂乱地获得具体语言结构的过程，而是根据所接触的语言材料建立语言参数值的过程。例如，任何一种语言都具有核心词和修饰词（如形容词＋名词），这是一个普遍规律。但是有的语言的修饰语在核心词之前，有的则在核心词之后，例如，中文说"红色的书"，而法文则说"le ivre rouge"（书红色的）。在获得过程中，如果所接触的语言是修饰词在核心词之前，学习者对这一规律的参数值即可定为修饰词＋核心词；如果接触相反的语言材料，参数就定在相反值上。到了第二语言获得上，研究者们还进一步提出第一语言已建立的参数值要经历一个重新建立的过程，或者重新调整的过程。到目前为止，已有很多研究者对一些分类规律进行了实验，如主语省略规律，修饰词、核心词位置等。结果发现，第二语言学习者确受共同语法的影响，在获得过程中呈现出有规律的语言参数再建立过程，即在同一规律下，一组语言结构通常是在同时获得。另外，同属一个语言规律的结构也往往以一个单位的形式同时转移到第二语言中。但是这方面的研究为数较少，语言结构的测试也受到各种实验的因素。因此，在参考试验结果上，读者仍须小心。

共同语法假设所研究的另一主题是核心与外围语言规律。根据乔姆斯基的理论，"核心语法"指儿童借助共同语言规则所获得的语言规则。"外围语法"则指语言在历史演变中所形成的一些特殊结构。在语言获得过程中，与核心语法有关的结构被认为较早获得，而与外围语法有关的结构则较后获得。

受这一理论的影响，一些第二语言获得研究者认为语言的共同规律及参数值不但在第二语言获得中起作用，而且能准确预测及解释第二语言的特点及语言转移现象。

马兹克维奇（Mazurkewich，1984）指出核心/外围语法理论可用来预测第二语言的直接/间接宾语获得。在实验中，她发现学习者对以下两句英文的获得有先后差别。

（1）Give the book to Mary.（给玛丽书。）

（2）Give Mary the book.（给玛丽书。）

（1）的正确率较（2）大得多。她的解释是（1）存在于大多数的语言中，而（2）则相对少些。此外，两个名字排列在一起也容易引起混淆，所以（1）较（2）易获得。在研究第二语言的过渡语言时，史密特（Schmit，1980）用下面两组句子让学生判断。

（3）John sang a song and played a guitar.（约翰唱了支歌，弹了下吉

他。)

　　(4) Sang a song and John played a guitar. (约翰唱了支歌，弹了下吉他。)

　　她发现第二语言学习者在判断英文合语法句与不合语法句时均遵循语言的共同规律，即只有语言中的第二个相同的成分可以被省略，而不能是第一个。因此，结论得出，第二语言获得是受共同语言规律制约的。

　　共同语法假设的研究还对 50 年代采用的对比分析法进行了修正，并对该理论进行了扩展。怀特（White，1983）提出第二语言获得的转移现象是在语言共同规律基础上的转移。她强调第二语言的获得过程不一定总是遵循从核心到外围的过程。相反，第二语言学习者，在初期阶段往往采用第一语言的参数值，在接触更多的第二语言以后开始建立第二语言参数值。玛诺-丽斯拉斯（Munozliceras，1983）也证实有的结构遵循先外围再核心的顺序，这是由于学习者的母语中对应结构是非核心结构。

　　总之，共同语法假设强调第二语言的获得是一种建立语言参数值的过程。在获得初期，第二语言很可能表现出一些第一语言的语言规律。此外，在第二语言结构中，与核心语法相联系的结构要较与外围语法相联系的结构早获得。

　　对共同语法假设的评价

　　共同语法假设将第一及第二语言中的语言规律与特性和第二语言获得的过程联系起来去解释获得现象。这一角度既新颖又有意义。这一假设力图证实第二语言来自一个独立的语言机制而不是认知系统。这一理论的优点在于它将第二语言获得引入最新语言学理论的湍流中，但同时也忽略了学习者采用的学习策略。

　　共同语法的假设对第二语言获得的特点有两个概括。第一，这一研究集中在第二语言的语言特性上，力图说明第二语言的共同语言规律决定了第二语言获得的模式。第二，这一理论引起研究者们对语言转移现象的重新认识及重新评价。

　　这一理论的主要问题是获得困难与结构困难的定义及关系。其中结构难度就是一个典型，由于很多因素均可影响结构难度，因此很难得出明确定义。例如，一个结构在语法中处于核心还是外围地位，规则应用的多少，定义清楚与否都能影响结构难度。此外，难度应在什么层次上去考虑也不清楚，因为难度可以是由语法规则复杂（语言结构层次），也可以是由语言处理过程复杂（心理层次）而引起。最后，共同语法假设将学习者的语言知识看作是同一的，因而忽略了个人差异及语言的多变现象。

七　神经功能理论（Neurofunctional Thoery）

神经功能理论的中心命题

以上几种第二语言获得理论均在语言的范畴内，但神经功能理论则是在神经语言学范畴内的理论。拉姆戴拉（Lamendella，1979）指出语言的神经功能理论旨在研究语言发展与应用中的语言信息处理的神经系统。这一理论主要来自拉姆戴拉（1977，1979）、Selinker 等（1978）的研究结果。

对于第二语言获得，神经功能理论的解释是语言功能与大脑神经网络是有联系的。但是这一理论并不能够具体指出语言功能在大脑中的部位，而只能指出某些大脑部位相对于其他部位也许对某一语言功能贡献大一些。

根据这一理论，大脑的两个部位与第二语言获得有直接关系。第一是右半脑，第二是左半脑的维尼克与布鲁卡区。这一理论还将以下几个因素与神经功能及第二语言获得结合起来。它们是：a. 不同的年龄；b. 定式表达；c. 语言化石化；d. 课堂句型练习。Lamendella 认为语言获得可分两种。一种为初期获得，一种为后期获得。而后期获得又可再分为外语学习与第二语言获得，一般在 5 岁后发生。与这种获得相联系的是不同的神经功能系统，每个都具备一套等级不同的语言功能。这些不同的系统在信息处理中具有不同的功能。拉姆戴拉指出有两个系统对语言功能特别重要：

第一，交际系统：用来进行语言或其他形式的人与人之间的交际。

第二，认知系统：用来控制各种语言应用中的认知信息处理活动。

第一语言及第二语言获得往往运用大量的交际系统，而外语学习则运用认知系统。句型练习是在认知系统中处理的，因而用这种方法学习的语料在语言交际中往往用不上。

这样神经功能理论从神经语言学出发，对语言获得及语言应用中出现的两种现象做了概括。这一概括是采用交际系统与认知系统这两个概念完成的。它们与心理学范畴内的"获得"与"学习"概念有相似之处。拉姆戴拉还强调，每个神经功能系统都有不同的由高向低的层次，每个层次又与不同的神经相呼应。层次与层次之间可以是相互联系的，也可以是互不相干的。例如，一个层次可以重复某人说的话，而另一层次则可不受干扰完成语言理解过程。此外，第二语言的形式可以贮藏在不同高度的层次。例如，一种通过高层次系统处理获得的语言可以贮存在容易提取的低层次系统中。因此，在应用语言时，可以直接从低层次系统中提取语言材料，而不必动用高层次系统。

最后，拉姆戴拉指出面临第二语言学习者的任务是学习者必须分辨适合这一获得的最佳功能系统，之后再找出系统中最合适的层次，最后开始获得过程。换句话说，第二语言获得可以从神经功能的角度得到解释。这一解释须考虑：a. 哪个神经功能系统应得到运用；交际还是认知系统；b. 在神经功能系统中，应采用哪一层次。

对神经功能理论的评价

神经功能理论对第二语言的解释基于一个命题：人类的语言功能与神经语言系统的相应性是可以通过不同方法找出的。但是这一命题的实际可行性很令人怀疑。从病历研究中可知，对这一命题的证实始终是不统一的。此外，语言实验室实验（例如，双耳分听测试）、失语症研究等能不能揭示正常的神经功能活动，能不能为语言获得提供可靠的神经语言学基础，还仍然是一个问题。

尽管神经功能理论可以对第二语言获得中的一些因素进行解释，但是还有很多因素不能为此理论解释。最突出的是这一理论无法说明语言获得为什么有一定的先后顺序。另外，第二语言获得与外语获得也只是一个简单的分类。除了外在的语言环境差别外，并没有提出两者之间的内在区别。

总之，对第二语言获得的神经功能解释只能作为第二语言获得研究的补充，而不能成为唯一的理论。从长远看，心理语言与神经语言相结合的第二语言获得的理论将成为此领域今后的发展方向。

第七章 语言发展的测试方法及影响因素

第一节 概述

大凡与治疗调整有关的领域，例如医学界、心理治疗、教育等都须依赖各种不同的抽样测试及诊断手段。测试不但协助研究者确定问题所在（例如贫穷家庭的儿童在斯坦福—比奈智力测试均分数较低），而且有效地测定教育方法的成功与否（例如某校的教师使学生的智力测验分数提高了十二分）。在语言获得研究中，语言发展的测试主要有三个功能：一是诊断儿童在某一方面或某几方面的语言障碍；二是评价语言治疗的有效程度；三是探索各种外界环境因素对语言发展的作用。在这一章中，我们将讨论为语言获得研究设计的几种常用测试及其实际价值。此外，我们也将讨论影响语言测试的各种因素。

对语言的抽样测试有两种方法。一种是分析自然言语，一种是利用实验测试。虽然两者都有其局限性，但互相并不排斥，而是互相弥补。这两种方法旨在研究语言的发展过程。诸如儿童对某一句法结构理解的初级阶段及高级阶段，语言错误记录，语言获得顺序等。尽管两种方法角度不同，但都为儿童语言获得研究提供了重要的依据。下面我们分别介绍这两种方法。

第二节 自然言语分析

自然言语分析法常采用的方法是实验者观察并记录儿童随时随地的语言。一种自然观察法是用日记的方法记录儿童语言。这种方法大都是由父母记录儿童每天的语言行为以及语言进步。另一种自然观察法是让受过专门训练的实验人员定期去孩子家中记录语言材料，有时一星期一次，有时两星期一次，持续半年到一年。随着科学技术的发展，现代收集语言材料的设备已由录音机转向录像机。通过录像机收集到的语料不但有声音记录与视觉记录，而且能确切记录语境及对话上下文。

分析自然言语有两大优点。一是正常语言获得的研究基本上集中在自然言语上，因此这方面的语言数据丰富多种。二是实验测试无论如何控制，多少都有不自然以及有限之处，而与儿童的自然交谈则能避免以上问题。普若汀等（Prutting et al.，1975）比较了一种叫西北语法测试的结果及自然言语分析结果。两种方法的实验均由 4—5 岁的儿童参加。结果证实了上述两点：即受试儿童在语法测试中有 30% 的结构不会表达，但在自然言语中均能表达出来。这说明抽样测试除了测量儿童对某种语法结构的掌握以外，还要牵涉其他方面的心理运作。

除了以上优点之外，分析自然言语也有其不足之处。在语言表达方面，最严重的问题是如何抽样。在语言理解方面，主要问题是确定导向正确理解的语境。此外，取样大小以及如何收集语言材料仍然值得进一步讨论深究。在多数的实验中，标准的自然言语取样是 50—100 句，但是多数较能说明问题的语言获得研究均基于 300—800 句，有时甚至还大于 800 句。这种大规模取样在实验室中进行显然不可能，尤其是那些有语言障碍、性格孤僻的儿童。但是，如果受试儿童很少，又采用小型抽样，所取得的语言材料就会呈现出很多由于情景不同的语言差异。卡兹登（Cazden，1970）曾对一系列语言获得研究做了对比分析。他指出，儿童语言的质量及数量均因会话的变化而变化很大。这些因素包括话题、听者的年龄及儿童与听者的熟悉程度。举一点说明。如果问话者常用类似"你看见什么了"、"他在做什么"等问题，儿童的回答也往往是单字的。如果在取样过程中有很多类似的问题，所收集到的语言材料就会有很多简短的句子。它们只能代表儿童的一部分语言能力，而不是全部能力。因此，取样语境最好是自然谈话的形式，而不是一问一答的形式。

在衡量儿童语言发展的具体进程上，最常见的测试方法是 MLU，也就是前面提到的平均句长。不同的研究者曾采用不同的测量方法。但最常用的是 Brown（1973）的测量平均句长法。尽管这一方法也有其不足之处，但许多研究证实平均句长是在儿童 3 岁以内最好的测量方法。下面我们从两方面来说明这一方法的可行性。第一，薛那尔（Shriner，1969）发现平均句长与判断心理测标是成正比的。在实验中，受试成人给儿童语言（50 个句子）按 7 级测标打分，之后再将他们的结果与统计数据比较。结果发现平均句长是对应性最强的一种测量方法。第二，Brown（1973）的研究结果以及其他表明许多语法结构的发展都与平均句长有对应关系。例如，Brown 等（1968）发现现在进行时与情态动词的合用（如：I going→I am going）要到平均句长为 3.2 方能达到。值得指出的是，平均句长的最大问题是它十分依赖语言场景。如果场景控制不好，平均句长法的可靠性也十分有限。这一问题不仅是平均句长法的问题，也是大多数其他收集语言材料的方法的问题。然而平均句长法据称在这方面相对问题小一些，这是因为对平均句长的衡量是基于每一个抽样句，而其他测试则只考虑在特殊场合下的一定话语。

在自然言语分析中，除平均句长以外，还有一些其他测量儿童语法发展不同侧面的方法。这些方法主要用来判断儿童句子的复杂程度，而不是句子的长短。例如，福兰克等（Frank et al.，1970）计算了句子中的转换规则数，但是从成人的语法测试中已证实，句子的复杂性也许与转换规则的多少不成正比。

黎等（Lee et al.，1971）为测量自然言语中句子的复杂程度设计出一套全面的分析复杂句的方法。这一方法被称为 DDS（句子发展统计法）。其重点放在句子的八个方面：不定代词，名词修饰语，人称代词，主要动词，次要动词，否定词，连词，疑问句倒装，特殊疑问句。对于每一个语言要素都有相对应的正常语言发展数据以便给儿童语言结构合理计分。例如，最早的人称代词是第一与第二人称也就是"我"与"你"。如果儿童所表达的句子中含有这类代词就可累计 1 分。第三人称代词是较高阶段的代词，因此带有该代词的句子可得 2 分，而复数代词（这些，那些）则得分，反身代词 5 分，特殊疑问词 6 分。儿童所表达的每句话都可以从八个方面计分，然后再将所有方面的分数综合在一起计算并得出平均分数。如果把 50 个儿童句子的平均分数都计算出，这一结果就可正确指出儿童语言发展的具体高度。尽管这一方法较平均句长要花更多的时间，但是这种方法能对个案分析提供诸多信息，而且还能通过对句子的八个方面的分析而找出语言的具体问题。与其他分析自然言语的方法比较，DDS 分析式对儿童所表达的句子不加分析地（是否属于儿童自己表达的语言，还是模仿大人的结果）一致同等对待，因此，DDS 的可靠性在某种程度上还不够准确。Brown 及其他研究者均提议采用雅泰克等（Tyack，1974）设计的分析方法，虽然该方法与前面提到的黎等的方法很类似，但是能够避免 DDS 的弊端，而且更适合于年龄较小的儿童。这是因为 DDS 的分析主要基于 50 个"完整"句。这里完整句的定义是句子必须至少包含一对具有主谓关系的名词与动词。年龄较小的儿童的大多数句子均不能满足这一标准，因此，对平均句长小于 3.0 的儿童的语言测试最好采用 Tyack 等的方法。

方言差别是自然言语分析的另一个问题。如果对说方言儿童的语言进行标准分析（例如 DDS），但该方言中并没有相应的结构，这种分析本身是不公平的。解决这个问题的办法是将语言结构的分析限制在所有方言共有的结构上。还有一种方法是设计出另一套适合该方言的分析方法。例如，奥赛等（Osser et al.，1969）将"If he knows"（如果他知道）与"do he know"（他知道）视为表示间接疑问句的形式。此外，这类分析还须基于该方言正常儿童发展的过程进行设计。

第三节 实验测试

以上我们讨论了分析自然言语的各种方法。但值得提醒的是以上各种方法均有局限性，具体表现在两个方面：第一，分析自然言语十分费时费力。第二，该分析只能集中在语言的表达、词汇及语法发展方面，而不能对儿童语言进行全面分析。为了弥补以上不足，各种既省时又省事的实验测试应运而生。这种实验通常是设计几个测试以便检验儿童的理解、表达以及模仿语言的能力。一种常用来测试儿童理解语言能力的方法是给孩子一些玩具，然后让孩子听一句话，再让孩子用玩具把听到的话用动作表达出来，以测试他们对句子的理解。例如："汽车被卡车碰倒了。"另一种方法是用问答式的方法，先让孩子念一个句子，如："朋朋答应小小回家。"然后问："谁要回家？"无论用哪一种方法，儿童的反应都可告诉我们他们是否能运用语言规则理解语言。用来测试儿童表达能力的方法常常是给小孩看一张画儿，然后让小孩描述那张画儿。尽管这种表达测试是衡量儿童表达能力的好方法，但有很多句式连成人都很难用此方法引出，更不要说小孩了。这类句式包括"被"字句，或中文的"把"字句。此外，由于儿童的理解能力往往超过其表达能力，因而表达测试只能为儿童的整个语言发展提供一个保守的标准。下面我们分别讨论测试场景及各种不同测试的优缺点。

一　测试场景

心理测试与其他测试异常不同。这种测试不能像其他那样用标尺进行衡量并能得出准确无误的数字来。这是因为心理测试往往包括人与人在特殊情况下的相互作用，因此，各种因素都可能影响测试的结果。对儿童语言测试，问题可以更复杂。例如，实验人员往往是儿童所不熟悉的成人，往往在一个不熟悉的环境中进行交谈等。因此，儿童的语言表达及理解受到各种因素的影响，而且得出的结果并不能代表儿童的语言能力。

由此可见，儿童对测试环境的熟悉程度是决定实验是否成功的一个重要因素。测试本身就是一种异乎寻常的活动，一开始就会使儿童紧张害怕。约翰森（Johnson，1974）曾对测试环境的重要性做出评价。他指出，在自然言语中，儿童的语言不受社会阶层及种族等因素的影响。但是在实验测试中，这些因素往往起很大作用。儿童与测试人的熟悉程度可以直接影响其测试结果。一些研究指出如果测试人在测试之前先与儿童熟悉几次，跟他们一块玩玩，谈谈，该儿童的测试成绩就可以高一些（Cazden，1970）。兹格勒等（Zigler et al.，1973）发现让受试儿童与测试人在测试之前玩一会儿，在很大程度上影响儿童对一种叫"匹巴得图文词汇测验"（Peabody picture vocabulary test）的成绩。这种影响在分数较低的儿童身上效果最为突出。由此可见，如何进行测试，选择什么场景，可以极大地影响儿童测试效果。Zigler 等（1968）指出如果将测试程序稍做调整，例如，将斯坦福—比奈智力测标的试题按先易后难进行安排，或易难交叉进行都可帮助儿童提高 5—8 分。

另外，人们还发现儿童与测试人员的相似性也可影响儿童的测试成绩。一些研究（Moore and Retish，1974）发现，当测试人员是黑人，黑人儿童在各种测试中的成绩也相应有提高。但是在其他研究中均没发现这种效果。测试的语言及方言也是影响测试的一个因素。例如，在黑人方言中，双重否定式很多，是合乎语法的结构，但在规范英文中则属于语言错误。如果想通过规范英语的标准（如否定式）去测定黑人儿童的语言发展，其结论是不准确的。纽约市的西班牙/英语双语儿童在考西班牙文或英文测试时，前者的成绩总是高于后者的成绩。但是，方言不总是一个决定因素。魁（Quay，1972，1974）让学前儿童及小学的黑人儿童用两种方言考智力测验题，发现无论是用黑人方言还是标准英语组织考试，都不会对儿童的成绩有很大的影响。由此可知，适度的考试方式及内容要比适度的考试语言更重要。

二　常用的几种语言获得测试

当前，最常用的语言发展测试有三种：斯坦福—比奈智力测标，匹巴得图文词汇测验，以及伊利诺心理语言能力测试。尽管斯坦福—比奈智力测标很少被列为语言测试，但它常被用来评价一些强调语言发展的学前班及学校。这是因为该测试一方面要求儿童理解复杂的语言解释以便做题，另一方面也测量儿童的记忆、分析及其他与语言有关的认知能力。下面我们重点讨论常用的语言获得的后两种测试。

匹巴得图文词汇测验

这一测验简称 PPVT。顾名思义，是为测验儿童词汇设计的。在测验中，受试儿童一边看四幅图画，一边听测试人员读一个词。之后测验人员要受试儿童马上指出哪幅画与所听到的字相符。词汇顺序排列是由常见具体词到少见抽象词。这种测试不要求儿童用语言回答，时间较短，很易判出。因此，是一种理解型的词汇测试。如图 7−1 是这一测试的部分词汇样品，以及各种年龄儿童的平均分数。尽管 PPVT 算是一种精心设计、普遍统一的词汇测试，但是它常被语言研究者们用来做语言统观测试的工具。其原因是词汇的增长的本身就反映了语言的发展。但是迄今为止，仍没有能拿出确凿的证据来证实词汇发展与语言其他方面发展的对应关系。因此，使用者须从个人的研究角度出发谨慎使用。

如同其他词汇测试一样，PPVT 测试不把词的获得过程看作是一个发展过程，而是要么全会，要么什么都不会的过程。这一测试因此没有试图测量儿童语义的变化，尤其是词义在不同年龄的扩大与缩小。此

图 7－1   匹巴得图文词汇测验样品

外，测试采用平面图画，儿童对这种图画的熟悉程度也大不一样，因而也可能影响测试效果。

PPVT 除了被用来做一般的语言发展测试外，还被用来做智力测验，这主要是因为它测试省时，评判方便。此外，PPVT 与斯坦福—比奈测试有高度的对应性。这一点也进一步证明该测试的可行性。

伊利诺心理语言能力测试

在以上提到的三种语言获得测试中，最常用的要属伊利诺心理语言能力测试，简称 ITPA。这一测试又分十二个分测验。通用的测试后又经过几次修改成为现行的测试。修改包括分测验名称的变化，使测试过程更为简单化，扩大不同年龄的使用范围，以及加入另外三个分测验：听力测验，声音混合测验，以及视觉测验。

最早的 ITPA 分测验是根据奥斯古德（Osgood，1957）的理论形成的。这一测试包括语言行为过程中的三个方面，语言经历的渠道：视觉、听觉、触觉等，语言处理的形成（理解、组织、表达），语言组织的层次（有意识、无意识的自觉动作）。但是多数实验分析及因素分析都不能对这种模式提出科学的证实（Burns et al.，1973），有的分测验甚至与语言毫无关系。在这种情况下，人们对这一测试做了修改，并从中选出几个分测验使用，而不是全部使用。常用的分测验有：听觉—发声联系，语言表达，以及语法测试。

三　其他不同方式的语言获得测试

这一节我们主要讨论三方面的语言获得测试：发声及区别语音测试、语法测试及其他语言测试。

发声及区别语音测试

要想得出好的发声测试，要紧的是设计如何获得与发声有关的数据。通常在实验中要设计出一系列包括各种语音在内的图画，让儿童看图说出事物的名称来。这种测试通常检查儿童在不同位置上的语音，如词头音、词中音及词尾音。其计分方法分正确或不正确两种。对于儿童在测试中的语言与正确语音做详细的对比可以揭示出一系列儿童常见的取代错误的模式。很多实验证明，即使一些儿童有严重的发音障碍，这种测试也能协助找出取代模式。

与以上测试相应的还有一些区别音位测试（Templin，1957）。这些测试采用两个相似的物体，其名称在语音上也很相似，然后将物体的名称读给受试儿童，并让他指出哪个物体与刚听到的音相符合。这种测试往往受到客观实物的限制，因为有很多名称及事物不能用实物表达，也不具备语音上的相似性。为此，爱勒与奥勒（Eilers and Oller，1975）发展出一套更普遍的测试。其方法是把一个儿童熟悉的词与一个语音相似的非词放在一起让儿童区别，例如"rabbit"与"wabbit"等。

语法发展的测试

语法发展的测试在很大程度上受到语言学，尤其是句法学理论的影响。测试语法获得的方法很多，但迄今为止尚没有一个能准确无误地测出语法发展。最常用的几种均基于费来斯尔等（Fraser et al.，1963）的最初设计，其目的是考察受试人在结构对比中的理解及表达能力。例如，在由黎（1969）设计的西北句法测试中，实验人员给儿童看20对句子，每一对在句法结构上都相互对立，例如，"那个女孩会喝水的"，"那个女孩正在喝水"（将来时与现在时的对比）。之后让受试儿童指出与之相应的图画，以便测量儿童的理解能力。除此而外，受试儿童还要再听20个句子，然后再说出相应的图画。还有另一种测试叫米勒-约得测试，它常常被用来测试弱智及语言有障碍的儿童，尤其是儿童对各种语法结构的理解。第三种测试叫儿童语言理解测试（Foster et al.，

1973），主要用来测试儿童的理解能力。但是在测试同时还进一步检查儿童是否因词汇障碍而影响理解。因此，这一测试较其他更可靠些。最后一种语法测试方法叫语言听力理解测试（Carrow，1968），专门用来测验儿童的词汇、词缀及句法结构。这一测试还有一套与之相对应的西班牙文测试。

其他方面的语言测试

语言的丰富性在于语言本身以及语言的功能，如语音、词汇、语法及语义关系是语言的本身，而语言功能则是记忆以及大脑运作的一种工具。目前，语言的测试大都集中在语言形式上，而对语言功能的测试则远远赶不上来。例如，语义或语用的记忆。

测试词的意义十分困难。针对这一困难，研究者们采用了一种叫选词填空的测试方法（英文叫 cloze technique）。这一方法是让儿童根据语言上下文给一篇短文或一个句子填空，如上面提到的伊利诺心理语言测试在听力—表达测试中也采用选词填空法。例如，实验人员说："我坐在椅子上，我睡在＿＿。""大象很大，老鼠＿＿。"受试儿童听完之后得将空白处以口头形式填出。在这一测试中，受试儿童必须用他所知道的词义以及句子成分之间的关系去填空。

对句子记忆的测试是另一种了解儿童语义发展的好方法。有很多科学证据证实有意义的材料要比无意义的材料容易记忆得多。因此，记忆句子以及记忆毫不相干的字串的对比是一个很好的测量儿童综合句子语义能力的方法。恩特维斯等（Entwisle et al.，1974）设计了三个句子用人工话筒放出让受试儿童听。这三个句子的特点如下：

1. 有意义句：   狗熊从蜂窝中偷蜜。
2. 无意义句：   火车在房子附近把大象偷走了。
3. 语序混乱句：   从打枪公路过路人母亲。

这一实验出 6 岁到 9 岁的儿童参加。受试儿童先听录音，然后重复听到的句子。结果发现，6 岁儿童三个句子的重复成绩均在 20% 以下，而 7 岁以上儿童三个句子的成绩则有很大的差距，有意义的成绩最高，无意义次之，而语序混乱句最差。

第四节　语言测试与语言发展中的一些
生理及社会因素的关系

语言测试除了有诊断语言障碍功能外，还应能够揭示正常语言发展的过程。与此相关的问题有三个：第一，语言发展中有没有男女差别？第二，双胞胎儿童的语言发展有多大的相似性？第三，社会的不同阶层会不会影响儿童的语言测试？目前，对于这三个问题的回答仅仅基于一些有限的语言测试，虽然有很多不足之处，但是，为我们今后的研究提供了良好的开端。

一　性别差异的测试

人们常常说："一般女性的说话能力比男性的高。"这好像已经变成为一般人和一些心理学家所接受的事实。早在20世纪20年代和30年代，就有一些研究提出，性别差异可以出现在语言发展的早期。但是这些发现后来被一些粗糙的测试以及小型抽样的研究结果驳倒了，因为大多数的这类研究都没有发现较大的男女性别差异。尽管在过去的几十年里，人们对语言发展有了进一步的认识，但很少有人对性别差异在语言获得中的作用作过进一步研究。到了1974年，麦考比及杰肯（Maccoby and Jackin，1974）对男女性别差异做了一次全面认真的调查，并对性别在多个心理发展阶段的作用做了统观分析，结论得出女性在语言上的优势并没有人们想象的那么大，甚至可以说两性之间没有什么很大的差异。

当儿童不到1岁时，多数研究都发现男性与女性儿童在发声及对母亲的口头反应上均无差异。尽管路易丝（Lewis，1972）发现3个月的女性儿童比男性儿童的语言反应较多些，到了1岁或4岁，这种发声方面的差异就很少了，但女性儿童的词汇发展似乎比男性快。Nelson（1973）曾报告说女性儿童在18个月就可获得50个字而男性儿童则要到22个月才行。

2岁到4岁是儿童语言发展的关键期。在这一阶段多数的语法结构开始出现使用。女孩在此时与母亲及其他儿童的交谈要比男孩多一些。

此外，学校老师也认为女孩的语言发展比男孩要快。但是如果经实验测试检验，很少发现这种质变分析法得出的结果，其结论也常常是两性之间没有差别。克拉克—斯徒尔德（Clark-Stwart，1973）曾指出他们的实验发现儿童在 14 个月时，女性儿童的理解及词汇均比男性高。但是数十以上的实验结果均证明两性之间在语言上没有差别。其中最大的抽样是麦卡瑟等（McCarthy et al.）等运用伊利诺心理语言测试的实验。有 700 名从 2 岁半到 7 岁的儿童参加。结果发现在语言表达及听觉测试中两性均无差异。唯一两性有差异的测试是词义相关的听力口头测试，而且差异只出现在 5—6 岁的儿童中。

到了学前初期，两性差异变得更少，连词汇方面的两性差异均开始消失。但斯坦福研究中心的实验报道了一个例外。该实验发现在一组参加校外补习的幼儿班到小学二年级的学生中（补习的原因是由于语言障碍），女性学生的多种考试的成绩均高于男性学生。还有一些研究集中分析了儿童语言交际，讲故事，以及解释游戏规则的两性差别，但很少发现有差异。在麦考比等（Maccoby et al.，）的实验中发现女性儿童 7 岁以后对字及句子的记忆比男性儿童好，但对事物或数字的记忆则不突出。至于这一阶段的阅读能力更是含混不清。有的人发现女性儿童的阅读高于男性，有的发现男性高于女性，还有的发现无差异。

到了十一二岁，女性在语言能力上的优势似乎就进一步确定，这一现象一直延续到高中甚至到大学。事实上，如果用一般的与语言相关的智力测验，例如，全美高中统一智力测试的语言部分，差异并不明显。但是如果是专门的语言技能测试，例如拼读、发音，理解复杂的句式，理解语言表达的逻辑关系等，其结果表明女性学生较为优势。由此，Maccoby 等提出性别差异发展的三个阶段：1—3 岁期女性也许优于男性。这一阶段的优越性并不能延续很长，因为到了 3 岁，男性儿童就可基本赶上来。从 3 岁到八九岁差异仍然很小，即使有差异，通常是女性优于男性。到了最后一个阶段，也就是少年阶段，女性通常优于男性。

二　双胞儿童的语言发展测试

对于双胞儿童的心理发展，心理学家们曾提出两个问题。第一个是双胞胎本身的特性对他们的心理发展有什么影响？第二个是是不是同卵双胞胎比异卵双胞胎更为相似？第二个问题力图从双胞胎的特性找出遗传方面的解释。总的来说有两种双胞胎，一种由同一个卵子分裂为两个而造成的双生，因此，他们具有相同的遗传基因。另一种是由两个卵子与精子结合而成的，因此这两个双胞胎只有50%相同的遗传基因。在一定的程度上，遗传基因决定一个人的生理及心理发展，因而同卵双胞胎的发展应该比异卵更具备相似性。对这两种双胞胎的比较，最好是同性，而这一要求也符合大多数双胞胎的特点。

到目前为止，对双胞胎的长期跟踪语言观察还没有人做过。但是一般来说，双胞胎都说话较晚。Lenneberg（1967）曾比较了用不同标准测试的结果，得出结论，47%的异卵双胞胎与65%的同卵双胞胎有语言迟缓现象。Day（1932）指出5岁双胞胎对语言的平均反应相当于单胞儿童3岁的反应。这一测试是根据50个句子所含有的字数得出的。这一解释并没有什么说服力，因为这种测试忽视了双胞胎的社会环境、家庭背景等多种重要因素。为了弥补这一不足，考曲（Koch，1966）设计了一个只包括6岁儿童在内的研究。他的测试包括语言能力测验以及错误分析（400个词）。错误包括主谓搭配、错用人称、复数、时态、形容词、副词、介词、语序倒置、错用句型、不完整句，以及指代不清等。通过分析，考曲把双胞胎分为六类：1. 同卵男性；2. 同卵女性；3. 异卵男性；4. 异卵女性；5. 异卵异性男性为主；6. 异卵异性女性为主。考曲的调查结果与其他的结果很类似。他发现双胞与单胞儿童的区别一直到上小学仍然存在，但区别程度要比早期小得多。在诸多语言测验中，单胞儿童一般较异卵双胞儿童的成绩好一些，但异卵双胞的成绩又比同卵双胞成绩好一些。这种区别虽然不大，但一半以上的受试人数属于以上情况。性别分析也表明，女性儿童的成绩均比男性儿童高。例如，异卵同性的女孩要比同样的男孩高，同卵同性的女孩也比男性高，另外一对也呈现同样情况。有人认为这种一直延续到小学之初的差异也许是由于出生时的困难以及早期的身体状况所引起。双胞儿童在早期以及学前后的语言发展缓慢的科学证实仍然很少。一些非正式的研究指出双胞胎有自己的一套交际系统，用来排除外界儿童及成人跟他们的交际。但是双胞胎的交际体系是与正常交际有质的区别还是仅仅是一种省略形式至今仍然不清楚。

前面提到的第二个问题旨在研究比较两种双胞儿童的相似性。在发展心理学史上就有记载，同卵双胞儿童比异卵双胞儿童动作同步得多。例如身高，变声时间，第一次来潮等。Lenneberg（1967）曾指出语言的出现是人生历程中的一个里程碑。30％的同卵双胞的语言能按期正常发展，65％有语言延缓现象。对异卵双胞来说。53％的语言能按期正常发展，35％延缓，其中25％只在一个双胞儿童身上出现。

丘布利曲等（Chubrich et al.，1971）更详尽地检验了双胞儿童的语言发展。他们的所有测验均基于儿童所表达的语言数据，包括语音，单复数变化，过去式变化，以及代词及否定式。受试儿童中有四对同卵、四对异卵，均被跟踪观察9个月。起始年龄在3岁7个月。同卵儿童的语言发展在词缀变化及语法上几乎同步，但异卵儿童则有差异。另外，在语音上两种双胞儿童则没有区别。对这种结果的一种可能的解释是异卵双胞的父母期待并人为地要求两个儿童不一样，而同卵儿童的父母则接受其自然。要想证实这一假设是否属实，那么产科大夫的误诊是最好的证据。同卵异卵的区分通常是由产科大夫诊断得知的。这种判断不一定总是正确的，但一般为父母们所接受。误诊后的双胞儿童到底与其他双胞儿童有没有不同，丘布利曲等观察了一对误诊双胞。他们本是同卵但被误诊为异卵。这两个儿童并没有受其父母期待的影响，他们的语言以及其他方面的发展均与同卵儿童一致。由此可见，外界环境对双胞儿童的影响并不很大。

沃特赫斯（Waterhouse，1973）采用了另一种方法考察外界环境对双胞儿童同步发展的影响。她先后分析了双胞儿童母亲对孩子的谈话，并将谈话根据九个因素打分。其中包括问句、回答儿童提问、扩展话题、重复等。结果发现在一半以上的测试中，母亲对异卵儿童的谈话方式变换很大，而同卵儿童的母亲对孩子谈话时则没有什么变化。而另一半测试的结果表明，同卵儿童母亲的语体变换较异卵儿童的母亲变换大。与此同时，两类双胞儿童母亲的谈话方式没有什么质的区别。

由上面的讨论我们可以知道，尽管以上结果所基于的抽样较小，但很清楚地告诉我们同卵儿童在语言发展上的同步要比异卵儿童大，而且这一同步与父母的期待以及左右没有关系。另外从双胞儿童的语言发展观察，我们可以推出也许语言的发展是人类成熟过程的一部分，它代表了人类大脑的能力出现并完成的过程。

三　社会阶层差异

第三个影响语言测试结果的因素是社会阶层，通常表现在贫穷和富有家庭儿童之间。很多家庭贫困的儿童之所以学习成绩很差而不能升学，其主要原因是因为他们的语言没有得到充分发展，这一语言障碍反过来又对儿童的学习有影响。金斯伯格（Ginsburg，1972）曾指出："恶劣的环境导致儿童语言的发展缓慢。这种下层语言又导致思维的缺乏，这两者继而又导致学业的不成功。"

一种推理认为，从总体上来看，社会阶层差异在 2 岁到 3 岁半以前并不明显。这是因为一般的标准智力测验，例如，斯坦福-比奈测标以及倍雷婴儿测标均有类似的结果。当语言发展成一个复杂的表达及理解体系时，社会阶层的差异就表现出来了。因此，问题的症结一般不外乎两点，一是语言学习的问题，一是如何使用语言的问题。

社会阶层本身并不可能直接导致语言发展迟缓或障碍。但也有的人会说儿童的语言环境或成长环境对儿童有影响。事实上，从实验测试数据来看，社会阶层差异对语言发展的作用不很清楚、分明。下面我们从语言测试的三方面讨论社会阶层与语言发展的关系。这里包括词汇、语法以及语言功能的测试结果。值得提醒的是这三方面的数据的意义是有限的，这是因为实验方法不够完善，以及社会阶层、人种及方言三个因素互相交叉、互相作用的结果。

在词汇测试方面，斯特多斯基等（Stodolsky et al.，1967）对不同种族的儿童做了测试，方法采用看图说话，命名，以及说出事物定义。例如，在定义测试中，测试人员问儿童"什么叫____?""你说____的意思是什么?"所有受试儿童的测试用其母语及英语进行。此外，所有可能表现社会倾向性的词也被删除。结果发现，四个不同种族中的低阶层儿童均得分较中等阶层低。这一测试后来得到很多其他测试及研究的证实。斯特多斯基（1965）对黑人四个阶层的儿童用匹巴得词汇测验得出的结论也说明儿童词汇在黑人的四个阶层中有很大的差异。（四个阶层是：a. 领取社会救济金；b. 低阶层；c. 中阶层；d. 高阶层。）Templin 对学前及小学的儿童测试也具有同样的结果。

在语法发展方面，不同社会阶层儿童的差异似乎小一点。泰姆林（Templin，1957）对 480 个 3 岁到 8 岁的白人儿童的语言进行测试。方法采用儿童游戏时记录他们的语言表达。每个人都须有 50 个句子。之后根据标准将句子分为六个不同的类型。例如，1. 简单句："他去了。"2. 功能上完整但形式上不完整句："东东那儿。"3. 有修饰成分句："他跑得很快。"4. 复合句："她看电影时，他做饼干。"5. 并列句："他打牌，我给他拿牌。"Templin 发现不同社会阶层儿童的成绩总的说来差异不大，虽然低阶层儿童的简单句较其他组多一些，但六组语法类型在不同社会阶层组中都有。这一结果引出了一个具有普遍意义的问题：如果社会低阶层儿童的复合句较中层的少些，这到底是说明什么问题？既然这些儿童的表达中有复合句，那么他们至少有表达复合句的能力。那么为什么又很少呢？Dale（1976）曾指出，也许这种情况正反应了不同阶层对某种句子结构用得较多，而其他用得较少的倾向，这种倾向影响了儿童语言。这一结果是否具有实际意义还有待于今后的研究证实。

洛班（Loban，1963）对 338 个不同社会阶层的儿童的语法发展进行了调查，但方法上有很大的问题。首先，他没有区别受试儿童中的白人与黑人儿童，把种族与社会阶层混为一谈。其次，他的多数结果只集中在 30 个最好及 24 个最差学生的对比上。这样，他很可能夸大了不同社会阶层之间的真正区别。尽管好成绩的受试学生均为中等阶层而低成绩为低等阶层的学生，但这一结果并不能说明社会阶层的作用。德维特（Dewart，1972）对 5—6 岁的中等阶层及工人阶层的儿童的主动句与被动句进行了比较。结果发现中等阶层的受试儿童在被动句以及复合句上要比工人阶层的儿童好得多，但在主动句上则两组基本一样。从以上讨论得知，只有部分研究结果能证实社会阶层对语言发展的影响，但很多结果则发现这一因素不会导致语言发展的很大区别。

在比较社会阶层与语言运用的发展方面，有很多语言测试实验。海德尔（Heider，1969）对 10 岁的中阶层与低阶层的儿童的交际能力做了比较。结果发现，中阶层的表达方式往往是从事物的部分开始，而且用描述的手法表达；而低阶层儿童则从事物的总体开始，然后引出别的事物。同样，克劳斯及洛特尔（Krauss and Rotter，1968）发现 7—8 岁的中层儿童往往在理解会话时较低层儿童好一些，这里包括中阶层或低阶层儿童与受试儿童的对话。此外，中阶层儿童的回答也较低阶层儿童更准确一些。包德曼（Boldwin，1971）的实验结果也证实了这一点。

从以上可知，社会阶层似乎可以造成儿童交际能力的发展不一。但也有人提出不同的解释。海德尔等（1968）认为这种差异也许不是交际能力问题，而是儿童的动机问题。在他们的测试中，实验人员有意采用不同形式刺激低阶层儿童说话，例如，让儿童多问问题，实验人员也通过重复问题以便鼓励儿童回答。结果发现低阶层儿童的测试成绩较正规的统一测试要高得多。但这一结果在 Boldwin 实验中并没有得到证实。

在研究交际能力中，最能突出表现该能力的语言结构是名词与代词的运用。豪肯斯（Hawkins，1969）对 5 岁儿童的自然言语进行了分析，发现中阶层儿童往往用名词多，而低阶层儿童则用代词较多。他还发现在人称代词使用上，低阶层儿童在描述图画时，往往用与图画相应的代词，好像听话的人也可以看到图画似的。而中阶层儿童则只用代词表示前面所指过的事物。

波兹那及苏尔兹（Pozner and Saltz，1974）曾指出以前观察到的交际区别也许不是由于交际能力缺乏，而是由于词汇缺乏而造成的。他们试图设计出一种交际情景，力图控制词汇的作用。与此同时，他们也尽量照顾到交际的场景特定性与儿童自我中心性。实验对小学五年级的儿童进行了测试。首先，实验人员教受试儿童玩一种简单游戏，其中要用到条件复句。在游戏中，如果实验人员放一个白圈在游戏纸上，儿童须放一分钱在他们游戏纸的红圈上。如果是一个黑圈，儿童则将一分钱放在绿圈上。所有的受试儿童都对颜色、形状词汇很熟悉，而且都能将游戏规则再反过来讲给实验人员。这样，所有的儿童在词汇与理解上为同步进行。实验结果发现，中阶层与低阶层儿童在承当听话者时表现完全一样。但当角色变换为说话者或交际者时，中阶层儿童似乎较低阶层儿童好一些。低阶层儿童在交际中往往省略句子的关键部分（低阶层儿童54％而中阶层儿童3％），例如，在条件句"如果老师做 A，你做 B"中，往往条件句被省略而造成交际中断。由此可见，低阶层儿童的问题不是不懂条件句，而是不知道什么时候应该省略，什么时候不应该省略。这也许是儿童语言个人中心性的一种表现。

我们知道人们交谈的话语（discourse）往往是关于不在眼前的动作或事物，在时与空两方面都离说话人与听话人较遥远，因此记忆是一个很关键的因素。麦卡维尔及爱利斯（McCarver and Elis，1972）比较了5岁的白人中阶层与黑人低阶层儿童在看图识物中的能力。尽管两组的词汇能力有很大的差别，但是两组的短期记忆毫无差别。其他实验也发现重复背诵也均能提高两组儿童的记忆。由此可见，记忆能力并不受社会阶层的影响。

汉英术语对照

C

参数	Parameter
处理过程的研究	Processing studies
创造性结构	Creative construction
词素	Morphology

D

单字句	Holophrastic sentence
第二语言本土化	Nativization
第二语言第一语言化	Nativization
第一语言解体	Denativization
多变能力	A variable competence
多变语言	Variable Comp-
能力模式	etence Model

F

反面证据	Negative evidence
分析理论	Contrastive analysis
丰富解释	Rich interpretation

G

感情因素过滤	The affective filter
系统的假设	hypothesis
共同规则	Universal Grammar
共同语法	Universal grammar
共同语法	The Universal
的假设	Hypothesis
咕咕之声	Cooing
管辖理论	The theory of gover-
	nment and binding
过程	Process
过渡语言	Transitional competence

H

宏观神经	Macroneurons
化石化	Fossilization
话语	Discourse
话语理论	Discourse Theory
回避策略	Avoidance strategy
获得	Acquisition
获得研究	Acquisition studies

J

教育学	Education
结果	Product
近似语言	Approximative system

K

控制调节过程	Monitoring
控制调节论	Monitor theory
控制调节模式	The Monitor Model
跨年龄组	Cross-sectional
比较法	studies
扩大使用	Overextension

L

理解操作	Comprehension monitoring
联系	Ract

M

敏感度	Sensitivity

P

匹巴得图文	PPVT: peabody picture
词汇测验	vocabulary test
平均句长	MLU: Mean Length
	of Utterances

普遍语法	Universal Grammar	语言的获得	Language acquisition
Q		语言调节	Accommodation Theory
期观察法	Longitudinal studies	语言调整使用	Code-switching
前次效益	Primacy effect	语言发展	Language development
S		及获得	and acquisition
上形聚合点	Upward convergence	语言会话	Conversation
社会学	Sociology	语言机制	Language Acquisition Device
社会语言学	Sociolinguistics	语言控制调	The monitor hypothesis
神经功能理论	Neurofunctional Thoery	节假设	
神经学	Neurology	语言困难症儿童	Dysphasia
神经语言学	Neurolinguistics	语言理解	Language comprehension
斯楚测试	Stroop task	语言输入	Language input
缩小使用	Underextension	语言输入假设	Input hypothesis
T		语言特性效益	Language speci-fic effects
啼哭阶段	Crying		
W		语言先验派	Language nativism
微观神经	Local-ciruit	语言学	Linguistics
文化合流	Acculturation	语言知识	Linguistic knowledge
文化合流模式	Acculturation Theory	Z	
无目标结构	Unstructured commun-	中间语言	Interlanguage
交际测试	ication task	重新组织	Reorganize
X		主语不可省	Non-subject-drop-
下形分散点	Downward divergence	略语言	ping languages
心理现实性	Psychological reality	主语可省	Subject-dropping
心理学	Psychology	略语言	languages
学习	Learning	自闭症	Autistics
Y		自闭症儿童	Autistic children
要求	Mand	自然获得与课堂语	The natural
以词代句语言	Holophrastic speech	言学习的假设	route hypothesis
有目标结构的	Structured comm-	自然顺序	The natural
交际测试	unication task	假设	order hypothesis
语困症儿童	Dysphasia	最大限度区	Principle of maxi-
语言表达	Language production	分规律	mum contrast
语言处理	Language processing	咿呀学语	Babling

参 考 文 献

Adiv, E. (1980). A comparative evaluation of three immersion programs: Grades 10 and 11. Unpublished manuscript, Protestant School Board of Greater Montreal.

Albert, M., & Obler, L. (1978). The *bilingual brain*. New York: Academic Press.

Anderson, J. R. (1976). *Language, memory, and thought*. Hillsdale, NJ: Lawrence Erlbaum Associates.

Arnold, G., & Schwartz, S. (1983). Hemispheric lateralization of language in autistic and aphasic children. *Journal of Autism and Developmental Disorders*, 13, 129—139.

Apronti, E. O. (1969). The language of a 2-year-old Dangme. *Proceedings of the Eighth West African Language Conference*.

Asch, S., & Nerlove, H. (1960). The development of double function terms in children. In B. Kaplan & S. Wapner (Eds.), *Perspectives in psychological theory*. New York: International Universities Press.

Asher, J., & Garcia, R. (1969). The optimal age to learn a foreign language. *Modern Language Journal*, 8, 334—341.

Ausubel, D. (1968). *Educational psychology: A cognitive approach*. New York: Holt, Rinehart & Winston.

Bailey, N, Madden, C., & Krashen, S. D. (1974). Is there a natural sequence in adult second language acquisition? *Language Learning*, 24, 235—243.

Baltaxe, C. A. M. (1977). Pragmatic deficits in the language of autistic adolescents. *Journal of Pediatric Psychology*, 2, 176—180.

Baltaxe, C. A. M. (1984). Use of contrastive stress in normal, aphasic, and autistic chidren. *Journal of Speech and Hearing Research*, 27, 97—105.

Barrett, M. D. (1982). The holophrastic hypothesis: Conceptual and empirical issues. cognition, 11, 47—76.

Bartak, L., Rutter, M., & Cox, A. (1975). A comparison of infantile autism and specific developmental receptive disorder: 1. The children. *British Journal of Psychiatry*, 126, 127—145.

Bartolucci, G. Pierce, S., Streiner, D., & Eppel, P. T. (1976). Phonological investigation of verbal autistic and mentally retarded subjects. *Journal of Autism and*

Childhood Schizophrenia, 6, 303—316.

　　Barton, M., Goodglass, H., & Shai, A. (1965). Differential recognition of tachistoscopically presented English and Hebrew words in right and left visual fields. *Perceptual and Motor skills*, 21, 431—437.

　　Beebe, L. (1983). Risk-taking and the language learner. In H. W. Seliger & M. H. Long (Ed.), *Classroom oriented research in second language acquisition.* Rowley, MA: Newbury House.

　　Bellisle, F. (1975). Early bilingualism and cerebral dominance. Unpublished manuscript, psychology Department, McGill University.

　　Bellugi, U. (1965). The development of interrogative structures in children's speech. In K. Riegel (Ed.), The *development of language functions.* University of Michigan Language Development Program, Report No, 8, pp. 103—138.

　　Bellugi, U. (1967). The acquisition of negation. Unpublished doctoral dissertation, Graduate School of Education, Harvard University.

　　Benton, A. (1978). The cognitive functioning of children with developmental dysphasia. In M. A. Wyke (Ed.), *Developmental dysphasia*, (pp. 43—62). New York: Academic press.

　　Berlin, C., Hughes, L., Lowe-Bell, S., & Berlin, H. (1973). Right-ear advantage in children from 5 to 13. *Cor-*

tex, 9, 394—402.

　　Berninger, G., & Garvey, C. (1982). Tag Constructions: Structure and function in child discourse. *Journal of Child Language*, 9, 151—168.

　　Bever, T. G. (1970). The cognitive basis for linguistic structures. In J. R. Hayes (Ed.), *Cognition and the development of language*, (pp. 279—362). New York: Wiley.

　　Beveurdge, M. C., & Mittler, P. (1977). Feedback, language, and listener performance in severely retarded children. *British Journal of Disorders of Communication*, 12, 149—157.

　　Bloom, L. (1970). *Language development: Form and function in emerging grammars.* Cambridge, MA: MIT Press.

　　Bloom, L. (1973). *One word at atime.*. The Hague: Mouton.

　　Bloom, L., & Lahey, M. (1978). *language development and language disorders.* New York: Wiley.

　　Bloom, L., Rocissano, L., & Hood, L. (1976). Adult-child discourse: Developmental interaction between information processing and linguistic knowledge. *Cognitive Psychology*, 8. 521—522.

　　Bloomfield, L. (1933). *Language.* New York: McGraw-Hill.

　　Blumenthal, A. L. (1970). *Language and psychology: Historical aspects of psycholinguistics.* New Youk: Wiley.

　　Bonvillian, J. D., and Nelson, K. E.

(1976). Sign language acquisition in a mute autistic boy. *Journal of Speech and Hearing Disorders*, 61, 339—347.

Bonvillian, J. D., Nelson, K. E. and Rhyne, J. M. (1981). Sign language and autism. *Journal of Autism and Developmental Disorders*, 11, 125—137.

Bonvillian, J. D., Orlansky, M. D., and Novack, L. L. (1983). Developmental milestones: Sign language acquisition and motor development. *Child Development*, 54, 1435—1445.

Bowerman, M. (1973). Structural relationships in children's utterances: Syntactic or semantic? In T. E. Moore (Ed.), *Cognitive development and the acquisition of language*, (pp. 197—213). New York: Academic Press.

Bowerman, M (1976). Semantic factors in the acquisition of rules for word use and sentence construction. In D. M. Morehead & A. E. Morehead (Eds.), *Normal and de ficient child language*, (pp. 99—179). Baltimore, MD: University Park Press.

Bowerman, M. (1982). Reorganizational processes in lexical and syntactic development. In E. Wanner & L. R. Gleitman (Eds.), *Language acquisition: The state of the art*, (pp. 319—346). Cambridge: Cambridge University Press.

Boyes-Braem, P. (1973). *A study of the acquisition of the dez in the American Sign Language*. Working paper, Salk Institute for Biological Sciences., La Jolla, CA.

Braine, M. D. S. (1963). The ontogeny of English Phrase structure: The first phase. *Language*, 39, 1—13.

Braine, M. D. S. (1976). Children's first word combinations. *Monographs of the Society for Research in Child Development*, 41, (Serial No. 164).

Brown, R. (1958). How shall a thing be called? *Psychological Review*, 65, 14—21.

Brown, R. (1973a). *A first language: The early stages*. Cambridge: Harvard University Press.

Brown, R. (1973b). Schizophrenia, language, and reality. *American Psychologist*, 28, 3995—403.

Brown, R., & Bellugi, U. (1964). Three processes in the child's acquisition of syntax. *Harvard Educational Review*, 34, 133—151.

Brown, R., Cazden, C. B. & Bellugi, U. (1969). The child's grammar from 1 to 3. In J. P. Hill (Ed.), *Minnesota Symposium on Child Psychology* (Vol. 2, pp. 28—73). Minneapolis: University of Minnesota Press.

Bruce, D. J. (1964). The analysis of word sounds by young children. *British Journal of Educational Psychology*, 34, 158—159.

Bruner, J., Goodnow, J. J., & Austin, G. A. (1956). *A study of thinking*. New York: wiley.

Bryden, M. P (1970). Dichotic listening-relations with handedness and reading in children. Neuropsychologia, 8, 443—450.

Buhler, K. (1970). Tatsachen und probleme zu einer psychologie der denkrorg!? nge. I. vever gedanken [Facts and problems of the psychology of thought processes: 1. On thoughts]. *Archiv gesumte Psychologie*, 9, 297—305.

Buium, N., Rynders, J., & Turnure, J. (1974). Early matermal linguistic environment of normal and Down's syndrome language-learning children. *American Journal of Mental Deficiency*, 79, 52—58.

Burns. G. W., & Watson, B. L. (1973). Factor analysis of the revised ITPA with underachieving children. *Journal of Learning Disabilities*, 6, 371—376.

Burstall, C. (1974). *Primary French in the balance*. Windsor, England: NFER Publishing Company.

Burt, M. K. and Dulay, H. C. (1980) On acpuisition orders. In Felix, S. (ed.) *Second Language Development*. Tubingen: Narr.

Cantwell, D. p., Baker, L., & Mattison, R. E. (1979). The prevalence of psychiatric disorder in children with speech and language disorder: An epidemiological study. *Journal of the American Academy of Child Psychiatry*, 18, 450—461.

Cantwell, D., Baker, L., & Rutter, M. (1978). A comparative study of infantile autism and specific developmental receptive language disorder: 4. Analysis of syntax and language function. *Journal of Child Psychology and Psychiatry*, 19, 351—362.

Carroll, D. (1986). *Psychology of language*, Books/cole Publishing Company, CA: Pacific Grove.

Caramazza, A., & Zurif, E. B. (1976). Dissociation of algorithmic and heuristic processes in language comprehension: Evidence from aphasia. *Brain and Language*, 3. 572—582.

Carroll, F. (1980). Neurolinguistic processing of a second language: Experimental evidence. In R. Scarcella & S. Krashen (Eds.), *Research in second language acquisition. Rowley*, MA: Newbury House.

Caroll, J. B. (1975). *The teaching of French as a foreign language in eight countries*. New York: Wiley.

Carrow, M. W. (1968). The development of auditory comprehension of language structure in children. *Journal of Speech and Hearing Disorders*, 33, 99—111.

Carrow, M. W. (1970). The neglected situation in child language research and education. In F. Williams (Ed.), *Language and poverty*. Chicago: Markham.

Cazden, C. (1976). Play with language and meta-linguistics awareness: One dimension of language experience. In J. S. Bruner, A. Jolly, & K. Sylva (Eds.),

Plany: *Its role in development and evolution*, (pp. 603—608). New York: Basic Books.

Cazden, C. B. (1968). The acquisition of noun and verb inflections. *Child Development*, 39, 433—488.

Cazden, C. (1970). The neglected situation in child langujage research and education. In F. Williams (Ed.), *Language and povertv. Chicago*: Markham, 81—101.

Chao, Y. R. (1930). A system of tone letters. *Mphon*, 45, 24—27.

Chomsky, N. (1981). *Lectures on government and binding*. Dordrecht: Foris.

Chubrich, R. E., & Mann, M. B. (1971). Selected

Fraser, C., Bellugi, U., & Brown, R. (1963). Control of grammar in imitation, comprehension, and production. *Journal of Verbal Learning and Verbal Behavior*, 2, 121—135.

Freedman, P., & Carpenter, R. (1976). Semantic relations used by normal and language-impaired children at Stage 1. *Journal of Speech and Hearing Research*, 19, 784—795.

Fries, C. C. (1945). *Teaching and learning English as a second language*. Ann Arbor: Univeristy of Michigan Press.

Gallagher, T. M., & Darnton, B. A. (1978). Conversational aspects of the speech of language-disordered children: Revision behaviors. *Journal of Speech and Hearing Research*, 21, 118—135.

Galloway, L. (1979). The cerebral organization of language in bilinguals and second language learners: Clinical and experimentalevidence. Unpublished doctoral dissertation, University of California at Los Angeles.

Galloway, L., & Krashen, S. (1980). Cerebral organization in bilingualism and second language. In R. Scarcella & S. Krashen (Eds.), *Research on second language acquisition. Rowley*, MA: Newbury House.

Galloway, L., & Scarcella, R. (1982). Cerebral organization in adult second language acquisition: Is the right hemisphere more involved? *Brain and Language*, 16, 56—60.

Gardner, H. (1974). Metaphors and modalities: How children project polar adiectives onto diverse domains. *Child Development*, 45, 84—91.

Garnica, O. K. (1973). The development of phonemic speech perception. In T. E. Moore (Ed.), *Cognitive development and the acquisition of language* (pp. 215—222). New York: Academic Press.

Garvey, C. (1975). Requests and responses in children's speech. *Journal of Child Language*, 2, 41—63.

Garvey, C., & Berninger, G. (1981). Timing and turn-taking in children's conversations: *Discourse Processes*, 4, 27—57.

Gass, S., & Sellinker, L. (Eds.) (1983). *Language transfer in language learning. Rowley*, MA: Newbury House.

Gaziel, T., Obler, l., & albert, M. (1978). A tachistoscopic study of Hebrew-English bilinguals. In M. Albert & Obler (Eds.), *The bilingual brain.* New York: Academic Press.

Geers, A., Moog, J., & Schick, B. (1984). Acquisition of spoken and signed English by profoundly deaf children. *Journal of Speech and Hearing Disorders,* 49, 378—388.

Gelman, R. (1978). Cognitive development. *Annual Review of Psychology,* 29, 297—332.

Genesee, F. (1978). Is there an optimal age for starting second language instruction? *McGill Journal of Education,* 13, 145—154.

Genesee, F. (1981). A comparison of early and late second language learning. *Canadian Journal of Behavioral Sciences,* 13, 115—127.

Genesee, F. (1983). Bilingual education of majority language children: The immersion experiments in review. *Applied Psycholinguisics,* 4, 1—46.

Genesee, F., Hamers, J., Lambert, W. E.., Mononen, L., Seitz, M. & Starck, R. (1978). Language processing stategies im bilinguals: A neurophysiological Study. *Brain and Language,* 5, 1—12.

Geschwind, N. (1965). Disconnection syndromes in animals and man. *Brain,* 88, 237—294, 585—644.

Giles, H., R. Bourhis, and D. Taylor... (1977). 'Toward a theory of language in Ethnic group relations' in H. Giles (ed). *Language Ethnicity and Intergroup Relations.* New York: Academic Press.

Ginsburg, H., & Opper, S. (1969). *Piaget's theory of imtellectual development:* An introduction. Englewood Cliffs. NJ: prentice Hall.

Gleason, J. B., & Weintraub, S. (1978). Input language and the acquisition of communicative competence. In K. E. Nelson (Ed.), *Children's language* (Vol. l, pp. 171—222). New York: Gardner Press.

Gleitman, L. R., Gleitman, H., & Shipley, E. F. (1972). The emergence of the child as grammarian. *Cognition,* 1, 137—164.

Glidden, L. M., & Mar, H. H. (1978). Availability and accessibility of information in the semantic memory of retarded and nonretarded adolescents. *Journal of Experimental Child Psychology,* 25, 33—40.

Glucksberg, S., Krauss, R. M., & Weisberg, R. (1966). Referential communication in nursery school children: Method and some Preliminary findings. *Journal of Experimental Child Psychology,* 3, 333—342。

Gordon, H. W. (1980). Cerebral organization in bilinguals: 1. Lateralization. *Brain and Language,* 9, 255—268.

Greenberg, M. T. (1980). Social interaction between deaf preschoolers and their mothers: The effects of communication method and communication competence. *Developmental psychology*, 16, 465—474.

Greenfield, P. M., & Smith, J. H. (1976). *The structure of communication in early language development*. New Youk: Academic Press.

Gregg, K. R. (1984). Krashen's monitor and Occam's razor. *Applied Linguistics*, 5, 79—100.

Gregg, K. R. (1986). Review of *The input hypothesis: Issues and implications by* Stephen D. Krashen. *TESOL Quarterly*, 20 (1), 116—122.

Hakuta, K. (1981). 'Some common goals for second and first language acquisition research'in Andersen (ed.) 1983a.

Halliday, M. (1975). *Learning how to mean*. London: Edward Arnold. Grosjean, F. (1982). The bilingual person: Chapter 5. *Life with two languages*. Cambridge, MA: Harvard University Press.

Hanson, V. L., Liberman, I. Y., & Shankweiler, D. (1984). Linguistic coding by deaf children in relation to beginning reading success. *Journal of Experimental Child Psychology*, 37, 378—393.

Hartnett, D. (1974). The relation of cognitive stvle and hemispheric Preference to deductive and inductive second language learning. Unpublished master's thesis., Univeristy of California at Los Angeles.

Hatch, E. (ed.). (1978). *Second Language Acquisition*. Rowley, Mass.: Newbury House.

Hatch, E. (1983). Neurolinguistics and bilingualism: Chapter 11. *Psycholinguistics: A second language perspective*. Rowley, MA: Newbury House.

Hatta, T. (1977). Recognition of Japanese *kanji* in the left and right visuak fields. *Neuropsychologia*, 15, 685—688.

Hatta, T. (1978). Recognition of Japanese *kanji and hiragana* in the left and right visual fields. *Japanese Psychological Research*, 20, 51—59.

Hatta, T. (1981). Differential processing of kanji and *kana* stimuli in Japanese people: Some implications from Stroop test results. *Neuropsychologia*, 19, 87—93.

Hawkins, P. R. (1969). Social calss, the nominal group and reference. *Language and Speech*, 12, 125—135.

Heider, E. R. (1968) Cazden, C. B., and Brown, R.. Social class differences in the effectiveness and style of children's coding ability. Project Literacy Reports, No. 9. Ithaca, N. Y.: Cornell University Press.

Heider, E. R. (1969). Style and effectiveness of children's verbal communications within and between social classes. Unpublished doctoral dissertation, Department of Social Psychology, Harvard University.

Henggler, S. W., & Cooper, P. F. (1983). Deaf child-hearing mother interaction: Extensiveness and reciprocity. *Journal of Pediatric Psychology*, 8, 83—95.

Hink, R., Kaga, K., & Suzuki, J. (1980). An evoked potential correlate of reading ideographic and phonetic Japanese scripts. *Neuropsychologia*, 18, 455—464.

Hinshelwood, J. (1902) Four cases of word blindness. *Lancet*, 1, 358—363.

Hirata, K., & Osaka, R. (1967). Tachistoscopic recognition of Japanese letter materials in left and right visual fields. *Psychologia*, 10, 7—18.

Horgan, D. (1981). Learning to tell jokes: A case study of metalinguistic abilities. *Journal of Child Language*, 8, 217—224.

Howlin, P. (1979). *Training parents to modify the language of their autistic children: A home based approach.* Unpublished doctoral dissertation, London University.

Hoy, E. A., & McKnight, J. R. (1977). Communication style and effectiveness in homogeneous and heterogeneous dyads of retarded children. *American Journal of Mental Deficiency*, 81, 587—598.

Huey, E. B. (1908). *The Psychology and pedagogy of reading.* New York: MacMillan and company.

Hung, D. L., & Tzeng, O. (1981). Orthographic variations and visual information processing. *Psychological Bulletin*, 90, 377—414.

Hung, D. L., Tzeng, O. J. L., & Warren, D. H. (1981). Achronometrical study of sentence processing in deaf children. Cognitive Psychology, 13, 583—610.

Hurtig, R., Ensrud, S., & Tomblin, J. B. (1982). The communicative function of question production in autistic children. *Journal of Autism and Developmental Disorders*, 12, 57—69.

Hynd, G. W., Teeter, A., & Stewart, A. (1980). Acculturation and the lateralization of speech in the bilingual native American. *International Journal of Neuroscience*, 11, 1—7.

Ianco-Worrall, A. D. (1972). Bilingualism and cognitve development. *Child Development*, 433, 1390—1400.

Ingram, D. (1971). Transitivity in child language. *language*, 47, 888—91.

Ingram, D. (1976). *Phonological disability in children.* New York: Elsevier.

Jakobson, R. (1962). Why "mama" and "papa"? *In Selected writings Roman Jakobson.* The Hague: Mouton, pp. 538—545.

James, C. (1980). *Contrastive analysis.* London: Longman.

Jefferson, G. (1972). Side sequences. In D. Sudnow (Ed.), *Studies of social interaction* (pp. 294—38). New York: Free Press.

Johnson, D. L. (1974). The influences of social class and race on language test performance and spontaneous speech of preschool children. *Child Development*, 45, 517—521.

Johnson, N. F. (1965). The psychological reality of phrase structure rules. *Journal of Verbal learning and Verbal Behavior*, 4, 469—475.

Jordan, I., Gustason, G., & Rosen, R. (1979). An update on communication trends in programs for the deaf. *American Annals of the Deaf*, 125, 350—357.

Kamhi, A. G., & Johnston, J. R. (1982). Towards an understanding of retarded children's linguistic deficiencies. *Journal of Speech and Hearing Research*, 25, 435—445.

Kanner, L. (1943). Autistic disturbances of effective contact. *Nervous Child*, 2, 217—250.

Kanner, L. (1946). Irrelevant and metaphorical language in early infantile autism. *American Journal of Psychiatry*, 1103, 242—245.

Kantor, J. R. (1928). Can Psychology contribute to the study of linguistics? The *Monist*, 38, 630—648.

Kaplan, E., & Kaplan, G. (1971). The Prelinguistic child. In J. Elliott (Ed.), *Human development and cognitive processes* (pp. 359—381). New York: Holt.

Kendler, H. H. (1968), *Basic psychology* (2nd Ed.). New York: Appleton-Century Crofts.

Kershner, J., & Jeng, A. G.-R (1972). Dual functional asymmetry in visual perception: Effects of ocular dominance and postexposural processes. *Neuropsychologia*,

10, 437—445.

Kimusa, D. (1963). Speech lateralization in young children as determined by an auditory test. *Journal of Comparative and Physiological Psychology*, 56, 899—902.

Kimura, D. (1964). Left-right differences in the perception of melodies. *Quarterly Journal of psychology* 16, 355—358.

Kinsbourne, M. (1976). The ontogeny of cerebral dominance. In R. W. Rieber (Ed.), *The neuropsychology of language* (pp. 181—191). New York: Plenum.

Kleinmann, H (1977). Avoidance behavior in adult second language acquisition. *Language Learning*, 27, 93—108.

Klima, E. S., & Bellugi, U. (1966). Syntactic regularities in the speech of children. In J. Lyons & R. J. Wales (Eds.), *Psycholinguistics Papers* (pp. 183—208). Edinburgh: Edinburgh University Press.

Knox, C., & Kimura, D. (1970). Cerebral processing of nonverbal sounds in boys and girls. *Neuropsychologia*, 8, 227—237.

Koch, H. L. (1966). *Twins and twin relations*. Chicago: University of Chicago Press.

Kolb, B., & Whishaw, I. Q. (1980). *Fundamentals of human neuropsychology*. San Francisico: W. H. Freeman.

Kotik, B. (1975). Investigation of speech lateralization in multilinguals. Unpublished doctoral dissertation, Moscow State

University.

Kotik, B. (1980). An evoked potential stuby of Polish-Russin bilinguals. Personal communication.

Krashen, S. D. (1974). The critical period for language acquisition and its possibie bases. *Annals of the New York Academy of Sciences*, 263, 211—224.

Krashen, S. D. (1977). The monitor model for adult second language performance. In M. Burt, H. Dulay, & M. Finocchiaro (Eds.), *Viewpoints on English as a second language*. New York: Regents.

Krashen, S. D. (1978). Individual variation in the use of the monitor. In W. C. Ritchit (Ed.), *Second language acquisition research*. New York: Academic Press.

Krashen, S. D. (1981). *Second language acquisition and second language learning*. London: pergamon Press.

Krashen, S. D. (1982a). Accounting for child-adult differences in second language rate and attainment. In S. Krashen, R. C. Scarcella, & M. H. Long (Eds.), *Child-adult differences in second language acquisition*. Rowley, MA: Newbury House.

Krashen, S. D. (1982b). *Principles and practice in second language acquisition*. London: Pergamon Press.

Krashen, S. D., & Galloway, L. (1978). The neurological correlates of language acquisition: Current research. *SPEAQ Journal*, 2, 21—35.

Krashen, S. D., Scarcella, R. C.,

& Long, M. H. (1982). *Child-adult differences in second language acquisition*. Rowley, MA: Newbury House.

Krauss, R. M., & Rotter, G. S. (1968). Communication abilities of children as a function of status and age. *Merrill-Palmer Quarterly*, 14, 160—173.

KuhI, P. K., & Miller, J. D. (1975). Speech perception by the chinchilla: Voiced-voiceless distinction in alveolar plosive concordant. *Science*, 190, 69—72.

Lackner, J. R. (1968). A developmental study of language behavior in retarded children. *Neuropsychologia*, 6, 301—320.

Lado, R. (1957). *Linguistics across cultures*. Ann Arbor: University of Michigan Press.

Lamberts, F., & Weener, P. D. (1978). TMR children's competence in processing negation. *American Journal of Mental Deficiency*, 81, 181—186.

Lamendella, J. (1977). General principles of neuro-functional organization and their manifestation in primary and non-primary language acquisition. *Language Learning*, 27, 155—196.

Larsen-Freeman, D. (1983a.) 'The importance of input in second language acquisition' in Andersen (ed.) (1983a)

Layton, T. L., & Baker, P. S. (1981). Description of semantic-syntactic relations in an antistic child. *Journal of Autism and Developmental Disorders*, 11, 385—399.

Layton, T. L., & Sharifi, H. (1978).

Meaning and structure of Down 's syndrome and non-retarded children' s spontaneous speech. *American Journal off Mental Deficiency*, 83, 439—445.

Lee, L. (1966). Developmental sentence types: A method for comparing normal and deviant syntactic development. *Journdl of Speech and Hearing Disorders*, 31, 311—330.

Lee, L. (1969). *Northwestern syntax screening test.* Evanston, lll. : Northwestern University Press.

Lee, L. L., & Canter, S. M. (1971). Development sentence scouing: a clinical procedure for estimating syntactic development in children's spontaneous speech. *Journal of Speech and Hearing Disorders*, 36, 315—338.

Leifer, J. S., & Lewis, M. (1984). Acquisition of conversational response skills by young Down syndrome and nonretarded young children. *American Journal of Mental Deficiency*, 88, 610—618.

Leonard, L. (1972). What is deviant language? *Journal of Speech and Hearing Disorders*, 37, 427—446.

Leonard L. B. (1982). The nature of specific language impaiment in children. In S. Rosenberg (Ed.), *Handbook of Applied Psycholinguistics* (pp. 295—327). Hillsdale, NJ: Lawrence Erlbaum Associates.

Leonard, L., Bolders, J., & Miller, J. (1976). An examination of the semantic relations reflected in the language us-

age of normal and language disordered children. *Journal of Speech and Hearing Research*, 19, 371—392.

Leonard, L., Miller, J., & Brown, H. (1980). Consonant and syllable harmony in the speech of language disabled children. Journal of *Speech and Hearing Disorders*, 45, 336—345.

Leonard, L., Steckel, K., & Schwartz, R. (1978). Semantic relations and utterance length in child language. In F. Peng & W. von Raffler-Engel (Eds.), *Language acquisition and developmental kinetics.* Tokyo: Bunka Hyoran Press.

Levine, M. (1975). *A cognitive theory of learning.* Hillsdale, NJ: Lawrence Erlbaum Associates.

Levy, J., & Trevarthen, C. (1977). Perceptual, semantic, and phonetic aspects of elementary language processes in split-brain patients. Brain, 100, 105—118.

Levy, J., Trevarhen, C., & Sperry, R. W. (1972). Perception of bilateral chimeric figures following hemispheric disconnection. *Brain*, 95, 61—78.

Lewis, M., & Freedle, R. (1972). Mother-infant dyad: The cradle of meaning. Paper presented to a Symposium on Language and Thought, University of Toronto, March.

Li, C. Thompson, S. A. (1981). *Mandarin Chinese: A functional reference grammar.* Berkeley: University of Califormia Press.

Loban, W. (1963). *The language of*

elementary school children. Research Report NO. 1. Champaign, Ill. National Council of Teachers of English.

Lobato, D., Barrera, R. D., & Feldman, R. S. (1981) Sensorimotor functioning and prelinguistic communication of severely and profoundly retarded individuals. *American Journal of Mental Deficiency*, 85, 489—496.

Longhurst, T. M. (1974). Communication in retarded adolescents: Sex and intelligence level. *American Journal of Mental Deficiency*, 78, 607—618.

Lovaas, O. I. (1977). *The autistic child: Language development through behavior modification.* New York: Irvington.

Lyman, R., Kwan, S. T., & Chao, W. H. (1938). Left occipito-parieetal brain tumor with observations on alexia and agraphia in Chinese and English. *Chinese Medial Journal*, 54, 491—516.

Maccoby, E. E., & Jacklin, C. N. (1974). *The Psychology of Sex Differences.* Stanford, California: Stanford University Press.

Maltre, S. (1974). On the representation of second language in the brain. Unpublished master's thesis, University of California at Los Angeles.

Maratsos, M. P. (1973). Nonegocentric communication abilities in preschool children. *Child Development*, 44, 697—700.

Maratsos, M. P. (1974a). Children who get worse at understanding the passive: A replication of Bever. *Journal of Psycholinguistic Research*, 3, 65—74.

Maratsos, M. P. (1974b). Preschool children's use of definite and indefinite articles. *Chid Development*, 45, 446—455.

Maratsos, M. (1982). The child's construction of grammatical categories. In E. Wanner & L. R. Gleitman (Eds.), *Language acquisition: The state of the art* (pp. 240—266). Cambridge: Cambridge University Press.

Markman, E. M. (1977). Realizing that you don't understand: Elementary children's awareness of inconsistencies. *Child Development*, 50, 643—655.

Markman, E. M. (1981). Comprehension monitoring. In W. P. Dickson (Ed.), *Children's oral communication skills* (pp. 61—84). New York: Academic Press.

Mazurkewich, I. (1984) The acquisition of the datire alteration by second language learners and linguistics theory. In Language Learning, 34, 91—110.

McCarver, R. B., & Ellis, N. R. (1972). Effect of overt verbal labelling on short-term memory in culturally deprived and nondeprived children. *Developmental Psychology*, 6, 38—41.

McCauley, C., Sperber, R. D., & Roaden, S. K. (1978). Verification of property statements by retarded and nonretarded adolescents. *American Journal of Men-*

tal Deficiency, 83, 276—282.

McGhee, P. E. (1979). *Humor: Its origin and development.* San Francisco: Freeman.

McGlone, J. (1978). Sex difference in funtional brain asymmetry. *Cortex*, 14, 122—128.

McLaughlin, B. (1978a). *Second language acquisition in childhood.* Hillsdale, NJ: Lawrence Erlbaum Associates.

McLaughlin, B. (1978b). The monitor model: Some methodological considerations. *Language Learning*, 28, 309—332.

McMahon, L. E. (1963). *Grammatical analysis as part of understanding a sentence.* Unpublished doctoral dissertation. Harvard University.

McNeill, D. (1966). Development psycholinguistics. In F. Smith & G. A. Miller (Eds.), *The genesis of language: A psycholinguistic approach* (pp. 15—84). Cambridge, MA: MIT Press.

McNeill, D. (1970). *The acquisition of language: The study of developmental psycholinguistics.* New York: Harper and Row.

Meadow, K. P. (1980) *Deafness and child development.* Berkeley. CA: University of California Press.

Meadow, K. P., Greenberg, M. T., Erting, C., & Carmichael, H. (1981). Interactions of deaf mothers and deaf preschool children: Comparisons with three other groups of deaf and hearing dyads. *American Annals of the Deaf*, 126, 454—468.

Menyuk, P. (1964). Comparison of grammar of children with functionally deviant and normal speech. *Journal of Speech and Hearing Research*, 7, 109—121.

Menyuk, P., & Looney, P. (1972). A problem of language disorder: Length versus structure. *Journal of Speech and Hearing Research*, 15, 264—279.

Miller, G. A. (1966). Language and psychology. In E. Lennebberg (Ed.), *New directions in the study of language* Cambridge, MA: MIT Press.

Miller, W., & Ervin, S. M. (1964). The development of grammar in child language. In U. Bellugi & R. Brown (Eds.) The acquisition of language. *Monographs of the Society for Research in Child Development*, 29, (Serial No. 92), 9—34.

Molfese, D. L. & Molfeses, V. J. (1980). Cortical responses of preterm infants to phonetic and nonphonetic speech stimuli. *Developmental Psychology*, 16, 574—581.

Moore, C. L., & Retish, P. M. (1974). Effect of the examiner's race on Black children's Weschler preschool and primary scale of intelligence. I. Q. *Developmental Psychology*, 10, 672—676.

Moores, D. (1967). *Application of "cloze" procedures to the assessment of psycholiguistic abilities of the deaf.* Unpublished doctoral dissertation, University of Illinois.

Morehead, D., & Ingram, D. (1973). The development of base syntax in normal and linguistically deviant children. *Journal of Speech and Hearing Research*, 16, 330—352.

Morrison, D. and G. Low. (1983.) 'Monitoring and the second language learner' in J. Richards and R. Schmidt (eds.). *Language and Communication*. London: longman.

Moskowitz, A. (1973). Acquisition of phonology and syntax: A preliminary study. In k. Hintikka, et al. (eds.) *Approaches to natural language*. Dordrecht: Reidel.

Moskowitz, B. A (1981). The acquisition of language. In Clark, V., Eschholz, P. and Rosa, A. (eds.) *Language: Introductory readings* (3rd edition). New York: St. Martin's Press.

Muller, E., Hollien, H., and Murry, T. (1974). Perceptual responese to infant crying: Identification of cry *types*. *Journal of Child Language*, 1, 89—95.

Munoz-Liceras, J. (1983). Markedness, Contrastive Analysis and the Acquisition of Spanish syntax by English speakers. unpublished doctoral dissertation, University of Toronto.

Naiman, N., Frøhlich, M., & Stern, H. H. (1975). *The good language learner*. Toronto Modern Language Center, Ontario Institute in Education.

Nelson, K. (1973a). Some evidence for the cognitive primacy of categorization and its functional basis. *Merrill-Palmer Quarterly*, 19, 21—39.

Nelson, K. (1973b). Structure and strategy in learning to talk. *Monographs of the Society for Research in Child Development*, 38 (Serial No. 149).

Nelson, K. (1974). Concept, word, and sentence: Interrelation in acquisition and development. *Psychological Review*, 81, 267—285.

Nelson, K. (1978). Semantic development and the development of semantic memory. In K. E. Nelson (Ed.), *Chidren's language* (Vol. 1, pp. 39—80). New York: Gardner Press.

Nelson, K. E., & Nelson, K. (1978). Cognitive pendulums and their linguistic realization. In K. E. Nelson (Ed.), *Children's language* (Vol. 1, 223—285). New York: Gardner Press.

Nemser, W. (1971). Approximative systems of foreign language learners. *IRAL*, 9 (2), 115—123.

Neufield, G. (1979). A test of the critical period hypothesis, strong version. Paper, Department of Linguistics, University of Ottawa.

Neufield, G., & Schneiderman, E. (1980). Prosodic and articulatory features in adult language learning. In R. C. Scarcella & S. D. Krashen (Eds.), *Research in second language acquisition*. Rowley, MA: Newbury House.

Newmeyer, F. J. (1982). On the applicability of transformationally generative grammar. *Applied Linguistics*, 1982, 2 (2), 117—131.

Newport, E. L., & Sukpalla, T. (1980). Clues from the acquisition of signed and spoken language. In U. Bellugi & M. Studdert-Kennedy (Eds.), *Signed and spoken language: Biological constraints on linguistic form* (pp. 187—211). Weinheim: Verlag Chemie GmbH.

Noble, C. E., & McNeely, D. A. (1957). The role of meaningfulness in paired-associate learning. *Journal of Experimental Psychology*, 53, 16—22.

Obler, L. (1977). Right hemisphere participation in second language acquisition Paper presented at the Conference on Individual Differences and Universals in Language Learning Aptitude, Durham, New Hampshire.

Obler, L., Albert, M., & Gordon, H. W. (1975). Asymmetry of cerebral dominance in Hebrew-English bilinguals. Paper presented at the Thirteenth Annual Meeting of the Academy of Aphasia, Victoria, British Columbia.

Odom, P. B., & Blanton, R. L. (1967). Phrase-learning in deaf and hearing subjects. *Journal of Speech and Hearing Research*, 10, 600—605.

Oller, D. K., & Eilers, R. E. (1948). Similarity of babbling in Spanish- and English-Learning babies. *Journal of Child Langugage*, 9, 565—577.

Olson, L., & Samuels, S. (1973). The relationship between age and accuracy of foreign language pronunciation. *Journal of Educational Research*, 66, 263—267.

Orbach, J. (1967). Differential recognition of Hebrew and English words in right and left visual fields as a function of cerebral dominance and reading habits. *Neuropsychologia*, 50, 127—134.

Osgood, C. E. (1957). A behavioristic analysis. *In Contemporary approaches to cognition*. Cambridge, MA: Harvard University Press.

Osgood, C. E., Suci, G. J., & Tannenbaum, P. H. (1957). *The measurement of meaning*. Urbana, IL: The University of Illinois Press.

Osherson, D., & Markman, E. (1975). Language and the ability to evaluate contradictions and tautologies. *Cognition*, 2, 221—226.

Osser, H. (1966). The syntactic structures of five-year-old culturally deprived children. Paper presented at Eaast Psychological Association Annual Meeting, New York.

Osser, H., Wang, M. D., and Zaid, F. (1969). The young child's ability to imitate and comprehend speech: A comparison of two subcultural groups. *Child Development*, 40, 1063—1075.

Oyama, S. (1976). A sensitive period for the acquisition of a non-native phonological system. *Journal of Psycholinnguistic Research*, 5, 261—285.

Oyama, S. (1978). The sensitive period and comprehension of speech. *Working Papers on Bilingualism*, 16, 1—17.

Paradis, M. (1977). Bilingualism and aphasia. In H. Whitaker & H. Whitaker (Eds.), *Studies in neurolinguistics*. New York: Acadmeic Press.

Parisi, D. (1971). Development of syntactic comprehension in preschool children as a function of socioeconomic level. *Developmental Psychology*, 5, 186—189.

Patkowski, M. (1980). The sensitive period for the acquisition of syntax in a second language. *Language Learning*, 30. 449—472.

Penfield, W., & Roberts, L. (1981). *Speech and brain mechanisms*. New York: Atheneum.

Piaget, J., and Inhelder, B. (1956). *The child's conception of space*. London: Routledge and Kegan Paul.

Piazza, D., & Zatorre, R. (1981). Right ear advantage for dichotic listening in bilingual children. *Brain and Language*, 13, 389—396.

Pierce, S., & Bartolucci, G. (197). A syntactic investigation of verbal autistic, mentally retarded, and normal children. *Journal of Autism and Childhood Schizophrenia*, 7, 121—134.

Pozner, J., and Saltz, E. (1974). Social class, Conditional communication, and egocentric speech. *Developmental Psychology*, 10, 764—771.

Prater, R. J. (1982). Functions of consonant assimilation and lreduplication in early word productions of mentally retarded children. *American Journal of Mental Deficiency*, 86, 399—404.

Prutting, C. A., Gallagher, T. M., and Mulac, A. The expression portion of the NSSt compared to a spontaneous language sample. *Journal of Speech and Hearing Disorders*, 40, 40—48.

Quay, L. C. (1972). Negro dialect and Binet performance in severely disadvantaged Black four-year-olds. *Child Development*, 43, 245—250.

Quay, L. C. (1974). Language dialect, age, and intelligencetest performance in disadvantaged Black children. *Child Development*, 45, 463—468.

Rapin, I., & Wilson, B. C. (1978). Children with developmental language disability: Neurological aspects and assessment. In M. A. Wyke (Ed.), *Developmental dysphasia* (pp. 13—41). New York: Academic Press.

Read, C. (1978). Children's awareness of language, with emphasis on sound systems. In A. Sinclair, R. Jarvella, & W. Levelt (Eds.), *The child's comception of language*. New York: SpringerVerlag.

Rees, N. S. (1973). Auditory processing factors in language disorders: The view from Procrustes' bed. *Journal of Speech and Hearing Disorders*, 38, 304—315.

Rees, N. S. (1981). Saying more

than we know: Is auditory processing disorder a meaningful concept? In R. W. Keith (Ed.), *Central auditory and language disorders in children* (pp. 94—120). San Diego: College-Hill Press.

Rescorla, L. A. (1980). Overextension in early language development. *Journal of Child Language*, 7, 321—335.

Richards, J. C. (1972). Social factors, interlanguage and language learning. In J. C. Richards (Ed.), *Error Analysis.* London: Longman.

Rivers, W. (1980). 'Foreign language acquisition: where the real problems lie.' *Applied Linguistics* I/1: 48—59.

Rogers, L., TenHouten, W., Kaplan, C., & Gardiner, M. (1977). Hemispheric specialization of language: An EEG study of bilingual Hopi children. *International Journal of Neuroscience*, 8, 1—6.

Rosansky, E. (1975). The critical period for the acquisition of language: Some cognitive developmental considerations. *Working Papers on Bilingualism*, 6, 92—102.

Rowan, L. E., Leonard, L. B., Chapman, K., & Weiss, A. L. (1983). Performative and presuppositional skills in languagedisordered and normal children. *Journal of Speech and Hearing Research*, 26, 97—106.

Rubin, J. (1975). What the good language learner can teach us. *TESOL Quarterly*, 9, 41—51.

Rubin, J. (1981). The study of cognitive processes in second language learning. *Applied Linguistics*, 2 (2), 117—131.

Rutherford, W. (1982). Markedness in second language acquisition. *Language learning*, 32, 85—108.

Sasanuma, S. (1974). Impairment of written language in Japanese aphasics kana vs. Kanji processing. *Journal of Chinese Linguistics*, 2, 141—157.

Schachter, J. (1974). An error in error analysis. *Language Learning*, 24, 205—214.

Schlanger, B. B. (1973). *Mental Retardation.* New York: Bobbs-Merrill.

Schlesinger, H. S., & Meadow, K. P. (1972). *Sound and sign: Child deafness and mental health.* Berkeley: University of California Press.

Schlesinger, I. M. (1974). Relational concepts underlying language. In R. L. Schiefelbusch & L. L. Lloyd (Eds.), *Language perspectives-Acquisition, retardation, and intervention* (pp. 129—151). Baltimore: University Park Press.

Schmidt, M. (1980.) 'Coordinate structures and language universals in interlanguage.' *Language Learning* 30: 397—416.

Schneiderman, E., & Wesche, M. (1980). The role of the right hemisphere in second language acquisition. In K. Bailey, M. Long, & S. Peck (Eds.), *Second language acquisition studies.* Rowley, MA:

Newbury House.

Schouten, M. (1979). 'The missing data in second language learning research.' *Interlanguage Studies Bulletin* 4: 3—14.

Schumann, J. (1975). Affective variables and the problem of age in second language acquisition. *Language Learning*, 25, 209—235.

Schumann, J. (1978). *The pidginization process: A model for second language acquisition.* Rowley, MA: Newbury House.

Scott, S., Hynd, G., Hunt, L., & Weed, W. (1979). Cerebral speech lateralization in the native American Navajo. *Neuropsychologia*, 17, 89—92.

Scovel, T. (1982). Questions concerning the application of neurolinguistic research to second language learning/teaching. *TESOL Quarterly*, 16, 323—331.

Searleman, A. (1977). A review of right hemisphere linguistic capabilities. *Psychological Bulletin*, 84, 503—528.

Segalowitz, S. J., & Bryden, M. P. (1983). Individual differences inn hemispheric representation of language. In S. Segalowitz (Ed.), *Language function and brain or ganization* (pp. 341—372). New York: Academic Press.

Seliger, H. W. (1978). Implications of a multiple critical periods hypothesis for second language learning. In W. C. Ritchie (Ed.), *Second language acquisition research.* New York: Academic Press.

Seliger, H. W. (1979). On the nature and function of language rules in language teaching. *TESOL Quarterly*, 13, 359—369.

Seliger, H. W. (1982). On the possible role of the right hemisphere in second language acquisition. *TESOL Quarterly*, 16, 307—314.

Seliger, H. W. (1983a). The language learner as linguist. *Applied Linguistics*, 4, 179—191.

Seliger, H. W. (1983b). Learner interaction in the classroom and its effect on language acquisition. In H. W. Seliger & M. H. Long (Eds.), *Classroom oriented research in second language acquisition.* Rowley, MA: Newbury House.

Seliger, H. W., Krashen, S. D., & Ladefoged, P. (1975). Maturational constraints on the acquisition of second language accent. *Language Sciences*, 36, 20—22.

Selinker, L. (1972). Interlanguage. *IRAL*, 10 (3), 209—231.

Shapiro, T., Roberts, A., & Fish, B. (1970). Imitation and echoing in young schizophrenic children. *Journal of the American Academy of Child Psychiatry*, 9, 548—567.

Shatz, M., & Gelman, R. (1973). The dvelopment of communication skills: Modification in the speech of young children as a function of listener. *Monographs of Society for Research in Child Development*, 38 (Serial No. 152).

Shriner, T. H. (1969). A review of mean length of response as a measure of expressive language development in children. *Journal of Speech and Hearing Disorders*, 34, 61—68.

Siegel, L., Cunningham, C. & Van der Spuy, H. (1979). Interaction of language delayed and normal preschool children with their mothers. Paper presented to the Society for Research in Child Development, San Francisco.

Silverberg, R., Bentin, S., Gaziel, T., Obler, L., & Albert, M. (1979). A study of visual field preference for English words in native Hebrew speakers. *Brain and Language*, 8, 184—190.

Silverberg, R., Gordon, H. W., Pollack, S., & Bentin, S. (1980). Shift of Hebrew words in native speakers learning to read. *Brain and Language*, 11, 99—105.

Sinclair, A. (1982). Some recent trends in the study of language development. *International Journal of Behavioral Development*, 5, 413—431.

Skarakis, E., & Greenfield, P. M. (1982). The role of new and old information in the verbal expression of language disordered children. *Journal of Speech and Hearing Research*, 25, 462—467.

Skinner, B. F. (1957). *Verbal Behavior*. New York: AppletonCentury-Crofts.

Slobin, D. I. (1970). Universals of grammatical development in children. In G. B. Flores d' Arcais & W. J. M. Levelt (Eds.), *Advances in psycholinguistics* (pp. 174—186). Amsterdam: NorthHolland.

Slobin, D. I. (1973). Cognitive prerequisites for the development of grammar. In C. A. Ferguson & D. I. Slobin (Eds.), *Studies in child language development* (pp. 175—208). New York: Holt.

Smith, N. V. (1973). *The acquisition of phonology: A case study*. Cambridge: Cambridge University Press.

Snow, C., & Hoefnagel-Høhle, M. (1977). Age differences in second language acquisition. *Language and Speech*, 20, 357—365.

Snow, C., & Hoefnagel-Høhle, M. (1978). The critical period for language acquisition: Evidence from second language learning. *Child Development*, 49, 1114—1128.

Snow, C. E., & Ferguson, C. A. (Eds.) (1977). *Talking to children: Language input and acquisition*. Cambridge: Cambridge University Press.

Snyder, L. (1976). The early presuppositions and performatives of normal and language disabled children. *Papers and Reports on Child Language Development*, 12, 221—229.

Soares, C., & Grosjean, F. (1981). Left hemisphere language lateralization in bilinguals and monolinguals. *Perception and Psychophysics*, 29, 599—604.

Sperber, R. D., Ragain, R. D., &

McCauley, C. (1976). Reassessment of category knowledge in retarded individuals. *American Journal of Mental Deficiency*, 81, 277—284.

Staats, C. K., & Staats, A. W. (1957). Meaning established by classical conditioning. *Journal of Experimental Psychology*, 54, 74—80.

Starck, R., Genesee, F., Lanbert, W. E., & Seitz, M. (1977). Multiple language experience and the development of cerebral dominance. In S. J. Segalowitz & F. A. Gruger (Eds.), *Language development and neurological theory*, New York: Acadmeic Press.

Stevens, F. (1976). Second Language learning in an activitycentered program. Unpublished master's thesis, Concordia University, Montreal.

Stevens, F. (1983). Activities to promote learning and communication in the second language classroom. *TESOL Quarterly*, 17, 259—272.

Stevens-Long, J., & Rasmussen, M. (1974). The acquisition of simple and compound sentence structure in an autistic child. *Journal of Applied Behavioral Analysis*, 7, 473—479.

Stevens-Long, J., Schwartz, J., & Bliss, D. (1976). The acquisition and generalization of compound sentence structure in an autistic child. *Behavior Therapy*, 7, 397—404.

Stevenson, J., & Richman, N. (1976).

The prevalence of language delay in a population of three-year-old children and its association with general retardation. *Developmental Medicine and Child Neurology*, 18, 431—441.

Stevick, E. (1980). *Teaching Languages: A way and Ways*. Rowley, Mass.: Newbury House.

Stodolsky, S. (1965). Maternal behavior and language and concept formation in Negro preschool children: An inquiry into process. Unpublished doctoral dissertation, Department of Psychology, Univeristy of Chicago.

Stodolsky, S. (1967). Lesser, G.. Learning patterns in the disadvantaged. *Harvard Educational Review*, 37, 546—593.

Sugishita, M., Iwata, M., Tokyokura, Y., Yoshida, M., & Yamada, R. (1978). Reading of ideograms and phonograms in Japanese patients after partial commissurotomy. *Neuropsychologia*, 16, 417—426.

Sugishita, M., Toyojura, Y., Yoshiioka, M., & Yamada, R. (1980). Unilateral agraphia after section of the posterior half of the truncus of the corpus callosum. *Brain and Language*, 9, 215—225.

Sussman, H., Franklin, P., & Simon, T. (1982). Bilingual speech: Bilateral control? *Brain and Language*, 15, 125—142.

Tager-Flusberg, H. (1981). On the nature of linguistic functioning in early infantile autism. *Journal of Autism and Developmental Disorders*, 11, 45—56.

Tallal, P. , & Piercy, M. (1978). Defects of auditory perception in dhildren with developmental dysphasia. In M. A. Wykke (Ed.), *Developmental dysphasia* (pp. 63—84). New York: Academic Press.

Tarone, E. (1982). Systematicity and attention in interlanguage. *Language Learning*, 32, 69—84.

Templin, M. C. (1957). *Certain language skills in children: Their development and interrelationships.* Minneapolis: University of Minnesota Press.

Trehub, S. E. , Bull, D. , & Schneider, B. A. (1981). Infant speech and nonspeech perception: A review and reevaluation. In R. L. Schiefelbusch & D. D. Bricker (Eds.), *Early language: Acquisition and intervention* (pp. 9—50). Baltimore, MD: University Park Press.

Trybus, R. , & Karchmer, M. (1977). School achievement scores of hearing impaired children: National data on achievement status and growth patterns. *Annals of the Deaf Director of Programs and Services*, 122, 62—69.

Tse, J. K. (1978). Tone Acquisition in Cantonese: A Longitudinal Case Study, *Journal of Child Language*, 5, 191—204.

Tsou, B. K. (1978). Some preliminary observations on aphasia in a Chinese bilingual. *Acta Psychologyca Taiwanica*, 20, 57—64.

Tyack, D. , and Gottsleben, R. (1974). *Language sampling, analysis, and training.* Palo Alto, California: Consulting Psychologists Press.

Vaid, J. (1979). Visual field asymmetries on a bilingual Strol test. Unpublished manuscript, McGill University.

Vaid, J. (1983). Bilingualism and brain lateralization. In S. Segalowitz (Ed.), *Language functions and brain organization.* New York: Academic Press.

Vaid, J. , & Genesee, F. (1980). Neurological approaches to bilingualism: A critical review. Canadian Journal of Psychology, 34, 417—445.

Vaid, J. , & Lambert, W. E. (1979). Differential cerebral involvement in the cognitive functioning of bilinguals. *Brain and Language*, 8, 92—110.

Van Buren, P. , & Sharwood Smith, M. (1985). The acquisition of preposition stranding by second language learners and parametric variation. *Second Language Research*, 1 (1), 18—46.

Van Lancker, D. (1975). Heterogeneity in language and speech: neurolinguistic studies. *UCLA Working Papers in Phonetics*, 29.

Verplanck, W. S. (1955). The control of the content of conversation: Reinforcement of statements of opinion. *Journal of Abnormal and Social Psychology*, 51, 668—676.

Vihman, M. M. (1981). Phonology and the development of the children's errors. *Journal of Child Language*, 8, 239—264.

Vildomec, V. (1963). *Multilingualism*. Leyden: A. W. Sythoff Printing Division.

Walsh, T. M., & Diller, K. C. (1981). Neurolinguistic considerations on the optimum age for second language. Learning. In K. Deller (Ed.), *Individual differences and universals in language learning aptitude*. Rowley, MA: Newbury House.

Walton, M. D., & Sedlak, A. J. (1982). Making amends: A grammar-based analysis of children's social interaction. *MerrillPalmer Quarterly*, 28, 389—412.

Waterhouse, L. H. (1973). Child language acquisition in mother-twin interaction situations. Paper delivered to the Society for Research in Child Development, Philadelphia.

Watt, H. J. (1905). Experimentelle beitr!? ge zur einer theorie des denkens [Experimental contributions to a theory of thought]. *Archiv gesamte psycholgie*, 4, 289—436.

Watt, W. C. (1970). On two hypotheses concerning psycholinguistics. In J. R. Hayes (Ed.), *Cognition and the development of language* (pp. 137—220). New York: Wiley.

Watt, W. C. (1974). Competing economy criteria. *In Problèmes actuels en psycholinguistique* [Current problems in psycho-

linguistics] (pp. 361—389). Paris: Editions du C. N. R. S.

Wedell-Monning, J. & Lumley, J. M. (1980). Child deafness and mother-child interaction. *Child Development*, 51, 766—774.

Weeks, T. (1975). The use of nonverbal communication by a slow speech developer. *Word*, 27, 460—472.

Weinreich, U. (1953). *Languages in contact*. New York: linguistic Circle of New York.

Wheeler, A. J., & Sulzer, B. (1970). Operant training and generalization of a verbal response form in a speech-deficient child. *Journal of Applied Behavioral Analysis*, 3, 139—147.

Whitaker, H. A. (1978). Bilingualism: A neurolinguistic perspective. In W. C. Ritchie (Ed.), *Second language acquisition research*. New York: Academic Press.

White, L. (1985). The acquisition of parameterized grammars: Subjacency in second language acquisition. *Second Language Research*, 1 (1), 1—17.

Whitehurst, G., Novak, G., & Zom, G. (1972). Delayed speech studied in the home. *Developmental Psychology*, 7, 169—177.

Whorf, B. (1956). *Language, thought, and reality*. Cambridge, MA: MIT Press.

Widdowson, H. (1979). 'Rules and procedures in discourse analysis' on T.

Myers (ed.). *The Development of Conversation and Discourse*. Edinburgh: Edinburgh University Press.

Widdowson, H. (1984.) *Learning Purpose and Language Use*. Oxford Oxford University Press.

Winner, E., Rosenstiel, A. K., & Gardner, H. (1976). The development of metaphoric understanding. *Developmental Psychology*, 12, 289—297.

Witelson, S. F. (1977). Early hemisphere specialization and interhemisphere plasticity: An empirical and theoretical review. In S. Segalowitz & F. A. Gruber (Eds.), *Language development and neurological theory*. New York: Academic Press.

Wode, H. (1984). Some theoretical implications of 12 acquisition research and the grammar of interlanguages. In Davies, A., Criper, C. and Howatt, A. P. R. (eds.). *Interlanguage*. Edingburgh: Edingburgh University Press.

Wong Fillmore, L. (1979). Individual differences in second language acquisition. In C. J. Fillmore, D. Kempler, & W. S. -Y. Wang (Eds.), *Individual differences in language ability and language behavior*. New York: Academic Press.

Wood, D. J., Wood, H. A., Griffiths, A. J., Howarth, S. P., & Howrath, C. I. (1982). The structure of conversations with 6-to 10-year-old deaf children. *Journal of Child Psychology and Psychiatry*, 23, 295—308.

Wulbert, M., Inglis, S., Kriegsmann, E., & Mills, B. (1975). Language delay and associated mother-child interactions. *Developmental Psychology*, 11, 61—70.

Zangwill, O. L. (1962). Dyslexia in relation to cerebral dominance. In J. Money (Ed.), *Reading disability: Progress and research needs in dyslexia* (pp. 103—114). Baltimore, MD: The Johns Hopkins Press.

Zangwill, O. L. (1967). Speech and the minor hemisphere. Acta *Neurologica et Psychiatrica* Belgica, 67, 1013—1020.

Zangwill, O. L. (1978). The concept of developmental dysphasia. In M. A. Wyke (Ed.), *Developmental dysplasia.* (pp. 1—11). New York: Academic.

Zigler, E., Abelson, W. D., And Seitz, V. (1973). Motivvational factors in the performance of economically disadvantaged children on the Peabody Picture Vocabulary Test. *Child Development*, 44, 294—303.

Zigler, E., and Butterfield, E. C. (1968). Motivational aspects of changes in IQ text performance of culturally deprived nursery school children. *Child Development*, 39, 1—14.

朱曼殊主编:《儿童语言发展研究》,华东师范大学出版社 1986 年版。

吴天敏、许政援:"初生到三岁儿童语言发展记录的初步分析",《心理学报》1979, No.2。

张仁俊、朱曼殊:"婴儿语言的发

展——一个个案的分析",《心理科学通讯》1987, No.5。

彭祖智等: "3—6岁儿童语言发展的初步分析", 中国心理学会, 1984年学术年会论文。

缪小春: "词序和词义在汉语语句理解中的作用",《心理科学通讯》1982, No.6。

缪小春: "幼儿对疑问句的理解",《心理科学通讯》1986, No.5, 1—5。

李向农: "1—5岁儿童运用方位词及方位介词情况的调查分析",《心理学报》1992, No.3, 49—51。

高尚仁: "中国语言的心理与研究"(144—183),《台湾心理学》知识出版社1988年版。

邹嘉彦: "对一个能操两个语言的中国失语患者的初步观察",《中华心理学刊》1979, 第一期, 57—64。

黄震遐: "脑损伤对语言的影响", 1981年国际性中国语言的心理性研究研讨会论文, 香港, 1981。